ディズニーランド研究

世俗化された天国への巡礼

宮平 望

新教出版社

目　次

　凡　例　　　　　　　　　　　　　　　　　　　　　　　　　　5

　前　書　　　　　　　　　　　　　　　　　　　　　　　　　　8

序　章　ディズニーランド研究入門　　　　　　　　　　　　　14
　　第一節　ディズニーランド研究の歴史　　　　　　　　　　15
　　第二節　ディズニーランド研究の方法　　　　　　　　　　37

第一章　ディズニーの生涯　　　　　　　　　　　　　　　　　44
　　第一節　少年ウォルト・ディズニー　　　　　　　　　　　47
　　第二節　青年ウォルト・ディズニー　　　　　　　　　　　50
　　第三節　機才ウォルト・ディズニー　　　　　　　　　　　53
　　第四節　天才ウォルト・ディズニー　　　　　　　　　　　59
　　第五節　大君ウォルト・ディズニー　　　　　　　　　　　64

第二章　ディズニーの世界　　　　　　　　　　　　　　　　　74
　　第一節　ディズニーランドの魅力　　　　　　　　　　　　74
　　第二節　ディズニーランドの構造　　　　　　　　　　　　77
　　第三節　ディズニーランドの影響　　　　　　　　　　　　97

第三章　ディズニーの知恵　　　　　　　　　112
第一節　安全（Safety）　　　　　　　　　113
第二節　礼儀（Courtesy）　　　　　　　　117
第三節　演出（Show）　　　　　　　　　　134
第四節　効率（Efficiency）　　　　　　　　140

結　章　「影の宗教」としてのディズニーランド　153
第一節　世俗におけるディズニーランド　　　161
第二節　天国としてのディズニーランド　　　175
第三節　巡礼地になるディズニーランド　　　190

年　表　　　　　　　　　　　　　　　　　　232

文献表　　　　　　　　　　　　　　　　　　236
1．和　書　　　　　　　　　　　　　　　　236
2．洋　書　　　　　　　　　　　　　　　　253

後　書　　　　　　　　　　　　　　　　　　260

凡　例

1. cf. は「参照せよ」、p. は「ページ」、also は「また」、c. は「およそ」を表す。
2. f. 及び ff. は「以下」を表し、引用ページまたは参照ページが前者は二ページ、後者は三ページ以上に渡ることを表す。
3. ed. は「編集」、tr. は「翻訳」、intro. は「紹介」、by. は「による」、et al. は「他」を表す。
4. 英語原語は直後に（……）で示し、英語原文における斜字体は〈……〉で示す。私自身による補足は、同一内容の別表記を示す（＝……）と内容明示のための［……］である。
5. 文献を文中で引用する場合、著作名は明示する必要がなければ、巻末の文献表に記載の副題、シリーズ名、出版社名などと共に省略し、原則として著者名と出版年と参照ページのみをこの順に記す。同一著者に同一出版年の文献がある場合には、文献表の各文献直後にアルファベットで識別を付け、出版年の直後にその識別文字を挿入する。文献表の＝は外国語原本または英語訳本を、≒は部分的に重なる外国語原本または英語訳本を指す。邦訳書に外国語原本がある場合には、外国語原本の出版年を記すが、参照ページは邦訳書のページを記す。また、本文に単に例えば（本書一章一節）とある場合は、本書『ディズニーランド研究　世俗化された天国への巡礼』内の参照章節を示す。
6. 文中で歴史的人物の姓のみを記す場合、そのフルネームと生没年を巻末の年表に別記するものもある。現存の人物や研究者に対しても歴史的記述方法を採り、敬称は省略する。年に関しては、西暦 A.D. は省略して紀元前 B.C. のみを記し、C. は「世紀」を表す。
7. 聖書箇所は、下記の括弧内の引用表記を使用し、章と節は : で区切る。

旧約聖書：創世記（創世）　出エジプト記（出エ）　レビ記（レビ）　民数記（民数）　申命記（申命）　ヨシュア記（ヨシ）　士師記（士師）　ルツ記（ルツ）　サムエル記上（サム上）　サムエル記下（サム下）　列王記上（列王上）　列王記下（列王下）　歴代誌上（歴代上）　歴代誌下（歴代下）　エズラ記（エズ）　ネヘミヤ記（ネヘ）　エステル記（エス）　ヨブ記（ヨブ）　詩編（詩編）　箴言（箴言）　コヘレトの言葉（コヘ）　雅歌（雅歌）　イザヤ書（イザ）　エレミヤ書（エレ）　哀歌（哀歌）　エゼキエル書（エゼ）　ダニエル書（ダニ）　ホセア書（ホセ）　ヨエル書（ヨエ）　アモス書（アモ）　オバデヤ書（オバ）　ヨナ書（ヨナ）　ミカ書（ミカ）　ナホム書（ナホ）　ハバクク書（ハバ）　ゼファニヤ書（ゼフ）　ハガイ書（ハガ）　ゼカリヤ書（ゼカ）　マラキ書（マラ）

新約聖書：マタイによる福音書（マタ）　マルコによる福音書（マル）　ルカによる福音書（ルカ）　ヨハネによる福音書（ヨハ）　使徒言行録（使徒）　ローマ人への手紙（ロマ）　コリント人への手紙一（コリ一）　コリント人への手紙二（コリ二）　ガラテヤ人への手紙（ガラ）　エフェソ人への手紙（エフ）　フィリピ人への手紙（フィリ）　コロサイ人への手紙（コロ）　テサロニケ人への手紙一（テサ一）　テサロニケ人への手紙二（テサ二）　テモテへの手紙一（テモ一）　テモテへの手紙二（テモ二）　テトスへの手紙（テト）　フィレモンへの手紙（フィレ）　ヘブライ人への手紙（ヘブ）　ヤコブの手紙（ヤコ）　ペトロの手紙一（ペト一）　ペトロの手紙二（ペト二）　ヨハネの手紙一（ヨハ一）　ヨハネの手紙二（ヨハ二）　ヨハネの手紙三（ヨハ三）　ユダの手紙（ユダ）　ヨハネの黙示録（黙示）

8. ディズニー関連用語として、下記の括弧内の用語を使用する場合がある（cf. Bryman, 1995, pp. 3, 108; ディズニー・インスティチュート, 2001, p. 74; ブライマン, 2004, pp. 32f.; コーバー, 2009, p. 108; 糠谷, 2012, p. 98; 小松田, 2011, a, p. 16; 小松田, 2013, p. 191; リップ, 2013, pp. 235f.; レフラー／チャーチ, 2015, p. 88）。

安全 Safety・礼儀 Courtesy・演出 Show・効率 Efficiency（SCSE）
監督（リード）　行列（プリ・エンターテイメント・エリア）　勤務場所（ロケーション）　群衆（オーディエンス）　最高経営責任者 Chief Executive Officer（CEO）　従業員（キャスト）　従業員の採用面接試験（オーディション）　従業員の職務（ロール）　従業員の配置（キャスティング）　新人研修（トラディションズ）　清掃・保安係（カストーディアル）　制服（コスチューム）　塵取り（ダストパン）　ウォルト・ディズニー（ウォルト）　ロイ・ディズニー（ロイ）　ウォルト・ディズニー・カンパニー（ディズニー／ディズニー社）　ウォルト・ディズニー・プロダクションズ（ディズニー／ディズニー社）　デザイナー（イマジニア）　人材教育センター（ディズニー・ユニバーシティー）　トレーニング（リハーサル）　乗り物（アトラクション／ライド）　箒（トイブルーム）　入園者（ゲスト）　入園者の可視領域（オンステージ／パーク）　入園者の不可視領域（バックステージ）　入園者の前での従業員の初仕事（キャスト・デビュー）　入園者の誘導（ゲストコントロール）　入園者へのサービスの良し悪し（グッドショーとバッドショー）　身嗜み（ディズニールック）　理念（フィロソフィー）

9. ディズニー社に関する種々の施設名、作品名、商品名などはディズニー社の登録商標であり、本書においてはそれらを専ら研究目的のために活用していることを関係各位の方々にはご了承いただきたい。

前　書

　ウォルト・ディズニーほどアメリカの大衆文化に、そして世界の娯楽文化に甚大な影響を与えた人物は他にいないだろう。アメリカのディズニー伝記作家ゲイブラーがその網羅的な著書『創造の狂気　ウォルト・ディズニー』の前書き冒頭で記したことは、本書の前書きを飾る言葉としても適確である。

> 「彼が逝った一九六六年だけでも、二億四〇〇〇万人がディズニーの映画を観賞し、一週間平均一億人がディズニーのテレビ番組に熱中し、八〇〇〇万人が彼の本を読み、五〇〇〇万人が彼のレコードを聴き、八〇〇〇万人がディズニーのグッズを購入し、一億五〇〇〇万人がディズニーの漫画に夢中になり、八〇〇〇万人が彼の教育映画を観て、また七〇〇万人がディズニーランドを訪ねた。……ディズニーが生存中だけでも、実写映画の総興行収入は三億ドル、長編アニメ映画も一億ドルに達した」（ゲイブラー，2006, p. ii, cf. Schickel, 1968, 1997, p. 19）。

　半世紀以上も前のこの記録は、現在において減衰するどころか加速し続け、様々な形で世界を席巻する様相は、『ニューヨーク・タイムズ（The New York Times）』の一九六六年十二月十六日一面の追悼記事で「ウォルト・ディズニーは……一匹のネズミの上に一つの帝国を創設した（Walt Disney … Founded an Empire on a Mouse）」と評されて以来（Schickel, 1968, 1997, p. 15, cf. 能登路，1990, p. 49）、ディズニー関連商品や施設を管理する「ディズニー帝国（The Disney Empire）」の版図拡大現象として解説され（Watts, 1997, 2001, pp. 411ff.; Wasko, 2001, a, pp. 28ff.; Giroux & Pollock, 2010, pp. 6, 157ff., cf. 有馬，2001, a, pp. 246ff., 253ff.）、さらに、このことはかつて十九世

紀中葉にアメリカの西部開拓が神から与えられた「明白なデスティニー、明白な天命（Manifest Destiny）」として正当化されたこととの関連で「明白なディズニー（Manifest Disney）」とも表現されている（Knight, 2014, pp. 139ff., cf. Hobbs, 2015, pp. 2, 112）。

　こうした歴史的現象の立役者ウォルト・ディズニーとそのスタジオには彼の存命中だけでも総計九百近くの賞が授けられており、その中には映画芸術科学アカデミー（Academy of Motion Picture Arts and Sciences）が一九二九年から優秀な映画に授与しているアカデミー賞（Academy Awards）のオスカー像四十八個、テレビ芸術科学アカデミー（Academy of Television Arts & Sciences）が一九四九年から秀逸なテレビ番組に授与しているエミー賞（Emmy Awards）七つが含まれることは全く希有の業績である（cf. Krasniewicz, 2010, p. 74）。ウォルト個人でも生涯に三十二個ものアカデミー賞を獲得している（ディズニー・インスティチュート, 2001, p. 99）。ちなみに、一九三六年に映画芸術科学アカデミーの書記がアカデミー賞の小像を見て、「それは叔父のオスカーを想起させる（He reminds me of my Uncle Oscar）」と言ったことから「オスカー（Oscar）」と命名されたとされているのに対して（竹林, 2002, p. 1752）、「イメージ（image）」に由来する「エミー（Emmy）」という名称は、一九四八年にアメリカのテレビ技師が「オスカー（Oscar）」賞の向こうを張って命名したものである（竹林, 2002, p. 797）。

　ウォルト・ディズニーは一体どんな人物なのか。精神的に不安定気味だったウォルトは一九三〇年に妻の提案で休暇旅行に共に出かけ、ニューヨークの自由の女神像の頭部展望台まで上ったが、それは「何百万人もの人が、どうしてわざわざそれを見物に出かけていくのかに、とても興味があった」からであり、「それほど大勢の観光客を魅きつけるものは何なのか、それが知りたかった」からであるという（エリオット, 上, 1993, pp. 108f.）。ウォルトが自由の女神に対して抱いていた思いを私はウォルト自身に対して抱いている。今や統計的数字となるほどの多くの人々が、どうしてわざわざディズニーランドに行くのか、また、それほど大勢の観光客を魅きつけるものは何なのか、私自身もそれが知りたかったのである。

大学で学生と共に幾つもの新しいテーマを学び続けている者の一人として、多くの学生が繰り返しディズニーランドを訪問し、あるいはゼミの発表で取り上げる姿を具体的に目にしてきたが、本書の研究はそのような身近な現象に触れたことに端を発している。したがって、特にこのような契機を準備してくれた宮平ゼミの受講生に本書をささげたいと思う。ゼミ生の歓喜と熱意がなければ、本書は決してこのような形態を取ることはなかっただろう。また、ゼミのために大学図書館に揃えていったディズニー研究書・関連書がこれほど役立つとは、夢想だにしなかったことである。

　さらに、今後ディズニー研究を志す人々のためにも本書が資することを願いたいと思う。ゼミ生にはよく言うことだが、卒業論文を含めて良い論文やレポートを書くには、一般的に良い指導と環境に薫染するに越したことはないが、より主体的、根源的には次の三点が必須である。

＊論文作成の三要因
（1）　興味
（2）　文献
（3）　時間

　深い興味と優れた文献と多くの時間という三要素を検討してみると、ディズニーに関して学生は大部分がかなり深い興味を持ち、優れたディズニー研究文献は現在も湧き出るように溢れているものの、アルバイトや就職活動を含む様々な理由で研究に十分な時間を割くことが難しいという学生の現況が俄かに立ち現れてくる。そのような意味でも本書の内容や構成や文献表が、ディズニー研究を志す一人ひとりの時間を幾らかでも節約し、より深い興味を持ってくれるなら望外の喜びである。このため、文献表には本書において直接引用されていない書も参考として収録されている。簡略的に叙述せざるをえない高校の教科書にはウォルトがネズミを採用することになった契機として、「ミッキーマウスは、スタジオでえさをねだるネズミがヒントになり、史上初のトーキーアニメ『蒸気船ウイリ

ー』(1928) で誕生した」と記されていても（岡崎，2014, p. 161)、文献を渉猟していくと、それが幾つもの解釈の一つにすぎないことが明解になるが（本書第一章第三節)、このような発見も研究の醍醐味である。

「『一般的に』良い指導と環境に薫染するに越したことはない」と記したのは、特殊な場合では逆境や制約の中でこそ優れた結果を残すことができるからである。したがって、様々な苦境の中で学業に取り組んでいる学生には、ウォルト自身も逆境の中で次々と名作を案出していったことを想起してもらいたい。逆風があってこそ、いや意図的に滑走して逆風を作ってこそ飛行機が離陸して飛行できるように、ウォルトも逆風を利用して飛翔したのである。

特に、ディズニー映画のお気に入りの作品があるなら適宜、ハンス＝イェルク・ウター『国際昔話話型カタログ　アンティ・アールネとスティス・トムソンのシステムに基づく分類と文献目録』(2011 年) や次のような伝統的童話集の該当箇所を参照することが重要である。

＊伝統的童話集
（1）『イソップ寓話集』　　（紀元前 6 世紀頃）
（2）『バジーレ五日物語』　（1634 年 -1636 年）
（3）『ペロー童話集』　　　（1697 年）
（4）『グリム童話集』　　　（1812 年 -1857 年）
（5）『アンデルセン童話集』（1837 年 -1874 年）

そして、その作品の原作と変形譚、ディズニー社による映画化とその時代背景や作品の技術的・芸術的特徴、人種や性差や社会的階層という視点から見た登場人物・キャラクターの容姿や服装、役割や特徴、名台詞や主題歌の原語と邦訳語の相違、種々の国における映画鑑賞者の評価、他の関連映画や日本のアニメとの比較、ディズニーランドにおける登場人物・キャラクターや建物の意義や役割などに、またこれらすべての批判的検討に焦点を当てることによって、一つの作品から広く深く研究を展開していく

ことをお勧めしたい。

　こうしてある意味で徐々に趣味が研究に、遊びが学問になっていき、大学においてこれらの前者と後者は本来一つであることに多くの人が気づくだろう。いわゆる「エデュテインメント（edutainment = education + entertainment）」の領域の発見である（cf. Disney, 1994, p. 44; 粟田，2013, p. 220）。実に、ディズニーの伝統文化は「よく働き、よく遊べ」である（リップ，2013, p. 293, cf. リップ，2013, p. 296）。ディズニーの様々な作品はその各施設と同様に、確かにこの点を意識化させてくれる貴重な題材である。ウォルト・ディズニーの娘ダイアン・ディズニー・ミラーが次のように証言するとおりである。

　　「父は本当に心から、教育を与える場を持つことを考えていた。教育と娯楽は同時に提供できると信じていたわ。それら二つは別々のことである必要はない。教育は楽しく、人を喜ばせるもので、自己を導く経験になるってね。父は教育と娯楽は切っても切り離せないものだと確信していたの」（グリーン，1999, p. 294）。

　「エデュテインメント」という二律背反的な印象を与えるこのような実体の揺籃期に起こった象徴的な出来事として、一九三八年にハーバード大学がウォルトの業績を賞賛して名誉修士号を授与したにもかかわらず（本書第一章第四節）、一九三九年からディズニー・スタジオで一年近く研究滞在してウォルトの創造的な業績を広範囲に評価した同大学の美術史家ロバート・D・フェイルド（Robert D. Feild）を彼の『ウォルト・ディズニーの美術（The Art of Walt Disney）』（1942年）の出版前に解雇した事件が挙げられるだろう（Watts, 1997, 2001, pp. 101, 124）。なおこの背景として、彼の講義が学生に最も人気のあるものの一つであったことと、ポップアートに懐疑的な同僚らを含む当時のハーバード大学美術学部が保守的であったことが指摘されている（Watts, 1997, 2001, pp. 101f.）。しかし、今やスタン・A・リンゼイ（Stan A. Lindsay）による『ディズニー学　ウォルト・ディズ

ニー・ワールドにおける宗教的修辞学（Disneology Religious Rhetoric at Walt Disney World)』（2010 年）にあるように、「ディズニー学（Disneology）」が提唱されている。本書もこのディズニー学に対するささやかな貢献となれば本望である。

序　章　ディズニーランド研究入門

　序章ではディズニーランドの研究史と方法論を取り扱うことによって本書の構成と概略を紹介するが、俄かに明白になるのは本研究を展開する上での次のような逆境である。

＊ディズニーランド研究の難点
（1）　ウォルトが他界してから半世紀ほどであるにもかかわらず、ウォルト自身やディズニーランドに関する研究文献は膨大な数に上り、多岐に渡る文献が現在も陸続と世に送り出されている。特に未公版の博士論文も含めれば、それは一人の研究者によっては到底研究し尽くされえない量である。
（2）　例えばウォルトの伝記作家バリアは、ウォルト自身に関する資料の中には依然として多くの研究者に公開されていないものがあり、決定的な伝記が著されるのは何十年も先、今世紀のかなり後期のことだとさえ推測している（Barrier, 2007, pp. xiif., cf. Bryman, 1995, p. 21）。
（3）　日本におけるディズニーランド研究の先駆者の一人である能登路は、ウォルトの人物像が時と共に伝説化していき、ディズニー社お墨付きのディズニー関連出版物でさえ相互に矛盾する事柄を内包している点を指摘している（能登路，1990, pp. 51f.）。

　しかしながら、現時点で活用できる文献に基づいてウォルトの生涯と功績を巡覧し、大方の共通事項を擦り合わせるだけでも、ある明快な影が浮かび上がってくる。その影を明示することが本書の目的であり、それこそ意識的であれ無意識的であれウォルトが生涯を通して完遂しようとしたことなのだという推定に基づいて本書は書き進められている。

第一節　ディズニーランド研究の歴史

　本書はウォルトの生涯、彼の建て上げたディズニーランドやディズニーブランドの遍満する現代世界、広義でのディズニーから学び取れる知恵に焦点を当て、最終的にそのようなディズニーの特質を明示することを主眼点とするが、ここではまず先行する代表的文献を総記、伝記、文化という種類別に紹介しておこう。

　ウォルトの伝記作家の一人ウォッツが、キャシー・マーロック・ジャクソン（Kathy Merlock Jackson）による『ウォルト・ディズニー　伝記・文献（Walt Disney A Bio-Bibliography）』（1993年）をディズニー研究者が最初に参照すべき書として推薦しているように（Watts, 1997, 2001, p. 509）、この基本書はウォルトの簡潔な伝記、彼がアメリカのマスメディアと大衆文化に与えた影響、本人のスピーチやインタビュー、同僚による回顧録、そして関連主題に関する文献解説から構成されている。

　デイブ・スミス（Dave Smith）『ディズニー A to Z　公式百科事典（Disney A to Z The Official Encyclopedia）』（2016年5版）は、初版の一九九六年以来、ABC順にあらゆる分野の最新のディズニー関連項目を網羅した便利な事典であり、項目数は七千六百にまで達している（Smith, 2016, a, p. v）。この公式百科事典でウォルトは「ディズニー帝国の創設者（Founder of Disney empire）」と位置づけられている（Smith, 2016, a, p. 188）。なお、デイブ・スミスによって編集された『ウォルト・ディズニー　有名な引用文（Walt Disney Famous Quotes）』（1994年）は、ディズニー社の関係者らに聖書のように取り扱われていることで知られている（cf. Bryman, 1995, p. 109）。

　ディズニー研究の最も標準的な概説書の一つとして、ジャネット・ワスコウ（Janet Wasko）『ディズニーを理解する　空想の製造（Understanding Disney The Manufacture of Fantasy）』（2001年）が挙げられるだろう。この書においてワスコウはディズニー社の歴史を概観した後、統計的資料に基づいてディズニー社の多角的な経営内容を著作権の管理や広告戦略、従業

員の労働環境や待遇の解説と共にテーマパーク、ホテル、テレビ、ラジオ、出版、ホームビデオ、映画に渡って論じ、さらに映像作品やテーマパークとその消費者の分析を行っている。ディズニー文化の特徴の一つとして、動物のキャラクターが「人間化され（anthropomorphized, human-like）」、「子ども化され（neotenized, childlike）」ているという指摘も（Wasko, 2001, a, p. 111）、特にミッキーマウスの進化とウォルトの人格的特徴や社会的役割の変遷とが対応している点が先行研究に基づいてまとめられている点と共に参考になる（Wasko, 2001, a, p. 123ff.）。ディズニー文化に対して度々なされる批判は一般の企業文化や消費文化に対しても向けられるべき批判の代表的な一部であるというワスコウの結論は（Wasko, 2001, a, p. 225）、適確な評価であり、逆に同様にして、ディズニー文化に対してなされる賞賛は一般の企業文化や消費文化に対して向けられるべき賞賛の代表的な一部であるとも言えるだろう。

　ディズニーの種々の側面を主題ごとに簡潔にまとめた好著にアンディ・スタイン（Andi Stein）『なぜ私たちはディズニーを愛するのか　ディズニーブランドの力（Why We Love Disney The Power of the Disney Brand）』（2011年）がある。専門書は言うまでもなく新聞や雑誌、ネット上での情報源や個人的取材も活用しているこの入門書は、その章立てに明示されているように、ディズニーの歴史をウォルトの生前と没後に分けて概観し、続いてディズニーに関するキャラクター、映画、テレビ、テーマパーク、音楽、劇場とライブショー、旅行プログラム、スポーツチーム、家庭での娯楽、広告・販売戦略、グローバル戦略といった領域を射程に入れている。

　こうしたディズニー現象の当の本人ウォルトに関する伝記には、生前のウォルトとその娘ダイアン・ディズニー・ミラー同席のインタビューに基づくダイアン・ディズニー・ミラー著／ピート・マーティン文『私のパパウォルト・ディズニー』（1957年, 2005年）があり、長女の視点を取り入れたこの本は、親子の生き生きとした生活体験に基づいてウォルトの実像を活写している。娘ダイアンは六歳の時に、「パパは、ウォルト・ディズニーさんなの？」（ミラー, 1957, 2005, p. 9）、「サインしてください」とね

だったという（ミラー，1957, 2005, p. 10, cf. ゲイブラー，2006, p. 264）。彼女は父ウォルトが、「創造性にあふれる仕事人。そのために、業界のライバルたちから常にねたまれ、厳しい挑戦を受けつづけなければならない人物」であり（ミラー，1957, 2005, p. 10）、「お父さんの作品がすばらしいとすれば、そこに人間らしい素朴な感情があるからです」と実感を込めて述べている（ミラー，1957, 2005, p. 263）。

リチャード・シッケル（Richard Schickel）による『ディズニー版　ウォルト・ディズニーの生涯、時代、芸術、そして商業（The Disney Version The Life, Times, Art and Commerce of Walt Disney）』（1968年，1997年）は、ディズニーの伝記の中でも初期の批評的伝記であり、時代背景の解説と共に種々の作家や学者の言葉、雑誌や新聞の記事などを引用しつつウォルトを分析している。シッケルは、ウォルト自身が「そう、私はストーリーを和らげる。しかし、それを貶めることはないし、後押しすることもない（I'll temper a story, yes. But I won't play down, and I won't patronize.）」と主張して脚色したものを（Disney, 1994, p. 23）、「ディズニー版（Disney Version）」と呼んだことで知られており、この脚色自体が「ディズニフィケーション（Disneyfication）」である（Schickel, 1968, 1997, p. 225, cf. 本書第二章第三節）。この「ディズニフィケーション（Disneyfication）」という表現は、一九六〇年代中葉から使用され始めている（Hobbs, 2015, pp. 141f., 208, cf. Wasko, 2001, a, p. 113）。

ダグラス・ブロウドとシィー・T・ブロウド（Douglas Brode & Shea T. Brode）の編集による『それはディズニー版！　大衆映画と古典文学（It's the Disney Version! Popular Cinema and Literary Classics）』（2016年）は、そのような種々の作品世界の研究論文集であり、この二人による『ディズニーを論じる　商業映画の教育学的視点（Debating Disney Pedagogical Perspectives on Commercial Cinema）』（2016年）は、ウォルト自身やディズニー社に関する種々の神話の解体を試行する論文を初めとして一層広範囲のディズニー研究論文集である。なお、エリック・スムーディン（Eric Smoodin）編『ディズニー論議　魔法の王国を制作する（Disney Discourse Producing the Magic

Kingdom)』(1994 年) は、ディズニー社の初期の作品制作会議やディズニーランドの紹介、会社経営の経済的側面や文化帝国主義的性質などを論じたものである。

　娘ダイアンの描く肯定的父親像と並行してボブ・トマス『ウォルト・ディズニー　創造と冒険の生涯』(1976 年, 1994 年) は、多くの研究者に公開されていないウォルトの兄ロイの書類を活用しており (Barrier, 2007, pp. XII)、ウォルトの手紙や個人的な発言類も踏まえている。また、記者としてトマスはウォルト・ディズニー資料館 (Walt Disney Archives, Burbank, California) を活用するだけでなく、ウォルトとその親族や同僚へのインタビューに基づく情報もこの伝記に統合している。同種の入門的伝記としてはさらに、ジャーナリストのグリーン夫妻による『魔法の仕掛人　ウォルト・ディズニー』(1991 年) や、ウォルトの生涯を幾つかの時期に分けて記し、そこから学び取れる積極的な教訓をまとめた良書、パット・ウィリアムズ『ウォルト・ディズニーに学ぶ七転び八起き経営』(2004 年) がある。

　これらの伝記とは対照的にマーク・エリオット『闇の王子ディズニー』(1993 年) は、米国邦捜査局 (Federal Bureau of Investigation) とも関係があったとされるウォルトの否定的側面を強調した伝記である。この本は彼の「暗い、秘密の側面」にメスを入れ (エリオット, 上, 1993, p. 15)、偉大な彼の第一級芸術作品が彼自身の「心の葛藤」の産物であるとし (エリオット, 上, 1993, p. 23)、この葛藤の原点は彼が自らの出自に対して抱いていた疑団にあるとする。エリオットはウォルトの誕生地とされるシカゴにおける出生登録がないことに着目し、独自の調査によりウォルトが父とスペイン人女性の不義の子であると見立てている (エリオット, 下, 1993, pp. 41f.)。しかし、法律に精通している歴史家バリアによると、シカゴにおけるウォルトの居住地では一九一六年まで公的機関への出生登録は必要とされておらず、彼の妹と共に正式な出生登録はなされていないが、彼の誕生日は聖パウロ会衆派教会における一九〇二年の受洗記録に明示されている (Barrier, 2007, pp. 13, 331f.)。当時のアメリカ社会では、出生証明書がな

く洗礼証明書のみがあるということは、まれなことではなかったのである（Krasniewicz, 2010, p. 7）。

　エリオットによる上記のウォルト伝をほとんど価値がないとするスティーブン・ウォッツ（Steven Watts）『魔法の王国　ウォルト・ディズニーとアメリカ的生活様式（The Magic Kingdom Walt Disney and the American Way of Life）』（1997年，2001年, p. 509）は、ウォルト・ディズニー資料館の全面的な協力の下に著された詳細な大著であり（cf. Watts, 1997, 2001, p. xii）、随所でウォルトの語録やウォルトに関する回顧録が活用されている。この『魔法の王国』は部分的には伝記であり、部分的にはディズニー社の生産とその消費に対する分析であり、ディズニー研究の参考書的役割を果たしている（Watts, 1997, 2001, p. xxi）。

　おそらく最も均衡の取れた詳細なウォルト伝は、ニール・ゲイブラー『創造の狂気　ウォルト・ディズニー』（2006年）だろう。ゲイブラーは「ディズニー家からすべての資料の閲覧を許され、7年間かけて取材・調査にあたる」という特権に浴した結果（ゲイブラー，2006, p. 619）、完成したウォルト伝の役割を次のように述べる。

　　「本書が目指すのは、ウォルト・ディズニーのイメージの中に入りこみ、ウォルト・ディズニーの神秘を分析し、判読することである。彼に影響を及ぼし、芸術に導いた心理的・文化的・社会的、また経済的な力学を理解することである。

　　ディズニーはアメリカの心理と環境に深く組みこまれているため、彼を理解するには、大衆文化の力を理解できなければならない。大衆文化こそが、国民の意識、アメリカの理想としての可能性の力、完璧主義を形づくるのである。またビジネスと芸術の相互作用、二〇世紀におけるアメリカのイマジネーションの変化をも形成する。

　　要するに、最もアメリカ人を象徴するウォルト・ディズニーを理解することは、彼が生き、これほど深く愛した国について理解を深めることにつながる」（ゲイブラー，2006, p. xii）。

邦訳で六百頁を超えるこの伝記の「ディズニーランドの原点」という節の冒頭で、「支配すること。スタジオの外の現実以上に優れた現実を構築すること。その能力を持っていることを顕示すること。それこそ、ウォルト・ディズニーがアメリカで実現したものだった」と簡潔にまとめられているように（ゲイブラー，2006, p. 420）、ウォルトの能力はアメリカの大衆文化の力と共振し、「ディズニーとアメリカがシンクロして」（ゲイブラー，2006, p. viii）、一つの歴史的現実を構成した。それは空想世界への「逃避」行為ではなく、むしろ現実世界の「支配」であり（ゲイブラー，2006, p. 420, cf. ゲイブラー，2006, pp. 3f., 28, 398, 577, 600）、ここで「ウォルト（Walt, Walter）」という名前の語源が「軍隊の支配者（waltan + hari, heri）」（竹林，2002, p. 2770）であることは極めて象徴的である。ウォルトは日本語で「治（おさむ）」とも言うべき人物である。ただし、この「支配」はスタッフに対しては先導者としての「采配」、代表者としての利益の「分配」、友人としての「心配」という要素も含んでいた。

エリオットが出自の不分明に由来する葛藤という視点からウォルトを分析するのに対して、ゲイブラーはこの世の相反する二面性に由来する葛藤、いやむしろその二面性の統合という視野からウォルトを把握しようとする。つまり、ディズニーランドには西部開拓時代をテーマにした郷愁的なフロンティアランドもあれば、技術革新の気運を見通した未来的なトゥモローランドもあるように（ゲイブラー，2006, pp. iv, viii）、彼は常に過去と未来、保守性と進取性、伝統と革新、農村と都市、個人と社会、夢と現実という両極を調和させる能力を備えていた（ゲイブラー，2006, pp. vf.）。ウォルト自身、「逆境に直面したとき、彼は頭の中からバラ色の記憶を引き出すことで、なんとか正気を保った」とも言われている（バックホルツ，2007, p. 121）。その大本には、父親の厳しさと母親の優しさを受け継いだウォルトの個人的実存があり、特に幼少期の恵まれない生活環境での経験は、後に夢を正夢に、空想を現実に変革する原動力となったのである（cf. ゲイブラー，2006, p. vii）。

ゲイブラーの大著が上梓された後も、ウォルト伝は続く。マイケル・

バリア（Michael Barrier）『アニメの人　ウォルト・ディズニーの生涯（The Animated Man A Life of Walt Disney)』（2007年）は、エジソンやフォードがアメリカ社会全体を根本的に変革したことを考慮すると、アメリカの文化にディズニーが与えた影響は過大評価されてはならないと冷静に指摘した上で、ディズニー関連の主要な第一次資料に基づくだけでなく、かつてウォルトと共に働いたアニメ作家や音声漫画の作曲家を皮切りに開始されたインタビューなどの成果も採り入れ、彼の人生が最もよく表現されていると考える一九三〇年、一九四〇年代のアニメ映画を重視しつつウォルトの生涯の全体像に迫っている（Barrier, 2007, pp. IXff.）。この『アニメの人（The Animated Man）』という主題は、「息（anima）」を吹き込まれ（Glare, 1982, p. 132）、活気づけられた「人」という意味であり（竹林, 2002, p. 98）、画像に言葉や声を吹き込んで完成する「アニメ（anime）、アニメーション（animation）」という語と掛けられている。

　ルイス・クラスニビッチ（Louise Krasniewicz）の『ウォルト・ディズニー伝（Walt Disney A Biography）』（2010年）は、専門家や歴史家によるウォルトの生涯の歴史的真相究明や彼の作品の学術的評価より、むしろ彼の生き方や考えが一般人に与えた影響や意義を重視した入門書であり（Krasniewicz, 2010, pp. xxf.）、特に娯楽、教育、余暇という文化的領域に与えたディズニーの革新的波及効果に着目し、彼の創造性の源泉を探究する。先行研究書だけでなく、ネット上に保存されている情報も有効に活用されている点が特に読者に資するだろう。ティモシー・スサーニン（Timothy S. Susanin）『ミッキー以前のウォルト　一九一九年から一九二八年の初期ディズニー（Walt before Mickey Disney's Early Years, 1919-1928)』（2011年）は、後のミッキーマウスを生み出すまでの萌芽期に焦点を当てた詳細な伝記である。

　ディズニーランド研究を含む広義でのディズニー研究は枚挙に遑がない。二十世紀前半ドイツの哲学者ベンヤミンは、自然と技術の一体化した日常世界においてミッキーマウスが奇跡的行動を展開する点や（ベンヤミン, 1933, pp. 382f.）、ディズニー映画が大衆の危険な異常心理を集団の哄笑

という形で爆破するという治療的効果を持っている点に早々に着目したが（ベンヤミン，1935-1936, p. 621）、本書においても奇跡と治癒という視点は「通奏低音」のように貫響している（丸山，1984, pp. 147ff., cf. 本書結章第二節、第三節）。

二十世紀フランスの社会学者ジャン・ボードリヤールのディズニーランド論は次の重要な言説に凝縮されている（cf. 吉見，1989, p. 63; 吉見，1992, p. 83; 長谷川，2014, p. 21）。

> 「ディズニーランドとは、《実在する》国、《実在する》アメリカすべてが、ディズニーランドなんだということを隠すために、そこにあるのだ（それはまさに平凡で言いふるされたことだが、社会体こそ束縛だ、ということを隠すために監獄がある、と言うのと少々似ている）。ディズニーランドは、それ以外の場こそすべて実在だと思わせるために空想として設置された。にもかかわらずロサンゼルス全体と、それをとり囲むアメリカは、もはや実在ではなく、ハイパーリアルとシミュレーションの段階にある」（ボードリヤール，1981, pp. 17f.）。

ボードリヤールによると、ルネサンス以降の人々による生産は次の三つの時代を経る（ボードリヤール，1975, 1982, p. 102）。

＊三つの時代における生産形態
（1） ルネサンスから産業革命まで人々は現実をモデルにして模造に取り組む。
（2） 産業革命時代には資本主義社会の中で商品を大量生産する。
（3） 現代はモデルを基に生産するのではなく、現実的根拠が不在のまま「ハイパーリアル」な形でコードに従って生産をする。

これらの各時代に作られるものがシミュラークルであり、特に現代の生産構造がシミュレーションと呼ばれる。シミュラークルとは語源的には

「似せる（simulo）」ことによってできたものであり（Glare, 1982, pp. 1766f.）、似せて作ることが「シミュレーション」である（ボードリヤール，1981, pp. 1f., 8）。

ディズニーランドもカリフォルニアもアメリカも「すべて」このような状態にあるということは、そのいずれもが現実の何かをモデルにすることなく、例えばメディアの喧伝する理想像の影響下で相互に準拠し合い、自己形成と増殖を進展させることを意味する。法律が支配する社会のどの場においても人は罪を犯せば裁かれて「監獄」内に「束縛」されるが、監獄という特徴的な焦点は監獄以外の場におけるそのような陰謀を隠蔽して忘却させるという揶揄は、電波が支配する社会のどの場においてもメディアに接すれば娯楽消費文化に洗脳されるが、「ディズニーランド」という特徴的な焦点はディズニーランド以外の場におけるそのような陰謀を隠蔽して忘却させるという誇張と表裏一体である。

「すべて」に代表されるこの誇張表現は確かに興味深いが、実際には束縛されず、洗脳もされず、忘却もしない人々がいることを考慮すると、それは「超誇張表現、ハイパーステートメント（hyperstatement）」であると言えるだろう。例えば、フェルマンの次の限定的使用方法の方が一層適確である。ディズニー・ワールドにおける外国の「レストランはまた、実際の本国にあるレストランより多くの人々により素早く食事を提供するように設計されているが、真のシミュラークルの場合があり、それは存在しない原型の完全な複製である」（Fjellman, 1992, p. 389）。また、「すべてのディズニー・ショップはシミュラークルである。その骨組みは内側も外側も象徴的な設計と建築で覆われている」（Fjellman, 1992, p. 163）。

比較的早く日本のディズニーランドに着目した論考には、社会学者の吉見俊哉による「遊園地のユートピア」（1989年）やその発展版である「シミュラークルの楽園——都市としてのディズニーランド」（1992年）があり、ディズニーランドが博覧会の影響を受けつつも自己準拠的なメディアの世界を断片的に構造化させていき、「かわいらしい」存在への外部的他者の「ディズニー化」と日本における「かわいい」存在への「愛玩化

（Cutification）」が共振・増幅している点を指摘する（吉見, 1992, a, p. 120）。確かに、ディズニーランドにおいては「かわいらしさ（cuteness）」が注入され、「争い（conflict）」が除去されている（Fjellman, 1992, p. 31）。

能登路雅子『ディズニーランドという聖地』（1990年）は、アメリカのウォルト・ディズニー・プロダクションズと創設期の東京ディズニーランド・プロジェクトに参加経験のある文化人類学者によるもので、「興味がつきないのは、遊戯やレジャー空間としてのディズニーランドの姿であるよりは、アメリカ国民の多くがこの場所に寄せる特殊な、信仰にも似た想いであり、また、そのような民族色の強い文化遺産が、一方で世界に広がっているという現象である」とし（能登路, 1990, p. 14）、同時代の文学作品や種々の批評も参照しつつ全体像を明快に描く。

特に、本書との関係で重要な指摘の一つは、幼少期にカリフォルニアのディズニーランドに親の運転によって大陸横断をして連れて行ってもらったニューヨークっ子の郷愁的回想録に言及して、「そこには、まるで聖地をめざして、ひたすら進む幼い巡礼者の姿がある。映画やテレビを通してディズニーランド文化の洗礼をたっぷり受けて育った世代のアメリカ人は、その成長と共に、ディズニーランドという場所を単なる遊園地や観光地から、聖地へと変えていったのである」と分析している点である（能登路, 1990, p. 141）。

同様にして興味深いのは、ディズニーランドに同行した能登路の「連れあい」が、「これは全部ニセモノだ」と漏らしたことを紹介した点であり（能登路, 1990, pp. 5f.）、これはかつて養老が、幼稚園児が「引っ張ったらすぐに抜けるように最初から掘ってある」芋掘り用の畑に言及して、「これでは詐欺です。そこにあるのは自然ではなくて、人為的に用意された環境のみ。これではディズニーランドやテーマパークと同じことですから」と喚起したことを想起させる（養老, 2003, p. 159, cf. 富田, 2004, p. 54）。このいわゆる張りぼて偽物論も本書で検討する必要があるだろう（本書結章第二節）。

能登路がカリフォルニアのディズニーランドに焦点を当てたのに対し

て、アメリカの文化人類学者スティーブン・M・フェルマン（Stephen M. Fjellman）による『ビニールの葉　ウォルト・ディズニー・ワールドとアメリカ（Vinyl Leaves Walt Disney World And America）』（1992年）はフロリダのウォルト・ディズニー・ワールドに対する詳細な研究を展開した大著である（cf. Bryman, 1995, p. 82）。商品という形態が文化の中核を構成する現代社会において（Fjellman, 1992, p. 9, cf. ボードリヤール，1968, p. 245）、園内での楽しい経験、お土産、キャストの礼儀正しい歓待といった複合的商品を購入するゲストにとって（Fjellman, 1992, p. 12）、「意図された聖堂（intended shrine）」であるウォルト・ディズニー・ワールドは（Fjellman, 1992, p. 21）、「合衆国における中流階級の主要な巡礼地」であり、「ウォルト・ディズニー、ミッキーマウス、ドナルドダックなどは合衆国の中心的な聖画像（icon）である」（Fjellman, 1992, p. 10, cf. Fjellman, 1992, p. 221）。ウォルト・ディズニー・ワールドは実に、「もし、神が細部に宿るなら、私たちは商品という形態の神々をそこに見いだすだろう」と言われる消費地である（Fjellman, 1992, p. 19）。

フェルマンによると文化とは、「人々が自分たちの通常の日常生活を意味あるものとし、再生産するために用いる象徴や意味、理解や信念であり、多かれ少なかれそれらは公的に共有されている一まとまり」であり（Fjellman, 1992, p. 25）、歴史の進展と共に次のように特定の文化が形成されていく。

「文化の種々の理念やその対抗理念は雑草のように生える。あるものは栄養を摂取し、あるものは比喩的に言えば除草剤をまかれる。もし、ある文化の構築が威力を持ち続けるためには（そして、それが定義して明示する制度化が継続されるためには）、この構築の周辺境界線を警備しなければならない。私はこの境界維持の過程を『不自然陶汰（unnatural selection）』と呼ぶ」（Fjellman, 1992, p. 29）。

「不自然陶汰」とは、ダーウィンのいわゆる自然界における「適者生

存（survival of the fittest）」による「自然淘汰（natural selection）」とは異なり、人工的に一定のものを駆除しながら別の特定のものを養育することである。したがって、フェルマンの言う「不自然陶汰」はある意味で「人為陶汰（artificial selection）」であり、「養育陶汰（nurtural selection）」と言い換えることもできるだろう。そして、フェルマンはディズニーの不自然陶汰によって構築される「歴史、ヒストリー（history）」を「ディストリー（Distory）」と呼び（Fjellman, 1992, p. 59）、人々の消費を促進させるためのディズニー的物語であるとする（cf. Fjellman, 1992, p. 32）。

この「ディストリー（Distory）」はフェルマンの議論に基づけば、言わば大量の「除草剤」の中で一定の「対抗」物語を溺死させ、自らの物語に耽溺する「溺史（デキシ）」と言い換えることができるかもしれない。能登路によると、「ディズニーの作品世界の大きな特色は、自然の徹底的な否定と狂信的とさえいえる衛生思想なのである」が（能登路，1990, p. 78, cf. Schickel, 1968, 1997, p. 53; リッツア，2005, pp. 326f.）、この衛生思想はディズニーの作品世界からディズニーランドの現実世界に向けて通底しているとも言えるだろう。

ヘンリ・A・ジルーとグレイス・ポロック（Henry A. Giroux & Grace Pollock）による『吼えたネズミ　ディズニーと無邪気さの終焉　改訂拡大版（The Mouse that Roared Disney and the End of Innocence Updated and Expanded Edition）』（2010 年）は「溺史」について、奴隷制度、分離政策、移民迫害、反共運動、労働問題、原爆実験などの主要な歴史的事件の欠落、つまり、白人中流階級のためになされるアメリカの「歴史への白色塗料散布（whitewashing of history）」と言い換えている（Giroux & Pollock, 2010, p. 41, cf. Hobbs, 2015, p. 112）。

アラン・ブライマン（Alan Bryman）『ディズニーとその世界（Disney and his worlds）』（1995 年）は、ウォルト・ディズニー・カンパニーやウォルト・ディズニー資料館（Walt Disney Archives, Burbank, California）の助けを借りずに、ディズニーの生涯とその後のディズニー・テーマパークの文化的特質を分析した社会調査学者によるものであり（Bryman, 1995, p. ix）、特にディ

ズニーランドの巡礼地的性質、マクドナルド化する社会の諸特徴との比較、資本という視点から見たディズニーランドの内的構造分析は極めて興味深い（本書第二章第三節）。同じ著者による『ディズニー化する社会（The Disneyization of Society）』（2004 年）は、ディズニー化が均質化と画一化を特徴とするマクドナルド化とは異なり、商品とサービス自体の質とその提供方法の質を高め、消費者をアトラクションへの参加をも含む複数種の消費を行い易い環境に誘引する過程であることを論じる重要な著作である（ブライマン，2004, pp. 20f.）。

　メディア論を専門とする有馬哲夫による一連のディズニー研究書と入門書の中でも、特に中心的位置を占める『ディズニーとは何か』（2001 年）は、ウォルト指揮下の『白雪姫』（一九三七年）、『シンデレラ』（一九五〇年）、『眠れる森の美女』（一九五九年）というヒロイン三部作とアイズナー体制下の『リトル・マーメイド』（一九八九年）、『美女と野獣』（一九九一年）、『ポカホンタス』（一九九五年）というカウンターパートを登場人物の類型化によって作品分析し、原作や変形譚からの改変点に見られる主義主張をフェミニズムとの関係において精査したり、チリ、フランス、中国、日本でのディズニー文化の受容問題を検討したりと、豊富な研究材料を提供している。

　「最近では神社ではなく、ディズニーランドで年越しをするという入場者が増えている。これらの人々は初詣をレジャー化し、ディズニーランド詣と置き換えている」という視点は（有馬，2001, b, p. 110）、世俗化された巡礼地的要素をまとってきたディズニーランドの特質として本書の研究においても参考になる。また、有馬哲夫『ディズニーとライバルたち　アメリカのカートゥン・メディア史』（2004 年）は、ウォルトの歴史的業績を副題のとおり、アメリカのカートゥン・メディア史の中で正確に位置づけている詳細な研究書である（cf. 有馬，2004, pp. 30, 32, 65f.）。他方、同じ著者による『ディズニーの魔法』（2003 年）や『ディズニーランドの秘密』（2011 年）は、ディズニーの作品研究や施設研究の有益な入門書である。

　ディズニーランド人気はある意味でこの世が部分的にディズニーランド

化していることと対応しているが、長谷川一『ディズニーランド化する社会で希望はいかに語りうるか　テクノロジーと身体の遊戯』（2014年）は豊富な研究文献に基づき、ディズニーランドの入園者が自らの身体を支配することになるテクノロジーに駆動されるアトラクションを次々と乗り継いでいくように、日常世界においてもテクノロジーに支配された連鎖的プロセスを踏襲していることを意識化させるなどして現代社会を分析している（長谷川，2014, pp. 130f.）。

　山口有次『新ディズニーランドの空間科学』（2015年）は、ディズニーランドの空間構造的特質を分析したものであり、レジャー研究を専門とする著者は各国のディズニーランドの国際比較や、東京ディズニーランドにおけるバリアフリーや色彩効果、アトラクションだけでなくポップコーン・ワゴンやトラッシュカンやレストルームの配置、駐車場の構造に至るまで、統計的手法によりその数値を図、表、グラフなどで明示している。

　空間構造が枠組みであるとするなら、この枠組みに出入りする顧客や、この顧客に出される食事やパレードに視点を当てて、東京ディズニーランドの展開を分析したものが、新井克弥『ディズニーランドの社会学　脱ディズニー化するTDR』（2016年）であり、今や顧客は一見客、数回訪問経験のあるリピーター、お揃いのコーディネートや仲間内の省略語（jargon）で知られるディズニー・オタク、「テーマパーク」と「ファミリー・エンターテインメント」というディズニー・フィロソフィーを堅持する元キャストに多いウォルト主義者からなり、分節化しているという（新井，2016, pp. 11, 146）。そして、ディズニー・オタクにとっては、勝手気ままに振る舞いつつも同様に振る舞うオタク同士の「共振（シンクロ）」を確認できる場としてディズニーリゾートは「聖地」であるという指摘も興味深い（新井，2016, pp. 191f.）。ちなみに、「オタク」という言葉が生まれたのは、東京ディズニーランドの開園と同じ一九八三年である（新井，2016, p. 193, cf. 長谷川，2014, pp. 23f.）。

　このように特に近年、重要なディズニーランド、ディズニー・ワールド研究が続出しており、シェア・クラウス・ナイト（Cher Krause Knight）

の『ウォルト・ディズニーの世界におけるパワーとパラダイス（Power and Paradise in Walt Disney's World）』（2014年）は、フロリダのディズニー・ワールドと中世から現代に至るまで巡礼地として人気のサンティアゴ・デ・コンポステラの特質を比較しつつ（cf. 本書結章第三節）、ディズニー・ワールドを巡礼地と位置づける（Knight, 2014, pp. 29ff., cf. Knight, 2014, pp. 6f., 24ff., 40）。つまり、サンティアゴ・デ・コンポステラでは、その名称のとおりイエスの十二弟子の一人であるゼベダイの子ヤコブが守護者であるように（マタ 10:2, 使徒 12:2）、ディズニー・ワールドではミッキーマウスが守護者であり（Knight, 2014, pp. 30ff.）、巡礼者が大聖堂内の各所を列をなして回るように、ゲストはディズニー・ワールドで列をなして人気のアトラクションに向かう（Knight, 2014, pp. 33f.）。大聖堂の周辺に店や宿屋が立ち並ぶように、ディズニー・ワールドにも売店や宿泊施設は付き物であり（Knight, 2014, p. 37）、聖ヤコブの象徴であるホタテ貝が主要なお土産であるように、ミッキーマウス関連グッズがお土産の定番である（Knight, 2014, p. 38）。また、大聖堂がこの世における天の支配を象徴するように、ウォルトはディズニー・ワールドをこの世の天国として構想した（Knight, 2014, pp. 44ff.）。

　同様にして最近の重要な研究の一つであるプリシラ・ホッブズ（Priscilla Hobbs）による『ウォルトのユートピア　ディズニーランドとアメリカの神話形成（Walt's Utopia Disneyland and American Mythmaking）』（2015年）は、巡礼地となったカリフォルニアのディズニーランドを入口から時計周りに各ランドを周遊する形でその文化史的背景や意義と共に解説する研究書である（Hobbs, 2015, p. 23, cf. Hobbs, 2015, pp. 2, 15, 17, 33）。ホッブズはグリム兄弟が各地に存在していた様々なおとぎ話を童話集に収集する際にそれらを言わば「グリム化した（Grimmified）」として、「グリム化する（Grimmify）」という用語を新造し（Hobbs, 2015, p. 140）、この営為を背景として「ディズニー化、ディズニフィケーション」は童話の字句を映像に転換し、またヨーロッパの話をアメリカ文化に適合させるために発生するものであるとして、むしろ、童話の変形譚の長い歴史に対する貢献であると積極的に評価する（Hobbs, 2015, p. 142）。また、ファンタジーランドの「イ

ッツ・ア・スモールワールド」は、特に戦後のグローバル化と共に世界各地の人、物、金が短時間で行き来するようになった点で言わば現代の「小さい世界」を先行的に象徴しているという指摘も興味深い（Hobbs, 2015, pp. 155f.）。

アメリカでも日本でもディズニーランドを運営する手法とその応用例は、ウォルト亡き後も脈々と受け継がれている。顧客満足研究に関する第一人者であり、アメリカの一流企業のコンサルタントも務めるトム・コネランによる『ディズニー７つの法則　奇跡の成功を生み出した「感動」の企業理念』（1996年，1997年）は、ディズニーランドとディズニー・ワールドで働いた経験のある一人の案内役が、様々な会社から顧客対応の研修のために集まった五人組をマジック・キングダムに案内し、ディズニーが成功した七つの秘訣を自己発見的に悟らせる設定の話であるが、著者の取材に基づいた数々のエピソードが盛り込まれている。著者のまとめた顧客満足の「７つの法則」とは、種々の企業のサービスを比較している顧客の意識、細部への配慮、従業員の積極さ、商品の魅力、顧客の声を聞く情報アンテナ、従業員に対する厚遇と承認と賞賛、従業員各人の役割を重視することによって、顧客満足のみならず会社の業績好転につながるというものである。

一九八六年に一般のビジネスパーソンを対象にした人材研修機関として設立されたディズニー・インスティチュートがまとめた『ディズニーが教えるお客様を感動させる最高の方法』（2001年）は、旧約聖書の十戒や新約聖書のゴールデンルールに対してミッキーの十戒やプラチナルールを提示するなど、ユダヤ・キリスト教の代替宗教的要素を所々で示唆しており、ディズニーの顧客満足統括責任者として活躍したJ. ジェフ・コーバーによる『ディズニーの「おもてなし」プラチナルール　お客様（ゲスト）に300％の満足と感動を！』（2009年）も、こうした視点に基づいて従来の「黄金律（ゴールデンルール）」に対して「白金律（プラチナルール）」を全面的に打ち出す。

ディズニー・インスティチュートを代表してリーダーシップ研修やプロ

フェッショナル研修を担当するウォルト・ディズニー・ワールド・リゾート上級副社長リー・コッカレルによる『感動をつくる　ディズニーで最高のリーダーが育つ10の法則』（2008年）は、スタッフの一人ひとりが敬意と思いやりに基づいて人を感動させるリーダーシップを身に付ける重要性を強調し、「七〇％という驚異のリピート率や、ホスピタリティ業界大手ではもっとも低い離職率」は実にディズニー社のリーダーシップ教育に由来するという（コッカレル, 2008, pp. 5f., cf. コネラン, 1996, 1997, p. 178; コッカレル, 2008, pp. 7ff.; レフラー／チャーチ, 2015, p. 114）。具体的にこの教育のための10の法則とは、スタッフもゲストも一人ひとりを大切にすること、型を破ること、社員をブランドにすること、研修をとおして魔法をつくること、問題を排除すること、真実を学ぶこと、感謝・認識・奨励を怠らないこと、一歩先を行くこと、言動に注意すること、人格を育てることであり、これらが実現されているビジネスモデルとしてディズニー社の実例が多々紹介されている。

　キャストを振り出しにディズニー社で二十年働き、その間ディズニー・ユニバーシティー講師も務めた顧客サービス専門コンサルタントのデニス・スノーによる『ディズニー・ワールドで私が学んだ10のルール　お客様もあなたも笑顔になる』（2009年）は、ディズニーで学んだことはどの企業でも大きな効果を発揮するとして、舞台裏を決して見せないこと、ゲストの言動の真意を考えること、小さな感動を与え続けること、常に仕事を楽しむこと、**機械的な対応はしない**こと、細かい点にこだわること、経営者意識を持って働くこと、スタッフもゲストのように大切にすること、ゲストの不満を解決すること、自分の職歴に責任を持つことという十の鉄則を提示し、自らが実践してきたことが他社においても実現可能であると説く。

　より最近では、初代ディズニー・サービス・エクセレンス・コーディネーターなどの要職に就いた経験のあるブルース・レフラーらによる『ディズニー　「感動」のプロフェッショナルを育てる５つの教え』（2015年）は、人の記憶に資する「頭字語（Acronym）」を活用して「I・C・A・R・E

の5原則」である「印象（Impression）」、「結び付き（Connection）」、「態度（Attitude）」、「応対（Response）」、「卓越性（Exceptionals）」の視点から人々に感動を与える具体的方法を提示している。

特に、日本のディズニーランドとの関係で重要な人物はダグラス・リップである。彼はディズニー社にとって初の海外テーマパークである東京ディズニーランドのディズニー・ユニバーシティ社員教育部門の設立に大きな貢献をし、その教育内容を『ディズニー大学』（2013年）にまとめている。それによると、ディズニーランドには各施設の建設と管理をするサイエンス的側面とその雰囲気や従業員の士気の創造や維持をするアート的側面があるが（リップ、2013, pp. 92f.）、「アート（art）」と「サイエンス（science）」が大学の文科系と理科系に相当する代表的名称でもあることを考慮すると、ソフトとハード両面の重要性に言及する『ディズニー大学』は適切な手引書と言えるだろう。また、この手引書は諸側面を統合発展させる「シナジー（synergy）」効果にも言及している（リップ、2013, p. 221）。

東京ディズニーランド創設に関する比較文化論的な視点を持つ貴重な記録が同じ著者リップによる『TDL（東京ディズニーランド）大成功の真相』（1994年）に保存されており、日本で重視される「ハーモニー、親善、仕事への誇りと敬意の念」はディズニーの伝統とも通底するとしつつも（リップ、1994, p. 26, cf. リップ、1994, pp. 67f.）、日米のビジネス慣行の相違六点と相互の問題点一点を巻末に整理している。それによると、アメリカ人は含蓄よりも合理性を優先し、率直さのゆえに一見行儀悪く見え、取りあえず仲良くなることを嫌い、時は金なりと考え、ビジネスライクに行動し、決定したとおりに実行するが、双方共に自分たちの見解が相手に受容されるはずだという誤解があるという（リップ、1994, pp. 236ff., cf. リップ、1994, pp. 95ff., 108ff.）。そして、「文化と文化が交錯し混合していく」クロスカルチャーから「お互いの文化の違いに深く目を向け入り込んでいく」インターカルチャーという状況を実現することが双方に有益であると提言している（リップ、1994, p. 246）。

また、桂英史『東京ディズニーランドの神話学』（1999年）は、ディズ

ニーランドがヨーロッパという旧体制に対する「新しい家」としてのアメリカの「永久保存版」という役割を果たしており（桂，1999, pp. 83f.)、東京ディズニーランドがそのアメリカニズムの「実験室」であるという位置づけをし（桂，1999, p. 92)、同年に出版されたアビアド・E・ラズ（Aviad E. Raz)『黒船に乗る　日本と東京ディズニーランド（Riding the Black Ship Japan and Tokyo Disneyland)』(1999年）は、東京ディズニーランドをアメリカによる文化帝国主義的支配の象徴というよりも、むしろ文化適合の一つの型と見なし、このことを十九世紀中葉から日本に姿を現した外国の「黒船（black ships)」への「乗船（rides)」と表現しうる異文化体験であると理解する（Raz, 1999, p. 14, cf. Raz, 1999, p. 204)。この「乗船、乗り物（ride)」はディズニーランドの「アトラクション、ライド」のことも指している。

　一九八三年から東京ディズニーランド開園と共にナイトカストーディアル（夜間清掃管理担当者）の業務を担当した鎌田洋は、アメリカのディズニーランドから派遣されてきた「そうじの神様」こと初代カストーディアル・マネージャーのチャック・ボヤージン（Chuck Boyajian)から直接指導を受け、一九九〇年から一九九七年まで東京ディズニーランドを経営・運営するオリエンタルランド全スタッフを教育した経験者として（鎌田，2011, pp. 113f., 159)、自らの体験談に潤色した物語集であるディズニーの神様シリーズを著している。この著作を通して、夜間と清掃という二重の意味で裏方の仕事と一般に思われているナイトカストーディアルの地道な仕事がゲストに最高、最幸の働きをしていることなどが物語られている。同様にして東京ディズニーランド開園時に入社した福島文二郎は運営や人事の仕事に携わり、研修プログラムを百以上も開発した経験を活かして「9割がバイト」シリーズで社員教育研修の具体的方策を提案している。

　小松田勝は東京ディズニーランドの食堂や人事の担当を経て、ホスピタリティを基軸に様々な業種のコンサルテーションを行っており、特に彼の初期の著作は東京ディズニーランド開園揺籃期の現場の様子を垣間見ることのできる貴重な資料でもある。本場アメリカのディズニーランドでカストーディアル研修経験を持つ安孫子薫は、その後に東京ディズニーランド

でカストーディアル業務の指導やディズニーリゾート全域の運営責任を担った経験に基づき、「おそうじ」や「片づけ」という整理の視点からどの企業にも通底する改善余地を指摘している。

　なお、本書で取り上げなかったディズニーの作品研究については、マーク・I・ピンスキー（Mark I. Pinsky）の『ディズニーによる福音書　信仰と信頼とピクシーダスト（The Gospel according to Disney　Faith, Trust, and Pixie Dust）』（2004年）があり、これは最も人気のある三十一のディズニー映画の神学的主題をユダヤ・キリスト教の伝統に基づいて検討したものである。この研究書によると、ディズニー映画にはユダヤ・キリスト教の信仰や原則に基づく一貫した道徳的価値観があり、それが「ディズニーの福音」を構成しており、「善は常に報われ、悪は常に罰せられる。信仰は本質的な要素であり、それは自分自身に対する信仰であり、さらには自分自身より偉大なもの、より高尚な力に対する信仰である。楽観主義と努力がディズニーの基本的規範のすべてである」とまとめられている（Pinsky, 2004, pp. xif., cf. Pinsky, 2004, p. 2;Disney, 1994, pp. 20, 50, 56）。そして、このような福音を宿すテーマパークはアメリカの巡礼地になっている（Pinsky, 2004, pp. 229ff.）。また、アナリー・R・ウォード（Annalee R. Ward）の『ネズミの道徳　ディズニーアニメ映画の修辞学（Mouse Morality　The Rhetoric of Disney Animated Film）』（2002年）は、そのような道徳的指針を打ち出すディズニーアニメ映画が宗教と競合する重要な存在になっていると指摘している（Ward, 2002, pp. 128ff.）。

　その他の作品研究としては、荻上チキ『ディズニープリンセスと幸せの法則』（2014年）や本橋哲也『ディズニー・プリンセスのゆくえ　白雪姫からマレフィセントまで』（2016年）を、ディズニーの音楽研究については、谷口昭弘『ディズニー・ミュージック　ディズニー映画音楽の秘密』（2016年）を日本語で読める近年のものとして推薦したい。特に、カルチュラル・スタディーズに基づく本橋哲也『ディズニー・プリンセスのゆくえ』は例えば結婚指輪について、「男性性器を包む女性性器という指輪の形状は、男性中心主義の性的幻想を孕みながら、女性の生殖能力の利用と

搾取が家父長制度の中核にあることを示唆する」象徴である点に言及するなど（本橋, 2016, p. 41）、映画で描写される家族関係や競合する人間関係、社会制度や儀式、空想世界や空想的人格に落とし込まれた様々な意味を掘り起こし、谷口昭弘『ディズニー・ミュージック』はアメリカ・クラシック音楽に関する深い造詣に裏打ちされた詳細な研究を網羅的に展開し、作品に対する音楽の相乗効果的役割を浮き彫りにしている。

　同様にして、ディズニーランドの経営内容については、小宮和行『東京ディズニーランド　驚異の経営マジック』（1989年）が関係者や関係書類から取材し、他の方法では入手困難な情報を整理しており、野口恒『「夢の王国」の光と影　東京ディズニーランドを創った男たち』（1991年）は開業に至る経緯を詳細に追い、有馬哲夫『ディズニーランド物語　LA－フロリダ－東京－パリ』（2001年）は、カリフォルニアに始まるディズニーランドのフロリダ、東京、パリ、香港での展開を解説している。経営学の専門的見地から適宜公開データに依拠してテーマパーク論を展開する中島恵『東京ディズニーリゾートの経営戦略』（2013年）、中島恵『ディズニーランドの国際展開戦略』（2014年）は、各章末のまとめや随時提示されている表が全体像の把握に資する丁寧な構成の研究書としてディズニーランド理解を深化させてくれる。特に、ディズニーランドのバックステージにおける正社員と準社員を巡る諸問題を小説という形で取り上げているのが、松岡圭祐『ミッキーマウスの憂鬱』（2005年）である。

　また、元々マーケティング入門書を意図して著された山内孝幸『すべてはゲストのために　東京ディズニーリゾートに学ぶマーケティング』（2010年）は、それ自体でディズニーリゾート全体の運営構造を明快に整理している解説書であり、経済学や会計学の視点からディズニーランドを分析したものとして粟田房穂／高成田享『ディズニーランドの経済学　増補版』（2012年）、粟田房穂『新版　ディズニーリゾートの経済学』（2013年）、秦美佐子『ディズニー魔法の会計』（2013年）、山澤成康『ディズニーで学ぶ経済学』（2018年）は、啓発的であると同時にビジネスモデルとしてのディズニーランドの姿を明快に投影している。

序　章　ディズニーランド研究入門

アレクサンドル・ボア（Alexandre Bohas）による最近の『ディズニーの政治経済　ハリウッドの文化的資本主義（The Political Economy of Disney The Cultural Capitalism of Hollywood)』(2016年)は、ディズニーの提供する娯楽を下記のように四つの範疇に分類する（Bohas, 2016, p. 105）。ここでボアは上下の軸を「知識（knowledge）」とし、左右の軸を「双方向性（interactivity）」としているが、下記では各々ディズニー社の提供する情報量の多少、消費者の能動性・受動性と言い換え、明示のために各範疇に書籍や装身具やフィギュアという内容を付加して再構成している。

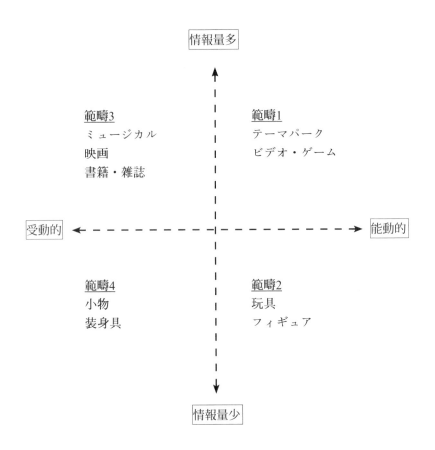

消費者の能動性・受動性という視点に基づくと、消費者はテーマパークに積極的に参加し、玩具の世界に自己を投入するが、映像・活字媒体や小物に対しては吸収や装着という側面が強いと言えるだろう。情報量の多少という観点から見ると、テーマパークや映像・活字媒体は多くの文献情報に基づく制作であり、玩具や小物はそれらの部分的・局所的抽出という要素が強調されている（cf. Bohas, 2016, pp. 104ff.）。また、「範疇4」は四つの範疇の中で最も卑小な位置を占めていることを意味しているのではない。ディズニーブランドの日常品やカバンなどに装着する小物は絶大な宣伝広告効果を発揮するだけでなく、特に後者はお守りのような宗教的役割を果たしている場合もあると考えられる（本書結章, cf. Schickel, 1968, 1997, p. 167）。ディズニーの経済的成功は、こうした緻密かつ網羅的な販売戦略の展開によるものなのである。

第二節　ディズニーランド研究の方法

　ウォルトの生涯やその知恵、ディズニーランドやディズニーブランドを検討し進めていくと、そこにある宗教的特質を認めることができる。ここではその宗教的特質を前提にして世俗化、天国、巡礼という三つの主要概念を念頭に置きながら本書に先行する特に重要な文献を紹介し、ディズニーランド研究の方法論を提示しよう。
　ウォルトとほぼ同世代に、晩年一九六〇年にアメリカ社会学会（the American Sociological Association）の第五十代会長を務めたアメリカの社会学者ベッカー（Howard Paul Becker, 1899 － 1960）がいる。これは現代のアメリカの社会学者ベッカー（Howard Saul Becker, 1928 －）とは別人である。前者のベッカーは「世俗化の過程　人口動態の影響によるパーソナリティーの変化に特に言及した一つの理念型分析（Processes of Secularisation An Ideal-Typical Analysis with Special Reference to Personality Change as Affected by Population Movement）」（1932 年）において、世俗化の過程をその抽象的理念上の出発点と到達点としての「孤立した神聖な社会（the isolated sacred

society）」と「接近可能な世俗的社会（the accessible secular society）」という視点から考察する（Becker, 1932, p. 138, cf. バーガー, 1969, a, p. 172）。結章ではこの過程にウォルトを意図的に位置づけ（本書結章第一節）、ウォルトやディズニーランドの特質を考察する。このベッカーの論文は一般には入手が容易ではないと思われるため、幾分詳細に紹介している。

ベッカーのこの研究の方法論は、ドイツの社会学者ウェーバーが二十世紀初頭に『社会科学方法論』（1904 年）として、「純粋に理想的な極限概念」であり（ウェーバー, 1904, p. 78）、「現実の歴史には稀にしかみることのできないような……整合的に構成された姿」としての「理念型（Idealtypus）」を提唱したことを踏襲したものであるが（ウェーバー, 下, 1904-1905, p. 10）、同様にしてウェーバーの重要な論文である『プロテスタンティズムの倫理と資本主義の精神』（1904 年 -1905 年）における「近代資本主義の精神の、いや、それのみでなく近代文化の本質的構成要素の一つたる職業観念の上に立った合理的生活態度は……キリスト教的禁欲の精神から生まれでたものである」という結論に至る論考は（ウェーバー, 下, 1904-1905, p. 244）、本書の結論においてウォルトの「プロテスタント倫理」を検証する際に活用する（本書結章冒頭, 第三節, cf. 亀井, 2012, p. 383）。

神学や宗教学の研究者にとって、コックスやバーガーの著作は極めて重要な位置を占めている。例えば、ハーヴィ・コックス『世俗都市　神学的展望における世俗化と都市化』（1966 年）は、聖書的信仰には世俗化の根源的契機として、万物は神の被造物に過ぎないという天地創造論と、古代エジプト王ファラオの支配下からイスラエルの民が脱出する出エジプトの出来事と、偶像の禁止を含むシナイ山における契約があるとし、天地創造論は自然の魔術からの解放を、出エジプトは政治的タブーからの解放を、偶像の禁止命令は特定の価値の神秘性の剥奪を示しているという（コックス, 1966, p. 36, cf. コックス, 1966, pp. 45ff.）。つまり、自然は恐怖の対象ではなく神の被造物として享受すべき恩恵であり、この世の政治的権力は神の下で相対化されるべきであり（ロマ 13:1）、人間が人工的に作り出した価値観も絶対化されてはならないのである。これは自然界と人間的政治組

織と物体からの健全な解放と言い換えることができるだろう。このコックスの議論に対して本書では、神が創造した天地万物の世界を自ら受け入れるという「受世」、律法において人間の言葉になるという「受言」、イエスにおいて人間の肉体になるという「受肉」の三点から、神自身の世俗化という視点を提示した（本書結章第三節）。

また、コックスは世俗都市の特徴として「匿名性と流動性」を挙げるが（コックス, 1966, p. 66)、このことは巡礼地に赴く巡礼者の二つの特質として指摘することもできる点で興味深い（cf. コックス, 1966, p. 94）。

ピーター・L・バーガー『聖なる天蓋　神聖世界の社会学』（1969 年）によると、世俗化とは「社会と文化の諸領域が宗教の制度や象徴の支配から離脱するそのプロセス」であり（バーガー, 1969, a, p. 165, cf. 本書結章第一節）、近代西欧の世俗化はプロテスタンティズムという宗教的伝統によって歴史的に決定的な形で引き起こされたという（バーガー, 1969, a, pp. 175, 193）。このプロテスタンティズムは旧来の「強力な神聖性の三要素——神秘、奇蹟そして呪術から可能なかぎり脱却した」のであり（バーガー, 1969, a, p. 173）、このいわゆる「魔術からの世界解放」の契機はさらに、「徹底して超越的であって、いかなる自然的または人間的現象にも固定することはできない」神を説く旧約聖書にまで遡及することができる（バーガー, 1969, a, p. 180, cf. バーガー, 1969, a, p. 175）。こうして、自然現象や社会現象そのものの神聖性が峻拒されると、超越的な神とこの神の像に造られた人間が共に歩む歴史に焦点が当てられて個々の人間が重要な役割を果たすようになる（バーガー, 1969, a, p. 184）。ここから、神の御旨が完全に実現される終末を目途として倫理的に合理的な歩みが導き出されるのである。バーガーは後に自ら編集した『世界の脱世俗化　再起する宗教と世界政治（The Desecularization of the World Resurgent Religion and World Politics）』（1999 年）において自分自身の世俗化論を否定することになるが、少なくとも上記の議論は本書の目的には有益である。

村上陽一郎『近代科学と聖俗革命』（2002 年［初版 1976 年］）は、神中心的思考方法から人間中心的思考方法への転換を遂げた十八世紀の「聖俗革

命」によって歴史を大きく二分し、真理は全能の神の心の内にあるという考えから、真理は人間の心の中にあるという考えへの転換を具体的に「信仰」から「理性」へ、「教会」から「実験室」へ向かう「真理の聖俗革命、真理の世俗化、知識の世俗化」であるとする（村上，1976, 2002, pp. 21f.）。こうした見解は『科学史からキリスト教をみる』（2003 年）において一層明解に提示されており、『奇跡を考える』（1996 年）では世俗化の時代においてさえ人知を超越した奇跡的出来事が依然として観察されうることに言及するなど（村上，1996, p. 168）、均衡の取れた世界像が見られる。村上の研究は聖と俗の関係を考察する際の根本的な枠組みを提示している。

　天国の特質については新約聖書を参照することが最善の道であるが、本書結章の該当箇所は全体的に拙著「私訳と解説」シリーズに依拠しており（本書結章第一節）、キリスト教の基本的世界観については拙著『ジョン・マクマレー研究　キリスト教と政治・社会・宗教』（2017 年）に基づいている。また、西洋文化史における天国像を取り扱ったアリスター・E・マクグラスの『キリスト教の天国　聖書・文学・芸術で読む歴史』（2003 年）は、同種の幾多の解説書の中でも天国への旅路という視点から叙述されている点で、特に巡礼という主題を取り扱う本書にとって大いに参考になる。

　ディズニーランドへの巡礼という主題は、既に能登路雅子『ディズニーランドという聖地』（1990 年）やアラン・ブライマン（Alan Bryman）『ディズニーとその世界（Disney and his worlds）』（1995 年）によって指摘されており（本書序章第一節）、前者はディズニーランド研究の基本的視座を垂範し、後者は該当箇所においてターナーの研究を適確に引用している。

　ブライマンが引用するターナーの依拠したファン・ヘネップ『通過儀礼』（1909 年）の研究は、通過儀礼を以前の世界からの分離儀礼である「境界前の儀礼（rites préliminaires）」、過渡期に執り行われる過渡儀礼である「境界上儀礼（rites liminaires）」、新世界への統合の際の統合儀礼である「境界後儀礼（rites postliminaires）」の三つに分析し、顕著な分離儀礼である葬式や同様にして顕著な統合儀礼である結婚式だけでなく、特に修練期、婚約期間、妊娠期間、喪中などの「過渡期」の存在が普遍的なものであると

明示したことで知られている（ファン・ヘネップ，1909, pp. 9, 17, cf. ファン・ヘネップ，1909, p. 165)。この三つの儀礼は具体的事例においてその重要性に差異が見られるが、過渡期に関する次のような視点はターナーの巡礼研究に大きく裨益したと考えられる。

「聖・非聖の二つの地帯を通過する者は誰でも、肉体的にも、呪術＝宗教的にも、一定期間特別の状況におかれることになる。つまり彼は二つの世界の間をさまよっているのである。……ある一つの呪術＝宗教的または社会的状況から他の状況への移行に伴う儀礼には多少とも明示的に、観念的なものも実際的なものも含めて、この"過渡期"なるものがみられる」（ファン・ヘネップ，1909, pp. 15f.）

世俗社会から巡礼地に赴くことは「非聖」から「聖」に向かうことであり、この過渡期が個人の人生においても社会全体にとっても大きな役割を果たしていることをヴィクター・ターナーの『儀礼の過程』（1969年）や『象徴と社会』（1974年）は、ヘネップから継承した「境界性（liminality)」という概念を発展させて論じたのである。続けてターナーは共著、ヴィクター・ターナー＆エディス・ターナー（Victor Turner & Edith Turner)『キリスト教文化におけるイメージと巡礼（Image and Pilgrimage in Christian Culture)』（1978年）において、巡礼者の行動よりも行動を引き起こす文化に、巡礼の社会的構造や過程よりもキリスト教の巡礼を象徴やイメージと共に推進する神学的教理や民衆の意図に焦点を当てている（Turner, 1978, p. xxiii）。ちなみに、ターナーは一九五〇年代前半のアフリカでのフィールドワーク後にイギリスに戻ると、アフリカのある部族の儀式での経験と共鳴するものをカトリック教会の礼拝に見いだし、マルクス主義を離れてカトリック教徒となったためにマンチェスター大学の同僚らの顰蹙を買ったという（Ross, 2011, p. xxxii)。

この『キリスト教文化におけるイメージと巡礼』に序文を寄稿したロスによると、世俗から神聖に向かう巡礼の重要な歴史的役割が示唆している

ように、聖と俗が密接な関係を持つことは、現代においても巡礼が観光産業（tourism）と不可分であることからも明白であり（Turner, 1978, pp. 20, 240, cf. Ross, 2011, pp. xlivf., liii）、また、プロテスタントのバニヤンによる古典的名著『天路歴程（Pilgrim's Progress）』（1678 年）が、直訳すれば『巡礼者の前進』というカトリック的題名の著作であるにもかかわらずプロテスタント的内容を展開していることは、巡礼という主題が聖と俗の融合だけでなく、旧教と新教の間の架橋であることも示している（cf. Ross, 2011, p. xlix）。

確かに、プロテスタントのピューリタンである「巡礼始祖たち（Pilgrim Fathers）」の一六二〇年の渡米とその後のニューイングランド植民地の建設から、現代プロテスタントの代表的神学者であるマクグラスによる『信仰の旅路　たましいの故郷への道（The Journey A Pilgrim in the Lands of the Spirit）』（2000 年）、直訳すれば『旅路　霊の地における巡礼者』という題の霊操書に至るまで、巡礼は越境的主題である。

巡礼者は自らの家の戸を開いて聖地に向かうが、それまでの道程における様々な邂逅を通して自らの心も開いて新しい自分を作り出し、見いだす。家であれ心であれ自分の世界から踏み出す場をラテン語では「敷居、入口、家（limen）」と表現するが（Glare, 1982, p. 1031, cf. ターナー, 1974, p. 165）、この語に由来する「境界性（liminality）」という概念は、今やキリスト教神学の方法論としても採用されている。

例えば、クリスティアン・ジェームズ・トリーベル（Christian James Triebel）の『サードカルチャーキッドの神学　境界性における三位一体、キリスト、信仰者のアイデンティティ再構築　宮平望、エミール・ブルンナー、トーマス・F・トランスとの対話を通して（A Third Culture Kid Theology: Constructing Trinity, Christ, and Believers' Identity in Liminality in dialogue with Nozomu Miyahira, Emil Brunner, and Thomas F. Torrance）』（2016 年）は、第一に母国の文化、第二に移住先の文化、第三にその後の生活圏を経験する「帰国子女、海外子女（サードカルチャーキッド）」に見られる文化的「境界性」という概念を神学的教理において活用する。こうした試行は、第一

に神の言葉として神の文化に属していたキリスト、第二に受肉によって人の文化に属して生から死へ、死から復活へという境界を経たキリスト、第三に神と人の性質を持つキリストとして同様の性質を担うキリスト者との密接な関係を構築するキリストを解説する境界的キリスト論や、御父、御子、聖霊の各々の間の境界領域を明示することで三者の親密な共存関係を再表明する境界的三位一体論を構築する点で極めて興味深い。

　なお、「ディズニーの生涯」、「ディズニーの世界」、「ディズニーの知恵」という本書の章立ても、少なくとも構造上はキリスト教の三位一体論的構造に倣っている。往時の人々はイエスの「生涯」を通して「世界」を創造した父なる神を知り、聖霊がイエスの言動を人々に想起させつつ教会を建て上げる「知恵」を授けた（cf. 創世 1:1, ヨハ 1:1-3, 14, 18, 14:16-17, 26, 15:26, 16:13, 17:24, コリ二 13:13）。勿論ディズニーは神ではないが、ディズニーの「生涯」を通してディズニーランドの「世界」を知り、それを維持していく「知恵」を学ぶことは、キリスト教とディズニーランドの関係を検討する上で適確な方法であると思われる。また、本書の副題である「世俗化された天国への巡礼」は、ディズニーランドを訪問する人々の状況を描写すると共に、ターナーが自著を「知的巡礼（intellectual pilgrimage）」と呼んでいるように（Turner, 1978, p. xxv, cf. Ross, 2011, p. xxxiii）、本題にある私自身の「ディズニーランド研究」自体をも指し、読者にもこの巡礼の同行を願うものである。

　日本におけるディズニーランド研究として本書は続貂的であり、本題や副題に「ディズニー（Disney）」という語を含む日本語・英語双方の文献を極力活用し、特に目覚しい発展を遂げている東京ディズニーリゾートや広義でのディズニーに関する夥しい数の日本語文献に深く依拠しており、読者には是非それらの文献を直接手に取って参照していただきたいと思うほどである。したがって、そうした多くの優れた先達に衷心からの謝辞を形にして残すためにも、本書における文献引用は必要に応じて度々その直後に主要な該当文献箇所を記すことにする。ただしその際、凡例で示されている形で省略形を使用することをご容赦いただきたい。

第一章　ディズニーの生涯

　第一章ではウォルト・ディズニーの生涯を叙述するにあたり、その生活環境や社会的背景に留意しつつ彼の編み出したキャラクターやディズニーランドの原点に迫り、特に生き物や乗り物、家族や会社や取引先との関係の中で培われて研ぎ澄まされた才能、人柄、信念を浮き彫りにする。
　まずは彼の生涯を時系列的に便宜上、次の五つの時期に分けることにする。

＊ウォルトの生涯の五区分
（1）「少年」。ミズーリ州マーセリーンでの夢のような幼少期と同州カンザスシティーでの悪夢のような日々を含む小学校時代の「少年」期。
（2）「青年」。ハイスクールに入ってからフランスでの赤十字救援部隊活動を経てカンザスシティーでアニメーションの仕事を手掛けた「青年」期。
（3）「機才」。カリフォルニア州ロサンゼルスに拠点を置いて映画業界の荒波にもまれつつ転機を活かしてミッキーマウスや有声映画を作り出すなどの「機才」を発揮した時期。
（4）「天才」。自身初のカラー作品や長編作品から事業拡大に至る文字どおり出色の「天才」ぶりを世に示した全盛期。
（5）「大君」。ドキュメンタリー映画の製作やテレビ番組への参入だけでなくディズニーランドの建設を推し進める「大君」然として夢の完遂に向かった時期。

　このようにウォルトを五つの特徴的な分類の下に置いてみるが、彼は「青年」期以後のどの時期に入っても心の中は「少年」のままであるとい

う感が拭い切れない点で終生、越境的少年である。シッケルはこのことを「ウォルト・ディズニーは常に少年（juvenile）のままであった」と記し、正にこのことによって本能的にウォルトは聴衆の欲するものを正確に調達して経済的成功に至ったと分析する（Schickel, 1968, 1997, p. 86）。これは勿論、良い意味での「少年（boy）」であり、夢に向かってひた向きに突き進むような丹心溢れる少年らしさは、「子どもっぽい（childish）」とは峻別される「子どもらしい（childlike）」という性格を想起させる（cf. 宮平，2008, pp. 49ff.）。ここに「少年の倫理と資本主義の精神」の密接な関係が成立していると言うこともできるだろう（cf. 本書結章第三節）。

ウォルトは一九四一年十二月にアメリカが第二次世界大戦に突入して本来の映画製作が停滞する直前まで、人形から少年に成長する『ピノキオ（Pinocchio）』（一九四〇年）、子象からサーカスのスターに成長する『ダンボ（Dumbo）』（一九四一年）を製作し、晩年の『メリー・ポピンズ（Mary Poppins）』（一九六四年）は、責任を問われる成人社会の弊害に挑む純粋な子どもらしさをテーマとする点で、「子どもへの回帰」を説いている（ゲイブラー，2006, p. 551）。これは成人社会の頂点の一人、大君となったウォルト自身の無意識の投影かもしれない。

こうした子どもらしさが通底する彼の生涯は、子どもらしい子ども時代を部分的に奪われたことに対する反動でもあるだろう。例えばウォルトは九歳の時から六年間ほぼ毎日、毎朝「四時半」に起床して新聞配達を行い（Barrier, 2007, p. 19）、放課後も友だちと遊ぶどころか新聞配達をしていたという。彼によると、「冬の配達は最悪だった。極寒の雪の中を歩き、凍った階段ですべり、霜柱で足を傷つけ泣き出すこともあった。深い吹きだまりの雪に首まで落ち込み、時には寒さと疲労から、配達先のアパートの廊下で、新聞の包み紙をかぶって眠りこんでしまい、目が覚めるとすっかり日が昇っていて、駆け足で残った新聞を配達したこともあった」という（ゲイブラー，2006, pp. 18f.）。アメリカ合衆国中央部に近いミズーリ州は夏は暑く冬は寒い内陸性気候で、北海道内陸の旭川と似ており、一年のうち半年ほどが冬であることを考慮すると（能登路，1990, p. 75）、この冬の新

聞配達は単に一時的なことではない。また、彼は家計の足しにするために販売用のバターや卵を載せた手押し車で近所を通り、友だちに見られるのが辛かったという（Barrier, 2007, p. 20）。

　ウォルトにとって絵を描くことは、このような支配不可能な現実世界とは対極的な支配可能な想像世界である。ゲイブラーはこの点を次のように正確に分析している。

> 「ミッキーマウスも白雪姫も、ディズニーランドもEPCOT（ディズニーワールドの実験的未来都市）も、自分の想像をもとに世界をつくり、はるか昔に失ってしまった子ども本来の力を呼び戻そうとする。
> 　映画でもテーマパークでも、そのファンタジーの世界では子どもの特権が完全に約束される。この特権を彼は生涯棄てることはなく、このためアニメーションが彼にとって重要な媒体となったのだった。アニメの世界では、感情のない無機物に生命を吹きこむことができ、神の力を行使できる」（ゲイブラー，2006, p. vii）。

　少年期に少年らしく生きる力を奪い取られたウォルトは、生涯に渡って生きる力をアニメやアニメ世界によって作り出して放ち続けたのである。アニメは、画像に言葉や声という生き物の命の「息、アニマ（anima）」（Glare, 1982, p. 132）を吹き込むこと、「アニメーション（animation）」の略語である。ウォルトは少年期に命の「アニマ」を相当吸い取られたが、後に「アニメ」によって「アニマ」を人々に吹き込むことで自分自身も生きる命を取り戻し続けたのである（cf. 有馬，2004, pp. 376f.）。これは、多くの天才がコンプレックスをばねにして余人の想像を絶する偉業を成し遂げるのと同様に、子ども時代の喪失というコンプレックスを持つウォルトの創造的な「過剰補償」である（富田，2004, pp. 143f.）。

　こうして、ウォルトは一九三〇年代には一躍有名になり（ゲイブラー，2006, p. vii）、一九四〇年代に成長拡大するスタジオでストライキが発生するほどになると、保守的になって共産主義弾圧の片棒を担ぐこともあり

(ゲイブラー，2006, p. x)、一九五〇年代に入るとスタジオの経営維持に腐心して芸術創作に陰りを見せ（ゲイブラー，2006, p. xi）、一九六〇年代を迎えると反体制的な知識人や政治活動家の攻撃の矢面に立つこともあった（ゲイブラー，2006, p. xf.）。象徴的なのが、一九六〇年代に「東部人にとって"ミッキーマウス"という名は、風変わりなものに対する軽蔑の代名詞であった」という事実である（トマス，1976, 1994, p. 323）。実際に辞典を紐解くと、「ミッキーマウス（Mickey Mouse）」には、「つまらない［不必要な］もの」、「楽な［ちょろい］科目（など）」という意味が依然として残されている（竹林，2002, p. 1561, cf. Wasko, 2001, a, p. 123; 有馬，2001, b, p. 267; 富田，2004, p. 59）。

　いつの時代でも有名人には毀誉褒貶が付きまとう。それでも種々のウォルト伝を参照すると、ある一定のウォルト像の影が立ち上がってくると思われる。特にウォルトが人々に与えたもの、人々に残したものに留意する時、彼の真の姿に近づくことができるのではないだろうか。

第一節　少年ウォルト・ディズニー

　ウォルト・ディズニー（本名は Walter Elias Disney）は一九〇一年十二月五日の日曜日、イリノイ州シカゴ北西部で産声を上げた。彼の父はアイルランドからの移民の子、一八九三年開幕のシカゴ万国博覧会（World's Columbian Exposition）の建築にも携わった大工イライアス・ディズニー（Elias Disney）であり（ミラー，1957, 2005, p. 11; Krasniewicz, 2010, p. 6）、バイオリンを趣味とし、その頃は一家でプロテスタントの聖パウロ会衆派教会に属していた。その教会の牧師ウォルター・パー（Walter Parr）にイライアスは、教会員のためにもう一つ教会堂を建てることを提案し、自らの手で教会建築を手掛け、その新築会堂に牧師が不在の際には代理で説教を担当し、妻のフローラ（Flora Call Disney）はオルガン演奏をした。こうして、牧師との親睦を深めたイライアスは次の四番目に生まれて来る男の子を牧師の名前を採って「ウォルター」とした（ゲイブラー，2006, p. 3）。後にウ

ォルト（＝ウォルター）の会社の財務担当として活躍するロイ（Roy Oliver Disney）は、ウォルトの八歳年上の三男である。

当時、既に人口百万を超える大都市シカゴでは犯罪が蔓延しており、一九〇六年にディズニー一家はイライアスの弟ロバートを頼りにミズーリ州マーセリーン（Marceline）の農村に引っ越すことにした。この時、イライアスは長男と次男と共に二頭の荷馬を連れて貨車で旅立ち、フローラとロイとウォルトと生まれたばかりの妹は「サンタフェ鉄道」で移動した（ゲイブラー，2006, p. 4, cf. トマス，1976, 1994, p. 229）。シカゴ時代に酒と博打に逃避して借金を抱えていたイライアスの苦悩が家族にも陰鬱な影を落としていたことを考慮すると、鉄道によるウォルトらの脱出の意義は大きい。「サンタフェ鉄道」の正式名は「アチソン・トピーカ・アンド・サンタフェ鉄道（Atchison, Topeka and Santa Fe Railway）」であり、これによってシカゴとカンザスシティーの中継地点の町として一八八〇年代に建てられたマーセリーンは、この鉄道会社工事監督の娘の名前に由来する（能登路，1990, p. 88）。

イライアスがこの人口四千五百人ほどのマーセリーンで弟の農園近隣に三千ドルで購入した農場は四十五エーカーで、弟の農園の十分の一の広さにも満たなかったが、家畜の乳牛、馬、豚、鶏がいるだけでなく、キツネ、ウサギ、リス、フクロネズミ、アライグマが現れ、様々な鳥やカモが戯れ、さらに農場の中の果樹園ではリンゴ、モモ、スモモ、ブドウ、イチゴが実った。ここは都会っ子だったロイと同様に、「ウォルトにとっては天国だった」（ゲイブラー，2006, p. 5）。マーセリーンという互助組織の充実した共同体の中で彼らの家は木々にも囲まれ、ウォルトは豚や馬に乗って走り回っていた。

一九〇九年ウォルトは八歳近くになって妹と共に小学校（Park School）に入学しても悪戯に明け暮れていたが、この頃は南北戦争の退役軍人の殊勲話に耳を傾けたり、サーカスを観たり、ピーター・パンを観劇したり、学芸会でこの役の実演もした。後の一九六〇年にこの小学校は、新校舎完成時にウォルト・ディズニー小学校（Walt Disney Elementary School）と名称

変更されている（Krasniewicz, 2010, p. 12）。会衆派教会のないマーセリーンで、ウォルトが初めて観た映画は「キリストの生涯を描いたもの」で、一緒に行った妹には、遅く帰っても両親から「怒られないから大丈夫だ」と言っていたという（ゲイブラー, 2006, p. 8）。また、親戚からもらった色鉛筆でデッサンをしたり、絵画に対する関心も芽生えた。この頃、父のイライアスは、長男と次男が家出をしたこともあって農業の負担が増し、隣人と農民組合を結成し、当時は「社会主義者」（後には共和党支持者）と自称していたが（ゲイブラー, 2006, pp. 13, 21）、体調を崩したために農地を手放すことを余儀なくされた。都市化の波が押し寄せると共にマーセリーンの様相も変容を遂げるが、往時の郷愁の田園風景はウォルトの心の中に沈殿していった。

　一九一一年、ディズニー一家は人口が三十万人を超えるミズーリ州のカンザスシティーの手狭な家に引っ越し、イライアスは教会に行く違もないほど、ロイ、ウォルトと共に新聞配達に疲労困憊しつつ糊口を凌いでいた。この時、ウォルトに新聞を配達先の前庭に投げ込むのではなく丁寧に防風ドアの内側に入れることを徹底した父イライアスの姿勢は、後のウォルトの顧客満足度重視の経営方法として開花している（ボッデン, 2009, p. 11, cf. 能登登, 1990, pp. 96f.）。こうした苦境の中で信仰的にも厳格であった父イライアスとは対照的に、母フローラは穏やかに家事をこなし、子どもに読み聞かせをし、ウォルトは相変わらず剽軽で、変装などして周囲の笑いを誘っていた。当時、ウォルトと妹は近隣の遊園地に入ることを父に禁じられていて、園内で遊ぶ子どもたちをうらやましく見つめていたという経験は（ゲイブラー, 2006, p. 17）、四十年以上も後に大きな意味を持ってくる。

　ウォルトは八年制の小学校（Benton Grammar School）五年生の時、何の外連味もなく遊べる同名のウォルト・ファイファーと出会って親しくなり、陽気なファイファー一家の養子とされ、ディズニー家との間を行き来するようになった。学校でもウォルトは変装してアメリカ第十六代大統領リンカンの演説を真似たり、友人のウォルトとコンビを組んで漫才に興じ、チャップリンに心酔したりもした。ちなみに、このウォルト・ファイファー

第一章　ディズニーの生涯

は後にウォルト・ディズニーのスタジオで働いている。自己顕示欲の旺盛だったウォルトは、大きな「野ネズミ」を捕まえて縛り教室に持ち込んで来て（ゲイブラー，2006, p. 29）、教師に平手打されたこともあった。この頃のウォルトの最も重要な悪戯は、「教科書のページの余白に絵を描いてぱらぱらとめくって動かし、クラスの友だちを喜ばせた」というものである（ゲイブラー，2006, p. 30）。これは彼の後のアニメーション製作の原点である。

　自らの絵心を自覚したウォルトは十四歳の時、絵画や、彫刻、鋳造を習い始め、一九一七年に小学校を卒業すると夏休みの二か月間は、サンタフェ鉄道の制服をまとって車内販売員の仕事を経験したが、これは六つの州を泊りがけで跨ぐこともあり、厳格な父の支配から初めて解放された出来事であった（能登路，1990, pp. 101f.）。こうしてウォルトは仕事で先にシカゴに行っていた両親と合流した。なお、この年にはアメリカが第一次世界大戦中のドイツに参戦し、兄のロイは海軍に入隊している。さらに、この年の一月にウォルトがカンザスシティーで実写版の映画『白雪姫（Snow White）』の主演少女に魅せられたことは（ミラー，1957, 2005, p. 166; ゲイブラー，2006, p. 224, cf. トマス，1976, 1994, p. 151）、二十年後のウォルト自身の仕事に決定的な影響を与える。伝記作家のゲイブラーによると、マーセリーンはウォルトの「ファンタジー」を育成し、カンザスシティーはウォルトの「個人的な神話」を形成したのである（ゲイブラー，2006, p. 34）。

第二節　青年ウォルト・ディズニー

　一九一七年、ウォルトはシカゴでハイスクール（McKinley High School）に入学しても依然として勉強に興味が湧かずに専ら絵を描き続け、校内誌の挿絵担当になって評判になると、小学校の時と同様に「芸術家」と呼ばれ（ゲイブラー，2006, pp. 31, 37）、夜間にはシカゴ芸術学院（Chicago Academy of Fine Arts）にも通った（Barrier, 2007, pp. 21, 333）。

　しかし、入学一年後の一九一八年にウォルトは海軍や陸軍にいた兄らの

影響もあり、愛国心と制服愛にほだされて兵役志願に至り、当時十六歳のウォルトは実戦部隊の年齢制限十八歳に抵触したため、一九〇〇年生まれと偽って年齢制限十七歳の赤十字救援部隊（Red Cross Ambulance Corps）に入隊した。救急車やトラックの運転練習や実戦訓練などをしたもののインフルエンザに罹患したウォルトは結局、第一次世界大戦休戦協定締結後、終戦処理のためにコネチカット州からフランスに赴くが、コネチカット州までの移動中の部隊で、後のマクドナルド・コーポレーションの創業者となるクロックと知り合う（グリーン, 1991, p. 55, cf. コーバー, 2009, p. 111）。ウォルトが他界して三十年後に、くしくもディズニー社は自らのテーマパークにマクドナルド社が店を出すことに合意し、マクドナルド社はディズニー社の映画やビデオの宣伝をするという企業提携が一九九六年から十年間ほど進められた（Stein, 2011, p. 219）。

　ウォルトの属した部隊にはヘミングウェーやモームがいたことでも知られているが（バックホルツ, 2007, p. 15）、彼の部隊経験の中で後のディズニー社のテーマパークと関連があるものとして次のような逸話がある。ウォルトの属していた部隊がフランスの北西部ルアーブル（Le Harvre）港から機関車でパリに向かった時のことを彼は、「アメリカの機関車に比べて、フランスの機関車がずいぶん小さくてかわいいのにびっくりした」と言うが（トマス, 1976, 1994, p. 74）、これはディズニー社のテーマパークの「小さくてかわいい」機関車を想起させる。こうして、彼はパリやアルバニアなどで任務に就き、合間には専ら漫画を描いていたという。フランスへの渡航一年後に帰国してシカゴに戻ると、彼はハイスクール時代からの彼女に裏切られていることに失望するが、戦後のアメリカが希望に満ちていたように、画家になる希望に満ちていた。

　ウォルトはハイスクールを卒業しないまま一九一九年、銀行に勤めていた兄ロイのつてで、カンザスシティーの商業美術ショップ（Pesmen-Rubin Commercial Art Studio）経営者を紹介されて見習いを経て、広告画を任されるが、クリスマスを過ぎると解雇され、同様にして解雇されたアブ・アイワークス（Ub Iwerks）と後にアートショップ（Iwerks Disney Commercial Art）

を立ち上げた。アイワークスはオランダからの移民の子である。しかし、経営不安定により二人共、広告スライド会社カンザスシティー・スライド・カンパニー（Kansas City Slide Company 後に Kansas City Film Ad.）に新たな職を求めた。

　スライドからフィルムによる広告製作に移行しつつあったこのカンザスシティー・フィルム・アド社でウォルトはアニメーションを担当して、帰宅後は、シカゴの会社倒産後にカンザスシティーに妻と娘を連れて戻って来た父親に建ててもらった二十平方メートルのガレージで、アニメーションの実験や試作に没頭することになった。アニメーションの核心に迫ったゲイブラーや有馬の次の指摘は、おそらく本研究にとって最も重要な視点の一つである。

　「アニメーションの製作プロセスは、動かないものを動かす、つまり命を与えるプロセスである。無機的なものをコントロールし神の手を加えることによって、動かないものに力を与え能力を授ける（エンパワーメント）ことである。

　ウォルト・ディズニーの場合は、それまで教会に通ったこともなく、宗教にはまったく関心を持っていなかった。それだけに彼にとってエンパワーメントの高まり、つまりアニメーションは宗教に代わるものだった。アニメーターは自分の世界を創造し、自然科学の法則と論理が消滅するもうひとつの現実、つまりイマジネーションの世界を創造するのである」（ゲイブラー，2006, p. 63）。

　「アニメーション制作者としてのウォルトは、この世に存在しないものを絵に描き、それを動かすことによって生命を与えた。そもそも、アニメーションとは、生命を持たないただの絵を動かすことによって、それにアニマ（魂）を吹き込むことだ。普通、映画は現実に存在する俳優や場面や風物をフィルムに写し取る。したがってアニメーションやコンピュータ・グラフィックと区別してこれを実写映画という。実写映画の制

作者は、さまざまな演出をし、趣向をこらすが、あるものを写しているにすぎない。この点でただの記録者にすぎない。

　これに対して、アニメーションでは、アニメーターが絵を描かなければアニメーションはなく、アニメーターが数枚の連続する絵を描いて動かさない限り、絵に描いたものが生命を得ることはない。アニメーターが『光あれ』といえば、そこに光あり、世界が生まれるのだ。この点でアニメーターは創造主といえる」（有馬，2001, b, pp. 88f., cf. 有馬，2001, c, pp. 63f.; 有馬，2004, p. 53; 有馬，2010, pp. 2, 6）。

　こうして、広告会社で経験を積んだウォルトは気概に満ちて一九二二年、広告や映画の製作・販売を手掛けるラフォグラム社（Laugh-O-gram Films）を設立し、両親や兄弟らは温暖な西海岸へと引っ越して行ったため、孤独になった彼はますますアニメーションに没入し、この会社に集まった若者たちと「生き生きとしたユートピア」を形成していた（ゲイブラー，2006, p. 73）。社員は十人ほどで、一時的にアイワークスや竹馬の友ウォルト・ファイファーも参加しており、経営難を医師などの篤志家に辛うじて支えてもらったものの、少女アリスがアニメ世界に入る冒険物語『アリスの不思議の国（Alice's Wonderland）』も未完成で失敗に終わり、会社は破産した。

第三節　機才ウォルト・ディズニー

　一九二三年、ウォルトは新たな一歩を踏み出すべくカリフォルニア州ロサンゼルスに拠点を移し、漸くアニメ配給業界の大物マーガレット・ウィンクラー（Margaret Winkler）の目に留まると、バージニア・デイビス（Virginia Davis）をアリス役とする『アリスコメディー（Alice Comedy Series）』（一九二三年）の契約に漕ぎ着けた。これは一九二三年十月十六日のことであり、後にディズニー社の創立日とされている（ウィリアムズ，2004, pp. 45f.）。この頃、ウォルトは製作面では『イソップ物語（Aesop's Fables）』からアイデアを借り、兄ロイはウォルトと同居して共に資金繰

りに東奔西走し、ハリウッドの一角に構えた事務所を嚆矢として、後にアイワークスも加わった会社ディズニー・ブラザーズ・スタジオ（Disney Brothers Studio）を成長させていった。この会社で図面と彩色を担当していたリリアン・バウンズ（Lillian Bounds）とウォルトは、一九二五年に結婚している。

　ウォルトは自らの漫画が高く評価されるようになる一方で、ウィンクラーと結婚して映画界に参入したチャールズ・ミンツ（Charles Mintz）に過酷な条件を畳み掛けられたり、待遇面でバージニアとも決裂してマーガレット・ゲイ（Margaret Gay）を出演させざるをえなくなったりしたが、一九二六年には更なる発展のためにも拠点をハリウッド近くのハイペリオン通り（Hyperion Avenue）に移して、後に社名をウォルト・ディズニー・プロダクションズ（Walt Disney Productions）に変更した。会社は殺気立つウォルトのもとで険悪な雰囲気を醸し出していたものの、ミンツの要望に応じてウォルトはアニメ市場で遍満していた猫の代わりにウサギのキャラクターを描いた短篇『しあわせのウサギのオズワルド（Oswald the Lucky Rabbit Series）』（一九二七年－）シリーズを製作することになり、ミンツはユニバーサル社と契約を結んだ。ウォルトはこの作品を通して、動物に生き生きとした人間性をまとわせる努力をしていき（ゲイブラー，2006, p. 123)、一九二七年末に二十二人にも増えた会社は芸術的にも財政的にも潤っていった。

　ところが一九二八年、ウォルトはミンツによってウォルトの会社の主要アニメーターを引き抜かれ、オズワルドのキャラクター所有権も失って窮地に立たされた。「現実世界から天国を創造するというアニメの世界を失ってしまった」のである（ゲイブラー，2006, p. 131）。しかし、彼はミンツとの交渉が決裂したニューヨークからロサンゼルスへ向かう汽車の中で（cf. Disney, 1994, p. 67）、一九二七年にリンドバークが大西洋横断単独飛行に成功したことに着想を得て、女ネズミの気を引こうとして飛行機を組み立てる男ネズミの漫画のシナリオを書いていた。この男ネズミの名前を、十四世紀イギリスのエドワード二世に対して反乱を起こしたために後に処

刑された貴族モーティマーから「モーティマー」としたウォルトに対して、「アイルランドの名前でミッキーはどうか」と提案したのは妻リリアンである（ゲイブラー，2006, p. 135）。確かに、「死（mors）」と「海（mare）」というラテン語からなる「モーティマー（Mortimer）」という名称は「死海」を意味し、北フランス・ノルマンディ地方の地名に由来する家族名であるから（竹林，2002, p. 1610）、リリアンの指摘は妥当である。

ただし、バリアらはリリアンの語録に基づいて、ミッキーという命名はウォルトによるものであり、リリアンはモーティマーという名前に反対し、ミッキーという命名の手助けをしただけだとする（Barrier, 2007, p. 57;Susanin, 2011, p. 190）。また小野は、婦人雑誌『グッド・ハウスキーピング（Good Housekeeping）』におけるジョニー・グルエル（Johnny Gruelle）の連載の中でミニーとミッキーという漫画風のネズミ母子が一九二一年に登場するというアメリカ新聞漫画収集家ビル・ブラックベアドの指摘に基づいて、当時広範に購読されていたこの雑誌を目にしていたリリアンが無意識のうちに口にした可能性を挙げる（小野，1983, pp. 13f.）。

ゲイブラーやその他の研究者らによると、ウォルトがネズミを思い付いた契機として次のものがあるという（ゲイブラー，2006, pp. 135f., cf. Schickel, 1968, 1997, pp. 115ff.;Bryman, 1995, pp. 23f.;トーマス，1998, p. 82; 有馬，2004, pp. 23f., 97;Barrier, 2007, p. 56）。

＊ウォルトがネズミを思い付いた契機
（1） カンザスシティーの公園のベンチに腰掛けている時に逃げ出したネズミ（本書第一章第一節，第二節）。
（2） フィルム・アド社でごみ箱を漁っているところを捕まえてペットにしたネズミ（本書第一章第二節）。
（3） ラフォグラム社でまどろんでいるところをその足音で起こしたネズミや、スケッチのために餌付けしたネズミ（本書第一章第二節）。
（4） 『アリスコメディー』にも度々登場させていたが、『イソップ物語』によく出ていたネズミ。

これら四点はいずれか一つが排他的に正解という種類のものではなく、おそらく幾つかの契機がウォルトの記憶の中で積層していき、ミッキーというキャラクターを形成したのだろう。

　娘のダイアン・ディズニー・ミラーを交えた回顧談によると、ウォルトはこう語っている。「夜遅くまで仕事をしていると、ネズミが何匹かぼくのくずかごのなかに入ってきたんだ。ぼくはネズミたちをそこから出して、机の上小さなかごのなかに入れてあげたんだ。そしてそのうちの一匹とは特に親しくなった。カンザスシティを離れる前に、ぼくはその仲よしのネズミを野原に運んでいって放してやったんだ」（ミラー，1957, 2005, p. 106）。「カンザスシティを離れる前」とは、フィルム・アド社かラフォグラム社にいる時のことである（本書第一章第二節）。小さく弱いにもかかわらず逞しさと愛嬌さえ兼ね備えたこのネズミに、ウォルトはかつての自分の姿を投影していたことだろう。ネズミの世話をすることはかつての少年ウォルトを慰めることを、野原に放つことはこれからウォルトが世界で飛躍することを極めて正確に象徴している。

　また、オズワルドの耳を丸くして腹を膨らませることでオズワルドに似たミッキーマウスを造り出したことは（cf. Watts, 1997, 2001, p. 30; ウィリアムズ，2004, pp. 76f.; バックホルツ，2007, p. 133; Stein, 2011, p. 50）、ミンツに対するウォルトのささやかなしかも執拗な抵抗を示していると言えるだろう。ここで、当時のアニメーションはキャラクターの身体各部分を基本的に円形として黒塗り部分を多く取るが、それはその製作形式に由来するものであり、メスマーのフェリックス・ザ・キャット（一九一九年ー）やウォルトのオズワルド、ミッキーマウスなどは、同時代のアメリカアニメーション業界共有の言わば「キャラクターの書式」に基づいているとも考えられる（大塚，2013, pp. 101ff., 130ff., cf. Schickel, 1968, 1997, p. 118; Crawford, 2006, pp. 29ff.）。この「キャラクターの書式」を大塚はミッキーマウスに代表させて「ミッキーの書式」と呼び換え、「オリジナルの作者は不在であるというミッキーをめぐる共通理解」があるとし、その書式によれば猫は「フェリックス」、兎は「オズワルド」、鼠は「ミッキーマウス」、犬は「の

らくろ」的形態を必然的にまとうことになるという（大塚, 2013, pp. 103f.）。相互にシミュラークルとなったオリジナル不在というこの興味深い指摘は、ボードリヤールのハイパーリアリティ論を想起させる（本書序章第一節）。ちなみに、日本でアヴァンギャルド運動影響下のアニメーターらはミッキーマウスのキャラクターを「幾何学図形の構成からなる絵」として理解し、大藤信郎が既に一九三七年、その作画マニュアルにおいてミッキーマウスを「円」の「構成」であると正確に理解している（大塚, 2013, pp. 16ff.）。

　ウォルトがミッキーマウスを生み出した頃、ミンツに引き抜かれずにウォルトのもとに残った数人の内の一人アイワークスはウォルトの描いたミッキーマウスを改良し、ミンツの策謀を警戒してウォルトと二人の身内以外には内密でセル画を描き続けた。ミッキーマウスの案出者については様々な見解があるが、ウォルトとアイワークスの合作であるという点においては大きな異論はないだろう（Watts, 1997, 2001, p. 51, cf. エリオット, 上, 1993, pp. 75, 77f., 89f.;Bossert, 2017, p. 21）。当時の有声アニメ映画作製は一秒につき二十四枚の原画が必要であり（cf. ミラー, 1957, 2005, pp. 110f.; トマス, 1976, 1994, p. 114; エリオット, 上, 1993, p. 85; 櫛田, 2001, p. 18; 谷口, 2016, pp. 10f.）、そのミッキーの登場する最初の作品であるアニメ無声映画『プレーン・クレイジー（Plane Crazy）』（一九二八年）は六分ほどなので、合計八六四〇枚の原画が描かれたことになる。

　さらに大きな転機となったのは、映像と音声を同期させた一九二七年初公開の映画『ジャズ・シンガー（The Jazz Singer）』に兄ロイが言及したことを契機に、ウォルトがそれまでの無声映画から有声映画企画に活路を見いだした瞬間である。こうして一九二八年に、フィルムに音声を載せるシネフォン社（Cinephone）のパット・パワーズ（Pat Powers）と掛け合い、六分足らずの音声映画『蒸気船ウィリー（Steamboat Willie）』（一九二八年）が完成し、ミッキーの声はウォルト自身が担当し、以後『ミッキーのダンスパーティー（Mickey's Delayed Date）』（一九四七年）まで二十年担当した（ボッデン, 2009, p. 9;Stein, 2011, p. 50）。この『蒸気船ウィリー』はブロードウェイのコロニー劇場（現在のブロードウェイ・シアター）で十一月十八

第一章　ディズニーの生涯

日から上映され、他州でも配給されるに至った（cf. ミラー，1957, 2005, pp. 126f.）。ちなみに、一九二八年十一月十八日はミッキーマウスの誕生日とされている。ウォルトの不屈の精神は一つの目標を完遂すると、すぐさま次の目標に向かって疾駆する。「ウォルトは最高でなければ気がすまない。彼が目指すのは最高水準であった」（ゲイブラー，2006, p. 156）。

　一九二九年になるとミッキーマウスは大流行し、数年間で百万強の子ども会員を擁することになるミッキーマウス・クラブ（Mickey Mouse Club）の活動が開始されるが、翌年、いつも脇役的存在に甘んじていたアイワークスがパワーズの会社に引き抜かれたことを知らされると、ウォルトとロイはパワーズとの関係を断絶してコロンビア社（Columbia Pictures）との契約に踏み切った。ディズニー兄弟が独自の道を進み、スタジオもスタッフも増強させていった一九三〇年代のアメリカが言わばミッキーの時代となったことに対して、ゲイブラーは次のように紹介している。

「最も一般的なミッキー観は、自由の象徴とする見方である。何物にも束縛されることなく、すべての自然の法則を破壊し、常に勝利する。しかしモラルの法則だけは決して破ることはしない。ミッキーは敏捷で気取っていて残酷で、生き生きとして反抗的で、時にはサディストの悪魔となる」（ゲイブラー，2006, p. 169）。

　ミッキーマウスは元々チャップリンをモデルにして描かれていたが（Disney, 1994, p. 68, cf. ゲイブラー，2006, p. 169）、その冒険心や正義感を考慮するとウォルトの分身に他ならない（cf. トマス，1976, 1994, pp. 130, 173f., 212）。

　転機を見極める才に長けたウォルトは一九三〇年十二月にはハリウッドの最大手の一つ、このチャップリンも経営に参画している大手のユナイテッド・アーティスツ（United Artists）と有利な契約を水面下で結ぶものの、それに感付いたコロンビア社との確執を生み出した。一九二九年十月以降の世界大恐慌の際にウォルトのスタジオが経済的打撃をほぼ免れたの

は、元々僅かな不動産しか持たず、映画館が人々の深刻な日常からの逃避場所になったためであるが、それでも不安定かつ限定的な経済力でコスト、スタッフ、スピードのどの側面においても妥協を許さず最高のファンタジー世界を創作しようとする意欲と、現実世界の恐慌の進展という圧力との狭間で、ついにウォルトは精神的打撃を被り、一九三一年末にかかった神経衰弱を悪化させていった（トマス，1976, 1994, p. 125, cf. Disney, 1994, p. 88）。この時の「ウォルトの趣味は仕事だった。彼の頭にはミッキーマウスしかいなかった」（ゲイブラー，2006, p. 178）。このようなウォルトを親身に支え続けることができるのは、いつも兄ロイであった。確かに、一九三〇年代初頭までにウォルトは「アメリカン・ドリーム（American dream）」を実現し（Watts, 1997, 2001, p. 31）、「その夢の代金を支払った」のは兄ロイであった（グリーン，1991, p. 91）。

第四節　天才ウォルト・ディズニー

　ウォルトが病に陥るほど固執したのは、アニメーションが単に「アニメイト（息を吹き込む、生き生きとさせる）」だけでなく、「実際に生きている」ように、さらには「生きて考えている」ようにする点にあり（ゲイブラー，2006, pp. 187f.）、このリアリズムは一九三二年、自身初のカラー作品『花と木（Flowers and Trees）』の製作の実現とアカデミー賞（Academy Award）の受賞に結実した。ユナイテッド・アーティスツはカラー作品のための契約更新を渋ったものの、ウォルトの活躍はロサンゼルスのバンク・オブ・アメリカ（Bank of America）の頭取の耳にも入り、この銀行がウォルトに実質的な財政支援を行うことになった。

　この流れに乗ってウォルトはラングの『緑の童話集（Green Fairy Book）』（一八九二年）から着想を得て、四人の精鋭スタッフで『三匹の子ぶた（Three Little Pigs）』（一九三三年）を製作、公開し、こうしてミッキーマウスによってハリウッドのヒーローになったウォルトは、三匹の子ぶたによって「全国的なスター」になったのである（ゲイブラー，2006, p. 195）。彼

は翌年、この作品でもアカデミー賞を受賞する。この作品が広く人口に膾炙した要因として特に興味深いのは、観衆が悪い狼を大恐慌に見立てて、それに立ち向かう三匹の子豚を世界大恐慌に対するアメリカ第三十二代大統領ローズヴェルトのニューディール政策に重ね合わせた点である（ゲイブラー，2006, p. 197, cf. Watts, 1997, 2001, pp. 80ff.;Crafton, 2013, p. 222）。特に、この作品の挿入歌「狼なんかこわくない（Who's Afraid OF The Big Bad Wolf?)」は、ローズヴェルトの「われわれが唯一恐れるべきは、恐怖そのものである（the only thing we have to fear is fear itself)」という標語を背景にして大流行した（エリオット，上，1993, p. 133, cf. 有馬，2001, b, p. 114）。また、ユダヤ教の団体の中には、狼がユダヤ人の行商人の姿をして豚たちを騙しに来た場面に対して遺憾の意を表明するものもあった（エリオット，上，1993, p. 142; トーマス，1998, p. 114, cf. Schickel, 1968, 1997, pp. 95, 155）。

一九三〇年代に勢いに乗ったディズニー兄弟は、縫いぐるみ、本、玩具、生活用品などのミッキーマウス関連グッズの販売も手掛け、元々カンザスシティーのデパートのディスプレイを担当していたハーマン・カーメン（Herman Kay Kamen）に関連グッズを取り扱うウォルト・ディズニー・エンタープライジーズ（Walt Disney Enterprises）の経営を任せ（カーメンの飛行機事故死の一九四九年まで）、ウォルト自身は映画製作のウォルト・ディズニー・プロダクションズ（一九八六年以降はウォルト・ディズニー・カンパニー Walt Disney Company）に傾倒した。このような経緯で、陳腐化しつつあった映画の中のミッキー像に代わって登場したのがドナルド・ダックであり（cf. ゲイブラー，2006, pp. 208, 274）、ミッキーマウス・シリーズの最高傑作と銘打たれている『ミッキーの大演奏会（The Band Concert）』（一九三五年）で、アヒルが本来の粗暴なネズミの首座を奪ったと評されている（ゲイブラー，2006, p. 212, cf. 小野，1983, p. 39）。

ウォルトにとってのもう一つの大きな出来事は、これまでの短編に代わる史上初のカラー長編アニメ『白雪姫（Snow White and the Seven Dwarfs)』（一九三七年）の大成功である（有馬，2004, p. 170, cf. 櫛田，2001, p. 44）。現在の価格に換算すると『白雪姫』の制作費は約三億ドルであり、現在の

超弩級のディズニー社による『アナと雪の女王』(二〇一三年)の制作費一億五千万ドルと比較すると、その程度は明白である(新井, 2016, p. 17)。周囲の映画関係者らはこのような桁外れの暴挙だけでなく、従来の六分程度の白黒のアニメーションに対するカラーの眩しい八十分強の『白雪姫』の製作を「ウォルトの愚行」と呼んだが、この作品はアメリカと同様に海外でも驚異的な興行成績を上げたことで知られている(有馬, 2004, pp. 176, 184)。こうしてこの作品の公開は、この後『ピノキオ(Pinocchio)』(一九四〇年)、『ファンタジア(Fantasia)』(一九四〇年)、『ダンボ(Dumbo)』(一九四一年)、『バンビ(Bambi)』(一九四二年)と続くディズニー・アニメーション黄金時代の幕開けの出来事として位置づけられている(cf. Krasniewicz, 2010, pp. 70, 87f.)。

ウォルトは、グリム童話に基づくこの『白雪姫』における冷徹な親、少女の苦悶、ファンタジー世界への憧憬という筋が、自らの少年期と通底することを感じ取っていた(ゲイブラー, 2006, p. 224)。したがって、自ら役を真剣に演じながら作品のイメージをスタッフに説明する時、ウォルトは本来の自分に帰っていたと言えるだろう。彼はその完璧主義のゆえ、製作に関する全部門の全段階を監督して納得のいくまで修正を繰り返したという(エリオット, 上, 1993, p. 162, cf. Watts, 1997, 2001, p. 171)。また、当時の社会的背景を考慮するなら、「白雪姫の恐ろしい継母に対する抵抗は、暗黒の悪の力がアメリカの存在そのものを脅かすかに見える世界大戦にまもなく突入しようとしていた国民の恐怖を反映した」とも言えるだろう(エリオット, 上, 1993, p. 175)。この作品の完成間近、ウォルトはユナイテッド・アーティスツの配給条件に対する不満が限界を超え、好条件を提示してきた RKO 社(Radio Keith Orpheum)と契約した(トマス, 1976, 1994, pp. 162f.)。

こうして一九三〇年代中葉からウォルトは、世界中各界の著名人からの訪問を受け、文学、映画、美術などの分野で賞を授与され、「批評家たちはこぞって彼を天才と評した」(ゲイブラー, 2006, p. 214, cf. トマス, 1976, 1994, pp. 45, 367)。ちなみに、兄ロイも「ウォルトと変わらないほどの天

才だった。二人は何度か社運を賭けた勝負に出たが、その度に窮地を救ったのはロイだ」と言われている（トーマス，1998, p. 15）。また一九三八年にウォルトは、ハーバード大学などから名誉修士号も授与されている（Krasniewicz, 2010, pp. xxix, 74f.; エリオット，上，1993, p. 175）。しかし、ゲイブラーが続けて強調しているように、ウォルトの才能はその作品に結晶しているだけではない。

> 「ウォルトのなかで一番注目されるのは、その監督・管理能力だけでなく、スタジオのスタッフを調和させ統率する能力だろう。ウォルト自身も漫画をシンフォニーにたとえて、自分をスタッフ全員の指揮者であり、ストーリー担当、アニメーター、作曲家、演奏家、声優、仕上げ担当、彩色係など、それをひとつにまとめて一体化し、ひとつの素晴らしい『全体』を創造するのだと力説する」（ゲイブラー，2006, pp. 218f.）。

この一九三〇年代中葉は、ウォルトのスタジオのスタッフは平均年齢二十五歳、十二ものビルに五百名強が集っており、実に「ミッキーマウスのファンだけでなく、芸術やエンターテインメントの実験に関心のある者にとっては、巡礼の聖地となっていた」（ゲイブラー，2006, p. 234）。スタジオの聖地化は単にスタッフに対する厚遇に由来するのではなく、ウォルト自身がアニメの世界だけでなく、地上の職場にも遊び心に満ちた天国を築こうとしていたことにその端緒を見いだすことができる。ウォルトはスタジオで、「ここは一種のイエス・キリスト・コミュニズムで運営されているんだ」と語っていた（ゲイブラー，2006, p. 238）。

遊び心はスタジオにも反映されていた。スタッフの一人はスタジオで飼っているカメを毎日内緒で大きいカメと取り替えて、その異常な成長ぶりで皆を驚かせていたという（ゲイブラー，2006, p. 235）。こうした職場の悪戯は枚挙に遑がないようで、洋服掛けに上着を遠くから放り投げて見事に引っ掛けるのを得意としていたアニメーターが昼食で外出している間に、別のアニメーターがその洋服掛けを鋸でばらばらにしてからテープで

元通りにして待っていたという。その後、ほろ酔い加減で戻って来たアニメーターがいつものように洋服掛けに上着を投げ掛けると、洋服掛けは崩れ落ち、そのアニメーターは気絶しそうになったという（グリーン，1991, p. 186）。

　このような社風を維持していたウォルトにも、悲劇がなかったわけではない。一九三二年にすでに著名人となって尊敬されていたリンドバークの赤ん坊が誘拐されて殺されたという事件は、翌年にダイアンという娘を持つ身になるウォルトを心底震撼させ（グリーン，1991, pp. 157f.）、一九三八年に彼は結婚五十周年の両親をハリウッドに呼んで豪邸に住ませたが、セントラルヒーターの故障による酸欠で母を失い、一九三九年に始まった第二次世界大戦の影響でディズニーの作品の外国での配給収入が激減していき、同年からスタジオを漸次ロサンゼルスのバーバンク（Burbank）の広大な敷地に移したものの、一九四〇年に復帰したアイワークスを含む千人を超す従業員の不満も構造的に増大していった。

　その頃、「ウォルトは他人の天才を利用する天才だ」と揶揄されることもあり（ゲイブラー，2006, p. 317）、果たして一九四一年にはスタッフによるストライキが二か月続いた（cf. ラクヴァ，1992, pp. 170ff.）。ストライキ参加者らは皮肉を込めてウォルトを「ドブネズミ」と罵倒し（グリーン，1991, p. 197）、ピケの看板には「白雪姫と七〇〇人のこびと」と記し、その看板のミッキーマウスの絵に「わたしたちは人間なのか、それともネズミなのか」と書いた（ラクヴァ，1992, pp. 180f., cf. ゲイブラー，2006, p. 331）。こうした根深い不満は、従業員が職場をナチスの代表的な強制収容所「アウシュビッツ（Auschwitz）」に引っ掛けて「マウスビッツ（Mauschwitz, Mouschwitz）」と呼んだことを想起させる（cf. Bryman, 1995, p. 51; Wasko, 2001, a, p. 99）。また、そのストライキの後にウォルトは父イライアスを失っている。これは、中南米への善隣外交を企図したアメリカ国務省米州局調整オフィスの提案でウォルトが南米取材旅行をしていた時のことである。エリオットによると、この旅行はストライキにより再び精神を患っていたウォルトの状態を慮った兄ロイの発案であるという（エリオット，下，

1993, p. 31)。

　一九三九年九月に第二次世界大戦が勃発した時、ウォルト・ディズニー・プロダクションズは全収入の約四十五％に相当するヨーロッパからの収入を失うことになったが（ラクヴァ，1992, p. 160)、さらに一九四一年十二月、日本軍による真珠湾攻撃を発端としてアメリカが第二次世界大戦に突入すると、スタジオは陸軍部隊に占領され、ウォルト自身は海軍司令部や財務省から航空機発見や納税奨励など、戦争関連映画の製作を依頼された。実に「ミッキーマウス」も、一九四四年のアメリカ軍を中心とする連合軍による北フランス・ノルマンディ上陸作戦の暗号の一つとしてその名前が利用されたのである（ラクヴァ，1992, p. 226; ゲイブラー，2006, p. 363)。ちなみに、ディズニー家の起源は、この連合軍が上陸した海岸から数キロ離れた所にある村イシニー（Isigny）にまで遡及することができる（トマス，1976, 1994, p. 48; Stein, 2011, p. 123)。

第五節　大君ウォルト・ディズニー

　ウォルト・ディズニー・プロダクションズは戦時中に戦争関連映画を製作し、戦後はアメリカの繁栄が進む中、一九四五年十二月に組織改革を行い、ウォルトは会長に、兄ロイは社長に収まり、翌年には数百人ものスタッフを解雇するなど、ウォルトはアメリカの支配階級の大君（tycoon）の一人とも言うべき人物となっていた（cf. Schickel, 1968, 1997, p. 102)。この年にアメリカ議会の非米活動委員会（House Un-American Activities Committee）の聴聞に召喚されたウォルトは、戦前のディズニー・プロダクションズの労働組合の指導者がストライキを引き起こした共産主義者であったと証言し、共産主義者であると思われるスタッフのブラックリストを作成して米国連邦捜査局（Federal Bureau of Investigation）と情報を交換していた。このようなウォルトの立場は部分的に、最期まで社会主義者であった父に対する反抗に由来するのかもしれない（ゲイブラー，2006, p. 394, cf. トマス，1976, 1994, p. 170)。またこの年は、人種問題にそれほど敏感ではなかった

ウォルトが戦前から取り組んでいたハリス著『リーマスおじさんの物語 (The Complete Tales of Uncle Remus)』(一八八三年－一九四八年)の映画化が『南部の唄 (Song of the South)』(一九四六年)として完成したが、公開後は黒人団体から黒人が否定的に描かれているという趣旨の抗議が一層高まった(有馬, 2001, b, p. 69; 有馬, 2004, p. 269)。

　ウォルトの大君的な側面と表裏一体なのが、彼の純粋な少年のような無邪気さである。一九四八年に彼はアニメーターで鉄道マニアのウォード・キンボール(Ward Kimball)とシカゴ鉄道博覧会(Chicago Railroad Fair)に行くために機関車に乗るが、サンタフェ鉄道社長の好意で汽笛を鳴らすことができた時、「子どものように喜んでいた」という(ゲイブラー, 2006, p. 403)。ウォルトは博覧会でも往時の機関車の運転をさせてもらい、鉄道趣味は短期旅行と同様に戦後一時的に再び苛まれていた神経衰弱からの気分転換となっていた(cf. Disney, 1994, p. 88)。この趣味は鉄道模型の購入から、スタジオ作業所での鉄道模型の製作にまで至り、一九五〇年の彼の新居の周囲には全長八百メートルの線路が敷かれ、そこを走る八分の一の模型列車には戦後親しくなったダリなどの来客が乗車した。

　こうした経緯には周囲も当惑していたが、ウォルトは初めて実写ドキュメンタリー映画『アザラシの島 (Seal Island)』(一九四八年)や実演映画『わが心にかくも愛しき (So Dear to My Heart)』(一九四九年)を製作するなど常に新しいことに挑戦し続けており、実質的に『バンビ (Bambi)』(一九四二年)以来の長編アニメ映画『シンデレラ (Cinderella)』(一九五〇年)の大成功による、スタジオの経営的危機を救ってなお余りある結果は、その後の『ピーター・パン (Peter Pan)』(一九五三年)の成功と相俟って、単にアニメという想像上の世界ではなく、実際の天国をディズニーランドという形でこの世に建設するというウォルトの夢に棹差した。また、ディズニーは何でも擬人化するという批判を受けた『砂漠は生きている (The Living Desert)』(一九五三年)以後、ウォルトはこの長編ドキュメンタリーの配給に反対したRKO社ではなく、兄ロイ自身が設立してこの上映を成功させたブエナ・ビスタ社 (Buena Vista) を配給会社としている

第一章　ディズニーの生涯

（トマス，1976, 1994, pp. 255f.）。ウォルトによる自然界の実写映画は同種の物の中で初期に属するものであり、以後の生態学や野生動植物の保護を啓発する契機となったことも、ここで特筆すべき偉業であると言えるだろう（cf. Krasniewicz, 2010, p. xii）。

　一九五〇年代はさらに、ウォルトが安定収入源としてテレビ番組への参入にも踏み切った時期である。そして、三大ネットワークの中ではNBC（National Broadcasting Company）とCBS（Columbia Broadcasting System）とは異なり、当時は発展途上的位置を占めていたABC（American Broadcasting Company）放送を通して、実際にテレビでウォルトの作品が放映されると高視聴率を獲得し、一九五〇年代半ばにウォルトはテレビ業界でも大君になっていた（cf. ゲイブラー，2006, p. 453）。シリーズ番組『ディズニーランド（Disneyland）』（一九五四年）が放映開始され、そのシリーズで西部開拓の英雄とされる『デイビー・クロケット（Davy Crocket）』（一九五四年）が放映されると、これはアメリカ大衆の心を鷲掴みにした。ここには、アメリカの敵である共産主義国ソビエトの台頭に対して、クロケットのような勇敢な英雄をアメリカ人が待望していたという背景がある（ゲイブラー，2006, p. 456）。また、映画業界を支配していた既成権力やハリウッドへ侵攻してきた共産主義という敵と格闘していたウォルト自身を、彼の「第二の自我」としてのこの英雄が象徴しているとも考えられる（エリオット，下，1993, p. 148）。アニメのドキュメンタリー番組『宇宙の人類（Man in Space）』（一九五五年）は宇宙探査の三部作であり、この二年後にソビエトが世界初の人工衛星スプートニク号を打ち上げたことを考慮すると、先見の明に満ちた作品であると言える。

　マッカレーの原作に基づく『怪傑ゾロ（The Sign of Zorro）』（一九五八年）の映画化はウォルト自身の発案によるもので、彼はゾロが剣でZを宙に刻む見得に感極まり、スタジオで物差しをZ字に振り回したり、スタッフに遊びで決闘を挑んだりするほどであったが（ゲイブラー，2006, p. 493）、ABC社は契約更新の際にこのテレビ放映が高視聴率を維持していたにもかかわらずディズニー側の種々の提案に難色を示した。こうして、ウォル

トは一九五〇年代末から ABC 社との関係が拗れると、NBC 社と手を組み、白黒テレビからカラーテレビーへの移行とカラーテレビ受像機の売り上げに著しい貢献をした。

ゲイブラー他によると、ウォルトがこのような経緯と並行して温め続けていたディズニーランド構想とその実現の主な契機として次のものがある（ゲイブラー，2006, pp. 425f.）。

＊ディズニーランド構想の契機
（1） カンザスシティーにいた十代の頃、遊園地に同行した友人にいつかはこんな遊園地を造るんだと言っていた（本書第一章第一節）。
（2） 長女ダイアンとその妹を教会に迎えに来たウォルトは、二人を遊園地に連れて行くと、家族全員で楽しめる場所が必要だと語り（cf. トマス，1976, 1994, pp. 40, 213; グリーン，1999, p. 239）、ロサンゼルスの各遊園地を実地調査していた。これは一九四〇年代初頭のことであり（本書第一章第四節）、特にデンマークのチボリ公園の手頃な入園料、スタッフの丁寧な対応、塵一つ落ちていない清潔感に感激したという（トマス，1976, 1994, p. 257; グリーン，1991, pp. 233ff.）。ただし、一九四〇年公開の『ピノキオ』において原作の「おもちゃの国」が、後のディズニーランドを彷彿させるお伽の城やジェットコースターのある「快楽の島」に改変され、子どもを悪徳行為によって堕落させる世界として描かれていることから、一九四〇年代初頭のウォルトのディズニーランド構想は伝説の一つとする見解もある（能登路，1990, pp. 52f., cf. 新井，2016, pp. 37f.）。
（3） 鉄道模型の製作や鉄道博覧会の視察はテーマパーク建設構想と連動していた（cf. Krasniewicz, 2010, p. 125）。また鉄道に限らず、科学技術の精華とユートピアの思想を具備した製品を提示する万国博覧会とディズニーランドの共通点も指摘されている（ブライマン，2004, p. 53）。ちなみに、「ディズニーランドをアミューズメントパークではなく『テーマパーク』と名づけたのはウォルトだった」（リップ，2013,

p. 236)。

　ウォルトはディズニーランド構想を実現する資金調達のために自分の生命保険を担保にして借金をしたり、一九五二年十二月にはウォルト・イライアス・ディズニーの頭字語（acronym）から作ったWEDエンタープライジーズ（一九八六年以降の名称はウォルト・ディズニー・イマジニアリング）を設立し（トマス，1976, 1994, p. 258; ゲイブラー，2006, p. 441, cf. ウィリアムズ，2004, p. 198）、従来のいわゆる「アミューズメントパーク（遊園地）」との差異化を図り、単なる「公園（パーク）」ではなく、乗り物や建物、町並みや施設、交通機関や動植物までも含むファンタジーに満ちたユートピアである「テーマパーク」をこの「地（ランド）」に造る決心をした。これはしばしば指摘されているように、二次元平面から三次元空間への飛翔であると言えるだろう（cf. トマス，1976, 1994, p. 317; 能登路，1990, pp. 33, 41; Krasniewicz, 2010, p. 125; Stein, 2011, p. 25）。

　まず、この空間では訪問客がファンタジーの世界観に浸れるように、整理と清潔が重視された。ゴミは従業員が手早く捨てることによって訪問客はぽい捨てを躊躇し、清潔感が維持される。「きれいなら汚さない。ディズニーランドは、ユートピアでなければならない。これがウォルトの信条だった」（ゲイブラー，2006, p. 467, cf. トマス，1976, 1994, p. 286）。ここで、ウォルトが少年時代を過ごした中西部の砂埃と泥にまみれた生活環境に対する反動として、このようなユートピアが造り出されたと考えることもできる（能登路，1990, pp. 77f.）。

　また、周囲は高い城壁で囲まれ、敷地内はミッキーマウスと同様に「円」に基づいて調和的に設計された。こうして、正門から郷愁のマーセリーンを模したメインストリートを進み、放射線状に四つのランドに至る構造が構想され、一つの区域から別の区域に移る中間領域では、フェードアウトとフェードインを重ねるクロスフェード効果が採用された。候補地としては、温暖で降雨量が少なく人口増加率が高いオレンジ郡にあり、ロサンゼルスから南東に四十五キロメートルで交通の便も良いアナハイムが検討さ

れた。

　一九五五年七月十八日、ついにディズニーランドが開幕すると、偽招待券のゆえに収容能力一万五千人分の招待券に対して二倍ほどの人が押し寄せ、この様子はABC放送によってテレビ中継された。その中継を担当した三人のキャスターの内の一人は、後のアメリカ第四十代大統領で当時は俳優のレーガンである。映画的視点を自家薬籠中の物としていたウォルトは映像効果を考慮して「強化遠近法」を駆使し（能登路, 1990, p. 40, cf. 山内, 2010, pp. 80ff.; 山口, 2015, p. 35）、「パーク全体を八分の五の縮約で設計し、鉄道も八分の五で狭軌を採用した。メインストリートも全体を短縮して、店の一階は一〇分の九、二階は一〇分の八、三階は一〇分の七に設計している」が、それは過去の君主が巨大な建造物を造って人々を威圧していたのに対して、ディズニーランドでは人々が建物を見渡せるようにしなければならないからである（ゲイブラー, 2006, pp. 471f., cf. Schickel, 1968, 1997, p. 323; トマス, 1976, 1994, p. 268）。ゲイブラーはディズニーランドを次のように評価している。

　「すべてはディズニーの最大のテーマに行き着く。それは『常に善は悪に勝利し、小さい者も幸運と勇気と謀によって、さまざまな形をした大きな悪人を圧倒できる』というものだった。
　　ディズニーランドは気づかないうちに客を勇気づけた。生きているという実感、生命への愛を感じさせるところだった。ウォルトはディズニーランドに宗教的なオーラさえ与えようとした」（ゲイブラー, 2006, p. 472）。

　ディズニーランド開幕の翌日の新聞では批判的な論調が多く、六か月も持たないだろうというものもあり、その理由として次の点が挙げられた。

＊ディズニーランド運営に対する一般的な否定的見解
　「第一に、園内では酒が飲めない。ビールか酒を提供するスポンサーが

必要だ。

第二に、入園料を取ったら客は来ない。

第三に、清潔な雰囲気にするようウォルトは主張しているが、それでは採算がとれない。それに客は遊園地のゴミゴミして騒がしいところが好きなのだ」(トーマス，1998, p. 253)。

これに対してウォルトは次のように反論したという。

＊ディズニーランド運営に対するウォルトの見解

「第一に、『私だって酒は好きだ。飲みたければ、別のところでいくらでも飲める。園内で飲むことはない』。

第二に、『入園料はとらなければだめだ。……入園料をとれば客層が良くなる』。

第三に、『遊園地や遊技場でいやなのは、ゴミがそこらじゅうに散らばっていることだ。……きれいな遊園地が求められていると思う』」(トーマス，1998, pp. 253f.)。

ウォルトの主張の妥当性は、その後のディズニーランドの展開の歴史が証明しており、実に翌年の収益一千万ドルは、ディズニー社全体の収益の三分の一に相当した(テイラー，1987, p. 28)。しかし、ここで社会的背景を考慮に入れる必要があるだろう。ディズニーランドの成功は、一九五五年という開園時期が大量消費時代やレジャー時代と一致していたという要因に多くを負っており、あと五年早ければディズニー社は巨額の赤字を負って倒産していたかもしれないからである(cf. 有馬，2001, b, pp. 133f.)。それはともかく完璧主義者のウォルト自身は、映画が一旦完成するともはや最高を目指して改善できないのに対して、決して完成しないディズニーランドでは植物が育ち、入園者の嗜好も変わり、アトラクションも追加したり改善し続けたりすることができる点で魅力を感じていた(Disney, 1994, pp. 36, 39, cf. グリーン，1991, p. 280; Watts, 1997, 2001, p. 171; トーマス，1998, p.

317)。

　こうして、ディズニーランドに傾倒するにつれてウォルトの映画製作に陰りが見え始め、『白雪姫』以上に製作期間をかけた『眠れる森の美女（Sleeping Beauty）』（一九五九年）は、捗々しい結果を見せずに配給元に大きな損害を与えた。この点に関しては、内容もアニメーション技術も類似している『白雪姫』、『シンデレラ』に続くヒロイン三部作最後の作品『眠れる森の美女』に対して、観客が食傷気味になっていたのかもしれないという指摘がなされている（cf. 有馬, 2001, b, p. 175）。しかし、アニメの『百一匹わんちゃん（One Hundred and One Dalmatians）』（一九六一年）や実写の『うっかり博士の大発明（The Absent-Minded Professor）』（一九六一年）などは安定した収益を再びもたらした。また、翌年一九六二年にウォルトは、映画製作を初めとする芸術家の養成のために既存の音楽学校と美術学校を統合する計画を立て、カリフォルニア芸術大学（California Institute of the Arts）と命名した（ゲイブラー, 2006, p. 541）。

　紆余曲折はあれ、ディズニーランドの成功によってディズニー株価は上昇して拡充路線を走り、一九六四年のニューヨーク万国博覧会（New York World's Fair）に登場させたアメリカ第十六代大統領リンカンのロボットには、音と動きと電子頭脳を統合した「オーディオ・アニマトロニクス（Audio-Animatronics）」と称される技術が「イマジニア（imagineer）」らによって活用された（ゲイブラー, 2006, p. 515）。折しもウォルトは同年、アメリカ第三十六代大統領ジョンソンからホワイトハウスにおいて市民として最高の名誉である「大統領自由勲章（The Presidential Medal of Freedom）」を授けられている（ゲイブラー, 2006, pp. 571f.）。ディズニーランドとテレビでの成功によって、ウォルトは「アニメーションだけでなく、アメリカ大衆文化の王者」となっていたのである（ゲイブラー, 2006, p. 496）。

　このような晴れ舞台の裏には、ウォルト自身が完璧を目指してディズニーランドの各施設の一つひとつを緻密に巡検していたという背景や（ゲイブラー, 2006, pp. 473f., 495, 580, cf. トマス, 1976, 1994, pp. 303f.; Watts, 1997, 2001, p. 171; グリーン, 1999, p. 257）、冒険的で経済観念に乏しいウォルトと

第一章　ディズニーの生涯

幾度も深刻な対立をしつつも財政面で堅実な経営に腐心していた兄ロイの存在があることも忘れてはならないだろう。この絶妙な均衡の中、トラバース原作の『メリー・ポピンズ（Mary Poppins）』の映画化（一九六四年）も成功を収めている。ここで、メリー・ポピンズは常に子どもの味方であるウォルト自身の投影であり、大道芸人のバートもスタジオを仕切るウォルトを髣髴させる（エリオット，下，1993, p. 193）。

　父イライアスが前世紀に手掛けたシカゴ万国博覧会の建築の仕事をおそらく想起しながらウォルトはニューヨーク万国博覧会の仕事を続け、これと並行してディズニーランドとは別のディズニー・ワールド（後に兄ロイによってウォルト・ディズニー・ワールドと改名）をフロリダに造る計画を練っていた（一九七一年開園）。フロリダはアメリカ東部南端に位置するが、それはアメリカ人口の三分の二が住むアメリカ東部を市場として射程に入れるためである（ゲイブラー，2006, p. 560）。さらにウォルトは、ディズニー・ワールドの従業員の周辺居住地がユートピア的コミュニティとなり、都市の孕む種々の問題に対する解決策となることを意図し、それを「未来の実験モデル共同体（Experimental Prototype Community of Tomorrow）」（ウォルト・ディズニー・ワールド・リゾート内に一九八二年開園）の頭字語から「エプコット（EPCOT）」と命名した。

　しかし、ウォルトは同時に自らが築き上げてきた過去を振り返り、自分の後の世代の「ディズニー」に思いを馳せて悩乱していた。煙草歴半世紀弱のチェーンスモーカーはすでに幾つもの病に冒されており、疼痛を紛らわすためにアルコールに依存し、死の恐怖に襲われ続けていたからである。こうしてウォルトは、一九六六年十一月の肺癌手術の後、十二月十五日に息を引き取った。CBSテレビの解説者が夜の全国ニュースで伝えた訃報には、次の言葉が含まれている。

　　「ウォルト・ディズニーはおそらく、世界じゅうの精神科医が治療したよりも多くの悩める心を癒した。いや、すくなくとも、それを慰めるのに貢献したはずです。……ウォルト・ディズニーは、子どもの中には大

人の要素はほとんどなくても大人の中には子どもの要素がたくさんある、という真実をちゃんと心得ていたようです。こんな憂き世ですら、子どもにとってはまったく新しい、きれいなリボンで飾られた贈り物です。ディズニーは、大人に対しても同じであるようにと努力したのです」（トマス，1976, 1994, p. 362, cf. Jackson, 1993, p. 66;Disney, 1994, p. 19）。

　ウォルトは若き駆け出しの頃、ある組織人の狡知によって何人ものスタッフを引き抜かれただけでなくオズワルドのキャラクター所有権も奪われてしまったが、二〇〇六年にウォルト・ディズニー・カンパニー CEO であったアイガーの見事な手腕によって、ディズニーの子会社 ABC のスポーツキャスターが NBC スポーツに移籍する際の代償の一部としてオズワルドを取り戻すことができた（cf. バックホルツ，2007, p. 132;Stein, 2011, p. 46;Susanin, 2011, p. 212;Bossert, 2017, p. 23）。この出来事は、このような憂き世の中にあってもいつまでも少年のような純粋無垢なウォルトの魂を深く癒したことだろう。

第二章　ディズニーの世界

　ウォルトは一九六六年に他界し、兄ロイはウォルト・ディズニー・ワールドの一九七一年十月開園後の年末にウォルトの後を追ったが、言わばウォルトの冒険志向とロイの安全志向という対極的な姿勢は、後続の経営陣にも程度の差はあれ陰に陽に様々な影響を与えることになった。実際に二人が去るとディズニー経営陣は、ウォルトの義理の息子らからなるウォルト派とロイの息子を中心とするロイ派に二分され（Bryman, 1995, pp. 35f., cf. 有馬，2001, a, pp. 11, 15f.; 中島，2013, p. 49）、概して一九七〇年代のディズニー社の映画は、他社の「ジョーズ（Jaws）」（1975年）や「スターウォーズ（Star Wars）」（1977年）といった「大ヒット作品（blockbuster）」に対して「陰り（lackluster）」を呈していたが（Stein, 2011, p. 35, cf. リップ，1994, p. 225）、一九八〇年代は一九八二年のエプコット開園に続いて（本書第一章第五節）、一九八三年海外初の東京ディズニーランド開園という新たな局面を見せた。この第二章ではまずディズニー・テーマパークの人気を具体的に統計的に概観し、次にディズニーランドの構造を分析し、最後にその影響力を検討しよう。

第一節　ディズニーランドの魅力

　ネット上で公開されているテーマ娯楽施設協会（TEA[Themed Entertainment Association]）とエイコムの経済活動部門（the Economics practice at AECOM[Architecture, Engineering, Consulting, Operations, Maintenance]）の調査によると、二〇一六年のテーマ娯楽施設の入園者総数上位五施設は次のとおりである。

＊二〇一六年の入園者総数（施設別）
(1) 二〇三九.五万人＝フロリダのウォルト・ディズニー・ワールドのマジックキングダム（Magic Kingdom at Walt Disney World）
(2) 一七九四.三万人＝カリフォルニアのディズニーランド（Disneyland）
(3) 一六五四.〇万人＝東京ディズニーランド（Tokyo Disneyland）
(4) 一四五〇.〇万人＝ユニバーサル・スタジオ・ジャパン（Universal Studios Japan）
(5) 一三四六.〇万人＝東京ディズニーシー（Tokyo DisneySea）

ちなみに、フロリダのウォルト・ディズニー・ワールドのエプコット（EPCOT at Walt Disney World）は一一七一.二万人で六位に付けており、四位のユニバーサル・スタジオ・ジャパンは、アメリカの大手映画会社ユニバーサル・スタジオの海外初の二〇〇一年開園テーマパークである。この統計資料では東京ディズニーランドと東京ディズニーシーは各々TOKYO DISNEYLAND, TOKYO, JAPAN と TOKYO DISNEY SEA, TOKYO, JAPAN と記されているが、より正確には TOKYO DISNEYLAND, CHIBA, JAPAN と TOKYO DISNEY SEA, CHIBA, JAPAN となるだろう（cf. 小宮, 1989, pp. 239f.; 山田, 2002, p. 102; 円堂, 2013, pp. 84f.）。これら二つの東京ディズニーリゾート（Tokyo Disney Resort）は総計三〇〇〇万人もの集客力を誇っており、一つのものとしてとらえるなら実質上は一位である。上記以外のディズニー関連施設も併せてディズニー社のパークのグループとしての二〇一六年の統計を見ると、入園者総数上位五施設は次のとおりになる。

＊二〇一六年の入園者総数（グループ別）
(1) 一億四〇四〇.三万人＝ウォルト・ディズニー・アトラクションズ（Walt Disney Attractions）
(2) 六一二〇.〇万人＝マーリン・エンターテイメンツ・グループ（Merlin Entertainments Group）

(3)　四七三五.六万人＝ユニバーサル・パークス・アンド・リゾーツ（Universal Parks and Resorts）
　(4)　三二二七.〇万人＝オーバーシーズ・チャイニーズ・タウン・パークス（Overseas Chinese Town Parks [OCT Parks]）
　(5)　三一三六.九万人＝ファンタワイルド・ホールディングズ（Fantawild Holdings）

　二位のマーリン・エンターテイメンツ・グループは、マダム・タッソー蝋人形館（Madame Tussauds）や牢獄博物館（The Dungeons）などの運営で著名なグループであり、三位のユニバーサル・パークス・アンド・リゾーツは、ユニバーサル・スタジオ・ハリウッド（Universal Studios Hollywood）やユニバーサル・オーランド・リゾート（Universal Orland Resort）なども含む。四位のオーバーシーズ・チャイニーズ・タウン・パークスは中国南海の深圳に位置する中国最大のテーマパークであり、五位のファンタワイルド・ホールディングズは二〇〇〇年代以降に中国各地で展開しており、これらの中国のグループは双方共に躍進している。
　同様にしてネット上で遊園地（Amusement Park）やテーマパーク（Theme Park）の年間「収入（revenue）」を公開している代表的な統計会社のスタティスタ（Statista）によると、二〇一五年の上位五施設は次のとおりである。

*二〇一五年の年間収入（グループ別）
　(1)　一六一.一億ドル＝ディズニー社のパークとリゾート（Disney Parks and Resorts）
　(2)　四一.二億ドル＝オーバーシーズ・チャイニーズ・タウン・パークス（Overseas Chinese Town Parks [OCT Parks]）
　(3)　三三.四億ドル＝ユニバーサル・スタジオ・テーマパークス（Universal Studios Theme Parks）
　(4)　一九.一億ドル＝マーリン・エンターテイメンツ・グループ（Merlin Entertainments Group）

（5）　一三.七億ドル＝シーワールド・エンターテインメント（SeaWorld Entertainment）

　五位のシーワールド・エンターテインメントは、アメリカの代表的な水族館グループであり、アメリカの娯楽文化の多様性を垣間見せられるが、ディズニー関連施設は二位以下を圧倒的な数字で大きく引き離している。
　こうしたディズニー社の統計的数字は、本書「前書」で示したウォルトの生前の希有の業績と正比例して他社の追随を許さないほどのものである。特に、一九八三年四月中旬開園初年度に入園者数一〇〇〇万人を目指していた東京ディズニーランドは、この数値目標自体がある意味で極めて高いものであるにもかかわらず、二年度目にはそれを見事に達成し（粟田，2013, p. 8; 渡邊，2013, pp. 3f., 63, 90, cf. アイズナー，下，1998, p. 51）、二〇〇一年にはディズニーシーを開園するなど、上記のデータを経年観察しただけでも斜陽の時代到来の徴候はない。この数字を押し上げ続けている原動力は何なのか。次に、カリフォルニア州アナハイムのディズニーランドとフロリダ州オーランドのウォルト・ディズニー・ワールド、そして東京ディズニーランドに焦点を当てて検討しよう。

第二節　ディズニーランドの構造

　ディズニーランドはカリフォルニア州アナハイム（Anaheim, California）で一九五五年七月十七日に開園したが、当日は水飲み場がまだ使用できず、乗り物の一部は壊れ、ファンタジーランドでガス漏れが起こり、あちこちに長蛇の列ができ、食料は払底し、極め付きは、メインストリートのアスファルトが日照りのために軟化してハイヒールを幾分沈めてしまうなど、「暗黒の日曜日（Black Sunday）」と揶揄される事態に至った（Stein, 2011, p. 111）。世界恐慌の契機となったニューヨーク市ウォール街のニューヨーク証券市場における一九二九年十月二十四日木曜日の株価大暴落が「暗黒の木曜日（Black Thursday）」と呼ばれたように、ディズニーランド初日の

事件のこのような命名も、その経営存続を疑うメディアや競合会社の倒錯した期待を象徴していた。かつてウォルトは情報収集のために部下にアメリカ全国の遊園地などを調査させたが、実際に遊園地業者は皆、ディズニーランドの計画は失敗すると答えていたという（ゲイブラー、2006, p. 462）。しかし、七週間もすれば入園者は一〇〇万人になり、そのような揶揄は羨望へと代わっていった。

　遊園地業者が当初最も問題視したのは、ディズニーランドの入口が一つしかないという設計であり、これでは入園時に入園者の混乱を招来するというものである。しかし、入口から始まる一まとまりのストーリーに添って構成されているディズニーランドに別の場所から入るなら、ストーリー性が喪失され、映画を途中から見るようなものになってしまうとウォルトは考えていた（能登路、1990, p. 34, cf. Bryman, 1995, pp. 85f.）。このストーリー性は非日常性を醸成するのに必須であり、開園当時はこの入口で入場料を払ってから各々のアトラクションで個別の料金を払うシステムだったが、一九八二年から「パスポート」一枚ですべてのアトラクションを何度でも体験できる仕組みになり、こうして毎回現金を財布から取り出して料金を払うという日常性を遮断することによって（能登路、1990, pp. 37f.;Bryman, 1995, pp. 153f., cf. 能登路、1990, pp. 31, 34, 201; 吉見、1989, pp. 50f.; 桂、1999, p. 50; 山田、2002, p. 23; 山内、2010, pp. 77f., 92, 94; 小松田、2011, a, p. 45; 山口、2015, pp. 21ff.）、「二次元の画面を眺めるただの『見物人』を三次元空間の『参加者』に仕立て上げる」非日常的な仕組みが造られた（能登路、1990, p. 41, cf. 山田、2002, pp. 43ff.）。

　開園当初のディズニーランドは、フロンティアランド（Frontierland）、ファンタジーランド（Fantasyland）、トゥモローランド（Tomorrowland）、アドベンチャーランド（Adventureland）という四つのランドと二十二のアトラクションがあり、取り分け後に増設された「イッツ・ア・スモールワールド（It's a Small World）」（一九六六年開園）、「パイレーツ・オブ・ザ・カリビアン（Pirates of the Caribbean）」（一九六七年開園）、「ホーンテッド・マンション（Haunted Mansion）」（一九六九年開園）はディズニーブランドとして有

名である (Stein, 2011, p. 112)。

　敷地の中央を走るメインストリート USA は、ウォルトの幼少期の郷愁的な思い出の詰まったミズーリ州マーセリーンの古い町並みが理想化されて造られ、フロンティアランドも西部開拓時代アメリカの郷愁感漂う設定である (能登路, 1990, pp. 72, 85)。このフロンティアランドに、十九世紀の内陸地方引き立て役の代表的交通輸送手段である蒸気機関車や蒸気船の姿は見えても、世界恐慌や二度の世界大戦については跡形もなく (cf. Bryman, 1995, p. 128; 有馬, 2001, b, pp. 87f.)、実にミッキーマウスの初期の代表的作品も『蒸気船ウィリー (Steamboat Willie)』(一九二八年) であった (能登路, 1990, p. 86)。ディズニーランドの周縁を守衛するように走る「ディズニーランド鉄道」は元々「サンタフェ・ディズニーランド鉄道」と呼ばれ、ウォルトが一九〇六年シカゴからマーセリーンに脱出した時に、また一九一七年に車内販売員の仕事をした時に乗車した「サンタフェ鉄道」をウォルト自身にも想起させたに違いない。要するに、「ディズニーが彼の国の建設においてなしたおそらく最も重要なことは、アメリカ大衆が共有する神話的な過去のイメージを具象化し、それらを有形の文化財、記念碑として永久に保存する場所を与えたということであろう」(能登路, 1990, p. 93)。

　メインストリート USA の終着点が、復活をテーマにしたお伽話の中でも最も有名な「眠れる森の美女」の城であり、入園者は言わばその王女を目覚めさせるために遥かな国から白馬に乗って登場する王子となってファンタジーランドに入る仕組みになっている (能登路, 1990, p. 108)。ファンタジーランドの入口に位置するこの城は南ドイツのノイシュヴァンシュタイン城 (Schloss Neuschwanstein) がモデルになっていると言われており、ファンタジーランドの一番奥には世界中の子どもたちの人形が織り成す楽園をイメージしたアトラクションの「イッツ・ア・スモールワールド」があるが、この庭園の立体壁画には一三五〇年の完成までに二世紀近く費やされたピサの斜塔、シャー・ジャハーンがインド北部のアグラで愛妃を偲んで一六五三年に完成させた墓廟タージ・マハル、十九世紀半ばにロン

ドンのテムズ河畔に建てられたイギリス国会議事堂の時計塔ビッグベン、一八八九年パリ万国博覧会の際に建てられたエッフェル塔などが模造されている。内部のショーでは世界各国の子どもの人形がその国に似つかわしい衣装で登場するが、大団円では全員が白色系衣装を身にまとい、「スモールワールド」である子宮に回帰した無垢な胎児のようになり、その場にいる入園者の郷愁的回帰願望を満たす仕組みになっている（能登路，1990, pp. 121f.）。

　トゥモローランドは、一九五九年に「潜水艦の旅」というアトラクションが登場したことで知られている。一九六四年のニューヨーク万国博覧会（New York World's Fair）に登場させたアメリカ第十六代大統領リンカンのロボットは、アメリカの歴代大統領に生命を与えるプロジェクトの嚆矢であり、博覧会後の一九六五年にはメインストリート USA に移動されたが、万国博覧会の成功によってこのトゥモローランドにおいても一九六七年夏に「月への旅行」、「原子の世界への冒険」など、スポンサー企業による先端技術を駆使したアトラクション増設が続いた（能登路，1990, pp. 133, 142）。ウォルトは科学技術の急激な進歩によって近未来的技術が現実化していくことに触れて、「トゥモローランド」を「トゥデイランド」と皮肉ったという（有馬，2011, p, 122）。

　これら二つのアトラクションがウォルトの他界後のものであるのに対して、アドベンチャーランドの一角に位置していた「パイレーツ・オブ・ザ・カリビアン」は、オープンこそウォルト他界二か月後ではあるものの、ウォルト入魂の最後のアトラクションであり、まがまがしくおどろおどろしい地獄図と戦乱図とも言うべき人気のアトラクションである。さらに、同じ一角にある「ホーンテッド・マンション」は文字どおり幽霊屋敷であるが、これも愛嬌に満ちた娯楽的要素の込められたアトラクションである。アドベンチャーランドの「ジャングル・クルーズ」は世界各地の密林地帯の想像的合成であり、もちろん弱肉強食の危険な野生生物もいない。ここではいわゆる「ジャングルの法則」ではなく、「ジングルの法則」というものが支配している。つまり、「ジャングルの法則（the law of the jungle）」

は「弱肉強食」を基本とするが（竹林，2002, p. 1334）、入園者は実際にはこの法則の支配下にいないので危険に晒されることなく、危険を感じつつも言わば安全の保障されたクリスマス気分で「ジングルの法則（the law of the jingle）」の支配下にいて娯楽に浴すると言えるだろう。これら二つの法則は次のようにまとめることができる。

＊ジャングルの法則とジングルの法則
(1)「ジャングルの法則（the law of the jungle）」とは、実際に自らの生命を危険に晒さざるをえないにもかかわらず、本物の野生世界の中において人は深く感動することを意味する。
(2)「ジングルの法則（the law of the jingle）」とは、全く安全な環境の中で擬似的危険や擬似的自然を味わうことでも、人は深く感動することを意味する。

つまり、「ジングルの法則」は一方で、「ジャングル・クルーズ」やジェットコースターを楽しむことでスリル満点の擬似的危険を逆説的に安全に味わうことで人が感動し（cf. Bryman, 1995, p. 118; 粟田／高成田, 2012, pp. 51f.; 長谷川一, 2014, p. 155）、他方で、特にクリスマスの時期に人が本物ではない人工のクリスマスツリーやイルミネーションという擬似的自然によっても逆説的に自然に感動することを意味する。二十世紀イタリアの哲学者エーコは、例えば動物園の場合は動物が寝ているか隠れていることもあるが、ディズニーランドの技術は自然界の動物以上に動物の現実味を人々に与えることができると論じる（cf. Eco, 1975, p. 44）。これらは単に偽物と呼んで捨象できるものではなく、人間の本質的な感情に訴えるものであり、自然を完成させる人工の極致である。人の手を経た人工はすべて自然に由来しており、さらにユダヤ・キリスト教世界観においてその人と自然はすべて神に由来している。

ボードリヤールならこのジングルの法則を「共謀の承認」と称するだろう（ボードリヤール，1968, p. 208）。彼は「サンタクロースの論理」におい

第二章　ディズニーの世界

て、子どもがサンタクロースの虚構性を察知する年代になってもその存在を信じる演技をし、親もそのような子どもを受容することによって、クリスマスプレゼントという「親たち（もっと明解には母親）による恩恵の奇跡的な関係の保持を可能にする」と論じる（ボードリヤール，1968, p. 207）。ジングルの法則も、安全と知りつつ演出された「危険」を追体験し、偽物と知りつつ演出された「本物」を追体験するゲストをキャストが受容することを指し示すからである。

　四つのランドの中でファンタジーランドが「時間も空間も超越したお伽話の世界をモデルとしている」のに対し、アドベンチャーランド、フロンティアランド、トゥモローランドは「特定の地理的、歴史的現実をモデルにしている」点で性質を異にしているが（能登路，1990, p. 179, cf. 能登路，1990, pp. 202ff.）、これは「ファンタジーとリアリズムというふたつの矛盾する要素が表裏一体をなして」いるディズニーの二次元的映画作品を三次元に展開したものである（cf. 能登路，1990, p. 161）。また、これらは過去への郷愁、つまりノスタルジア的要素もあれば（能登路，1990, p. 83）、「現実との連続において繰りひろげられる、現実の誇張表現を意味する」超リアリズム的要素もあるとも言えるだろう（能登路，1990, p. 161）。

　ここで、これら四つのランドを相反する時間空間軸、つまり過去と未来、超越と内在という指標に基づいて抽象化すれば（cf. マラン，1973, pp. 351ff.; 野口，1991, p. 112; 吉見，1992, a, p. 105; 粟田／高成田，2012, p. 61）、次のように単純に分類することもできるだろう。ここで、過去と未来という用語はその意味がある程度自明であるのに対して超越と内在という用語は不分明なので、仮に程度の問題として超越を人が本来は到達困難な場、内在を人が比較的到達可能な場とする。ただし、これらは便宜的にランドの性質を明示するためのものであって、ランド間に相互に通底する要素があることは言うまでもないことである（cf. 能登路，1990, p. 219）。なお、上記の「本来は到達困難な場」とは、吉見が「二次元の映画から三次元、いやある意味では四次元のディズニーランドの世界へ」と表現する時の「四次元」に近いと思われる（吉見，1992, a, p. 98）。ディズニーランドを「錯綜したシ

ミュラークルのあらゆる次元を表す完璧なモデル」と見なすボードリヤールは（ボードリヤール，1981, p. 16）、「三次元とは二次元世界の空想でしかなく、四次元とは三次元宇宙の空想だ」としてその空想性を強調する（ボードリヤール，1981, p. 138）。

＊四つのランド
(1) フロンティアランドは、人々がすでに経験した過去の「開拓（フロンティア）」時代に属し、人々が現在でも通常の旅行によってその現地に到達できる場を人造したランドとして、「内在的過去」の代表である。
(2) ファンタジーランドは、ヨーロッパの過去の昔話に基づいて造られ、この世に存在しない「空想（ファンタジー）」世界であるために人々が到達できない場を人造したランドとして、「超越的過去」の代表である。したがって、少女アリスがアニメ世界に入る冒険物語『アリスの不思議の国（Alice's Wonderland）』（一九二三年）をウォルトが製作していた時、彼はすでに人がファンタジーの世界に入る夢を具体的に描いていたと言える。
(3) トゥモローランドは、「明日（トゥモロー）」という未来に向かって最先端の技術を駆使した「月への旅行」、「潜水艦の旅」、「原子の世界への冒険」など、現在でも依然としてほとんどの人々が到達できないか、全く到達不可能な場を人造したランドとして、「超越的未来」の代表である。
(4) アドベンチャーランドは、これから多くの人々が程度の差はあれ「冒険（アドベンチャー）」旅行によって到達可能な未到未開の地という場の人造として「内在的未来」の代表である。

このように空間的超越と空間的内在、時間的未来と時間的過去という座標軸に基づいて四つのランドの位置を図示すると次のようになる。
一般的に言って、現実は時間的には過去と未来の間の現在であり、人は

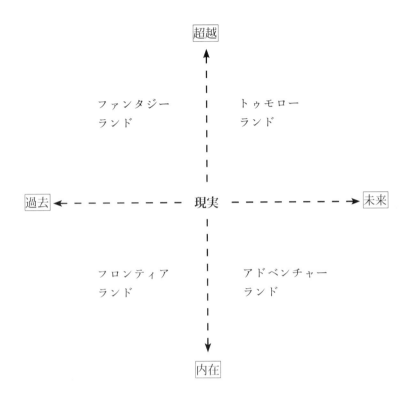

具体的にそこから瞬間的にいずれの方向にも移動できず、空間的に現実は超越と内在の間の現地であり、人は空気さえある所であれば引力を頼りに自然に内在の方にのみ進める。つまり、人には水中呼吸のためのえらも自力で飛ぶ羽もなければ、タイムマシーンもない。しかし、科学技術の精華によって人は超越へ向かう版図と内在の領域を拡張することができ、ディズニーランドにおいて入園者は空想的に擬似的に超越と内在だけでなく過去と未来のすべての方向に進むことができる。

　実にウォルトは「現実（reality）」をフロンティア、ファンタジー、トゥモロー、アドベンチャーという四つの「領域（realm）」に拡大延長させることで、日常では経験できない非日常的感動を人々に与えたのである（cf.

Stein, 2011, p. 3)。これはある意味でディズニーランドの教育的側面であり、「片足を過去に、もう一方を未来に置いていた」と言われるウォルトは（リップ，2013, p. 121, cf. レフラー／チャーチ，2015, p. 223)、ディズニー社の歴史と将来をスタッフに教育するだけでなく、スタッフや施設を通して部分的偏向があっても種々の領域における人類の過去と未来を提示しようとしたと言えるだろう。

　ディズニーランドの構造と密接に関係している非日常的経験は、具体的には次のようなものである。例えば、ディズニーランドの位置的に分かり易い中心（ハブ）の木陰に親が座って待っていれば、子どもは好きなランドに自由に遊びに行ける（トマス，1976, 1994, p. 42）。ここでハブという現実は、四つのランドという超現実に行ってミッキー「マウス（mouse）」に会って帰って来るための「ハウス（house）」であると言える。この現実と超現実が連続しているため（cf. 能登路，1990, p. 161)、ディズニーランド自体がミッキーマウスのイヤーハットやカチューシャをかぶり「マウス」に変身した入園者たちのための「ハウス」なのである。現実と超現実が連続しているように、「ハウス」と「マウス」も連続していると言える。中心地と上記の四つの領域という基本的な構造は、フロリダ州オーランドのウォルト・ディズニー・ワールド内のマジックキングダムでも東京ディズニーランドでも同じであることを考慮すると（山口，2015, pp. 162ff.)、この構造に塗り込められている意味内容には極めて興味深いものがあると言えるだろう。

　ウォルト・ディズニー・ワールドの研究で知られるフェルマンによると、ハウスであるディズニー・ワールドは「本もの（real）」と「偽もの（fake）」という範疇の組み合わせで分類すると、次の四種類の存在形態を宿している（Fjellman, 1992, pp. 255ff.)。下記では便宜上、「もの」を「者」と「物」に訳し分けている。

＊ディズニーにおける「本もの」と「偽もの」
（1）「本ものによる本もの（real real）」。ディズニー・ワールドの気候や

そこに飛来した野鳥やその鳴き声、ゲストやそのゴミや汚水は本物として実在している。

(2)「偽ものによる偽もの（fake fake）」。空想上の物、お土産などの商売用の物、またミッキーマウスなどのディズニー・キャラクターに扮したキャストは、原作文学作品の文脈から取り出されたものをさらに別の形で演出している。

(3)「本ものによる偽もの（real fake）」。アニメ化されたミッキーマウスは、本者のプロのアニメーターによって描き出された偽物であり、動物としての本物のネズミではない。これに対して、キャストが雨水や木の葉で描いたミッキーマウスは上記（2）の偽者による偽物である。しかし、この「偽者による偽物」は、例えば何もない所から突然作り出される所を子どもらが、「見て、本当にミッキーだ」と叫ぶように、極めて「本もの（real）」らしく見える。ちなみに、エーコは、「一度『完全な偽物（total fake）』が受け入れられると、楽しむために、それは完全に本物であると思わなければならなくなる」点を指摘する（Eco, 1975, p. 43）。

(4)「偽ものによる本もの（fake real）」。特にエプコットにある展示物のように、ゲストに空想上の言わば偽物として展示されたものがしばしば本物として受け取られている。実在しない物のモデルが本物として見られているのである。

このように「本もの」と「偽もの」の境界線は曖昧かつ複雑であり、ディズニーランドでは様々な順序で「シミュレーション」が展開されているが（Fjellman, 1992, p. 256）、フェルマンは特に上記の（3）から（4）への転移がディズニーランドにおいて大きな役割を果たしており、この技術は極めて優れているとする。明確化のために鳥という統一テーマに基づいてこの四形態を、その鳴き声や糞との関係において一般的な形で再び応用的に例示してみよう。

＊鳥における「本もの」と「偽もの」
（1）「本ものによる本もの（real real）」。野鳥が出す鳴き声や落とす糞は本物による本物である。
（2）「偽ものによる偽もの（fake fake）」。人工の鳥が機械によって人工的に作られた鳴き声を出したり、プラスチック製の糞を落とすように仕組まれているなら、それらは偽物による偽物である。
（3）「本ものによる偽もの（real fake）」。プロの技術者が野鳥の発した鳴き声を意図的に増幅させてゲストに放送したり、野鳥が誤って飲み込んだ指輪を排泄する時、それらは本物による偽物である。
（4）「偽ものによる本もの（fake real）」。人工の鳥や木陰に隠されたスピーカーが、本物の野鳥の鳴き声の録音を発したり、人工の鳥の下や木陰に野鳥の本物の糞を置くなら、それらは偽物による本物である。また、科学技術が進展し、野鳥の姿をしたドローンが自動的に電源から動力補給をするだけでなく本物の野鳥をセンサーで感知してさえずり、ランダムに飛び回って共に戯れるなら、これは偽物による本物である。他の本物の野鳥にこのドローンは本物として受け取られているからである。ちなみにエーコによると、「私たちは完全な模造（imitation）を楽しむだけでなく、模造が極致に達した後に現実はいつもその模造に劣っているという確信も楽しんでいる」（Eco, 1975, p. 46）。しかし、小説家でもあるエーコは、時として事実が小説より奇絶怪絶であることも認識しているだろう。

これらの例示でも「本もの」と「偽もの」の境界線は希薄化していくが、それは進化していく科学技術に対する投資と正比例しているように思われる。そこでディズニーランドと資本の関係に話頭を転じよう。
ディズニーランドは資本主義という視点から検討するなら、資本主義の根底にある諸原則を示しているという指摘がなされている。例えば、次のような資本形態とディズニーランドの各領域との象徴的関連が挙げられるだろう（cf. Bryman, 1995, p. 143）。

第二章　ディズニーの世界

＊ディズニーランドと資本の関係
（1） 略奪資本（predatory capital）。フロンティアランドはアメリカ西部の土地を奪うことによって調達される略奪資本を象徴している。
（2） 国家資本（state capital）。トゥモローランドは国家が先端科学技術戦略に投下する国家資本を示唆している。
（3） 植民地主義（colonialism）または帝国主義（imperialism）。アドベンチャーランドは未開地の人的・天然資源に依存する植民地主義または帝国主義を想起させる。
（4） 冒険資本（venture capital）。ニューオリンズ・スクエアはジャズなどの音楽や飲食店経営などを通して立身出世を企図するために必要な冒険資本を夢想させる場である。
（5） 家族資本（family capital）。メインストリート USA は家族の日常的な需要を充足するための家族資本と深く関係している。エーコの分析によると、メインストリートの建物の中は形を変えたスーパーマーケットであり、遊んでいるつもりのゲストが取りつかれたように買い物をしてしまう構造である（Eco, 1975, p. 43）。
（6） 文化資本（cultural capital）。ファンタジーランドは現代化された種々の昔話に基づくアトラクションから浄化作用や教訓を調達する点で文化資本（cultural capital）の役割を果たしていると言えるだろう。

現在のディズニーランドは概して家族連れの人々の消費によって現実的に支えられているという点で専ら家族資本に深く依存しており、色々な意味でアメリカの過去と未来、アメリカの到達した宇宙から海底に至る自然界、アメリカ化した古きヨーロッパの昔話やユートピア像が各ランドにその時代的文化背景として投影されているディズニーランドは（cf. ゲイブラー，2006, p. 439）、そのようなアメリカ人にとってすべてであり、そのようなものとして神聖化されてもいる。能登路は次のように適確に指摘している。

「ディズニーランドはメッカやエルサレムと同様、アメリカ人が一生に一度は行くべき『聖地』となった。……共通の伝統や歴史感覚の欠如したこの国の人々に対して、映画などの大衆メディアはつねにアメリカ人とは何かについての最大公約数的なモデルを提供してきたが、種々雑多なアメリカ人たちを統合する場として、ディズニーランド以上に効果的な文化装置はないといってよい。テクノロジーと個人主義の支配がますます進んでいくなかで、ふだんは孤立した生活をおくる人々がディズニーランドに集うとき、彼らは出身地や階級の差を超えて平等な市民になり、束の間の、しかし強烈な連帯感を味わう。園内全域に散りばめられたアメリカの神話的イメージのなかを散策しながら、彼らは民族の英雄と自らを一体化させ、死と再生のドラマを自ら演じ、そして、この世は安全で美しく、希望に満ちた場所であることを確認しあう」（能登路, 1990, p. 204）。

　こうしてアメリカ人は「巡礼者」として「地上で一番幸せな場所である」「ディズニーランド参り」をしており、この「魔法の王国」は「有力な伝道者」と呼ばれる熱心なファンらによって世界に広げられている（能登路, 1990, pp. 205f.）。
　一九九〇年代には比較的空想的なディズニーランドを補完するような現実的なパークの建設構想が持ち上がり、地域限定日帰り型ではなく遠隔地からも訪問可能な週末滞在型のカリフォルニア・アドベンチャー（California Adventure）が二〇〇一年にディズニーランドに隣接する形で開園された。当時ファーストフード主流のディズニーランドに対してカリフォルニア・アドベンチャーは高級志向の食堂も備え、ミッキーマウスは人目につかないなど、区別化が図られて幅広い客層が期待されたが、子連れには不向きなこと、ディズニーランドの三分の二の敷地なのに同額の入園料であることなどの不満が重なり、結局はディズニー・キャラクターを登場させ、子ども向けのアトラクションを採り入れるといった改善がなされた（Stein, 2011, pp. 113f.）。元々のディズニーランドとこのカリフォルニ

ア・アドベンチャーを合わせてディズニーランド・リゾート（Disneyland Resort）と呼ぶ。

　二〇〇一年という年は東京ディズニーシーが開業した年でもあり、一九八三年の東京ディズニーランド開業二十年足らずでオリエンタルランド社が、「地（ランド）」に対して「海（シー）」というテーマを前面に打ち出して補完的パークを建設、成功させたのに対して、本家本元のディズニー社は少なくともアナハイムにおいては、一九五五年開業後四十年以上も経て補完的パークを建設して一次停滞を招来した。この点においてもオリエンタルランド社の偉業は強調され過ぎることはないだろう。

　ウォルト・ディズニー・ワールド（Walt Disney World）はフロリダ州オーランド（Orlando, Florida）に位置し、マジックキングダム（Magic Kingdom）、エプコット（EPCOT）、ハリウッド・スタジオ（Hollywood Studios）、アニマルキングダム（Animal Kingdom）という四つのテーマパークを包摂するウォルト・ディズニー・ワールド・リゾート（Walt Disney World Resort）として知られている。ウォルト・ディズニーという名前が冠されているのは、ウォルトの他界の五年後、兄ロイがディズニーランドの五倍もの敷地を擁する新事業に志半ばにして去った弟を顕彰するためである。この一九七一年ウォルト・ディズニー・ワールドの開園後、フロリダ州の観光収入は激増し（cf. Fjellman, 1992, pp. 131, 139）、急速に観光地化していくオーランド市のあるオレンジ郡の歴史は、「紀元前（BC = Before Christ）」と「紀元後（AD = Anno Domini）」の代わりに「ディズニー以前（BD = Before Disney）」と「ディズニー以後（AD = After Disney）」で二分されるようになったと言われている（能登路，1990, pp. 213f.）。

　一九七一年開業のマジックキングダムは一九八〇年代には海外からの集客にも力を入れ、今や世界一人気のテーマパークとなっている（本書第二章第一節）。各ランドの配置や構造は基本的にディズニーランドと同じであるが、マジックキングダムではフロンティアランドとファンタジーランドの間に愛国主義的色彩の濃厚な「リバティ・スクエア（Liberty Square）」があり、自由と独立をテーマとし、歴代アメリカ大統領の機械人形が立ち

並ぶ「大統領の殿堂（The Hall of Presidents）」を中心とするこの場所に「ホーンテッド・マンション」が配置されるなど、「ディズニーランドに見られた厳密なテーマ性追求の姿勢からの明らかな逸脱」があるとも指摘されているが（能登路，1990, p. 219, cf. Eco, 1975, p. 47; Fjellman, 1992, p. 61）、ディズニーゼーションのハイブリッド化の一形態と見なすこともできるだろう（本書第二章第三節）。

　エプコットは一九八二年に開業し（本書第一章第五節）、生活と労働と娯楽を同一地域で済ますことのできる地域共同体という理念で建設され、科学技術や海洋工学に基づくアトラクションを含むフューチャーワールド（Future World）や、商品や食事も提供できる世界九か国の展示館（Pavilion）からなるワールド・ショーケース（World Showcase）が設置された。ワールド・ショーケースは現在、日本館、中国館、アメリカ合衆国館、カナダ館、メキシコ館、イギリス館、フランス館、ドイツ館、イタリア館にノルウェー館とモロッコ館が追加されて、世界十一か国になっている。この「エプコット（EPCOT）」は「未来の実験モデル共同体（Experimental Prototype Community of Tomorrow）」の頭字語であるが、これに関するよく知られた興味深いジョークがある。入園者を駐車場までトラムで送るスタッフは、広大な敷地の中で多くの展示を堪能してきた入園者らに対して、エプコットの本当の意味は、「みんな疲れて出て来る（Every Person Comes Out Tired）」と言うらしく、ディズニー社はエプコットの公式の意味を最初に説明していれば、この程度のジョークは許容しているとのことである（Bryman, 1995, p. 119）。

　一九八九年開業のディズニー・MGM・スタジオ（Disney Metro-Goldwyn-Mayor Inc. Studios）は、三社合同で設立されたMGM社（Metro-Goldwyn-Mayor Inc.）の名前や映像イメージ使用権を得て造られ、一九二〇年代、三〇年代、四〇年代というハリウッド黄金時代に由来するテーマやイメージを採り入れたアトラクションからなり、バックステージツアーやアニメ製作の舞台裏案内などもある。二〇〇七年に名称はハリウッド・スタジオになっている。

アニマルキングダムは一九九八年に開業し、野生動物の教育や保護を目的とする動物園やアトラクションからなり、入園者をサファリ・トラックに載せて案内するキリマンジャロ・サファリ（Kilimanjaro Safari）で知られている。このアフリカエリアには「本物の動物」がいる（リッツア，2005, p. 233）。

東京ディズニーランドは一九八三年開園、ディズニー社の海外初のテーマパークであり、ディズニー本社の出資によらず、日本のオリエンタルランド社がディズニーブランドの使用権を得て運営している。オリエンタルランド社はディズニー社に対して、入場料収入の十％、パークで販売される商品や飲食料の売り上げの五％を経営相談料と共に支払っており（Stein, 2011, p. 120, cf. 秦, 2013, p. 100）、リピーターを増やすなど経営的にも安定している。開幕以前は関係者らから、東京「ディズニーランドは3年ももたないだろう」などと言われていたが（中島, 2013, p. 19, cf. 吉見, 1992, a, p. 81; 加賀見, 2003, pp. 62ff.; 芳中, 2004, p. 12; 中島, 2013, pp. 31, 55)、それは次の三つの疑団が募っていたからである（小宮, 1989, pp. 3f., 113）。

＊東京ディズニーランドに対する当初の疑心
(1) 日米の文化的・社会的な相違を鑑みれば、あのアメリカ文化が日本で受容されるだろうか。
(2) ディズニー文化は今や時代遅れではないだろうか。
(3) これらの二点からして、日本での採算は見込めないのではないか。

しかし、このような懐疑的な予測に反して、「日の昇る（Rising Sun）」地（Land）である日本のこのパークは、「総収入の上がる（Rising Sum）」地とも呼ばれるようになった（Stein, 2011, p. 131）。このような成功の理由としては次の点が指摘されている（cf. 小宮, 1989, pp. 101, 121ff., 125ff., 266; 野口, 1991, pp. 18ff.; 有馬, 2001, c, pp. 136ff.; 山田, 2002, pp. 127, 148f.; 西村, 2001, pp. 42ff., 105ff.; 西村, 2002, pp. 127ff.; 加賀見, 2003, p. 69; 河野, 2003, pp. 48, 52, 61f.; 神樹, 2004, pp. 15ff., 145, 172; 山内, 2010, pp. 102ff.; 粟田／高成田, 2012,

p. 57; 大住, 2013, p. 152; 中島, 2013, p. 5; 中島, 2017, b, pp. 200ff.; 山口, 2015, pp. 222f.; 山澤, 2018, pp. 7ff.)。

＊東京ディズニーランド成功の要因
（1） 可処分所得に余裕のある人口の集中する都心に近い。
（2） アトラクションを中心として施設やキャストの質が高い。
（3） 子どもと同様に大人にも魅力的な場を提供している。
（4） ホテル運営など他の事業との相乗効果が高い。
（5） オリエンタルランド社の高騰する自社保有地の売却益が大きい。
（6） 時期的に日本の消費経済の伸長と同期していた。一九八〇年代に日本経済は成長軌道を回復させ、一人当たりの所得はアメリカに追い付いて世界最高水準になったのだが、一九七三年の第一次石油危機を経た日本の国内総生産が戦後初のマイナス成長になった一九七〇年代に東京ディズニーランドを作っていたら、成功していなかっただろう（粟田, 2013, p. 52, cf. 粟田／高成田, 2012, pp. 147ff.）。
（7） 一九七九年の業務提携契約の際、米国ディズニー社は東京ディズニーランドの入園料は十％、物販・飲食売上は十％ではなく五％をロイヤリティフィー（ライセンス使用料）として日本のオリエンタルランド社から得るとして締結されたが、お土産文化のある日本の東京ディズニーランドでは入場料収入が四十二％なのに対して、物販・飲食収入が五十八％にも上り大きな収益をもたらし続けた。東京ディズニーランドを米国ディズニー社の直営にしなかったことは、次のようなアイズナーの後悔として知られている（山田, 2002, pp. 108f., 149; 中島, 2014, p. 22, cf. 有馬, 2001, c, pp. 173f.; 粟田, 2013, pp. 175f.）。「だがあとになって、旅行先で必ずみやげ物を買う習慣のある国では、キャラクター商品の販売で莫大な利益があがることがわかった。たったひとつの店だけで、——たとえば、メインストリートにある、店舗面積百八十平方メートルのコンフェクショナリー・ショップだけでも——年間一億ドル近い収入があがったのだ。東京ディズニーランドに対する

所有権を持たなかったことは、手痛い打撃となった」（アイズナー，下，1998, p. 51)。

(8) 米国ディズニー社経営陣の話によると、ディズニーの哲学は日本人の持つある種の哲学と親和性があり、「ハーモニー、親善、仕事への誇りと敬意の念は日本に古くからある文化であり、それがディズニーのなかにも脈々と受け継がれた伝統である」という（リップ，1994, p. 26）。さらに、「日本人は一度何かを教えられ、それを習得すると、あたかもそれを法として認識し行動するという、ディズニー側から見るならば願ってもない天賦の才能を有している」（リップ，1994, p. 26）。このような才能はある意味で誠意であり、東京ディズニーランド開幕式典で高橋政知社長は、サービス業には資金や施設だけでなくお客様に喜んでいただくという気持ち、人を動かす誠意が重要であると全従業員に説き（中島，2013, p. 22）、後の加賀見俊夫社長も、施設への追加投資よりも困難な心への追加投資、ゲストを迎えるキャストたちの心への追加投資が今後の運営の鍵であると考えている（加賀見，2003, p. 94）。

また、このパークは本質的にフロリダのマジックキングダムのコピーであるが、フロリダより特に冬が寒冷な東京ディズニーランドは、例えばイッツ・ア・スモールワールドを完全に屋内施設にするなど、日本に活着するための独自の工夫が所々で凝らされていた。

オリエンタルランド社は東京ディズニーランドの成功に棹差され、言わば陸から海に進出し、アメリカのマサチューセッツ州ボストン東南のケープ岬（Cape Cod）の漁村を模したアメリカンウォーターフロント（American Waterfront）を初めとして、メディテレーニアンハーバー（Mediterranean Harbor）やアラビアンコースト（Arabian Coast）などを呼び物にする東京ディズニーシーを二〇〇一年に開園した（cf. 渡邊，2013, pp. 194, 208）。これには、ディズニー社が二つ目のテーマパークとして映画の名場面や製作現場を再現するディズニー・MGM・スタジオ、未来都市を構想したエプコ

ット、水族館を中心とするリビング・シー、成人向けの娯楽施設からなるプレジャー・アイランド、後にセブン・シーズを提案したのに対して、オリエンタルランド社がこの最終提案をディズニーシーという形で選択したという背景がある (小宮, 1989, pp. 213ff.; 加賀見, 2003, pp. 99ff.; 粟田／高成田, 2012, pp. 243ff.; 粟田, 2013, pp. 60f., cf. 有馬, 2001, b, pp. 264f.; 中島, 2013, pp. 24f.)。いずれにせよ、これは二次元から三次元に飛翔したウォルトの功績にも等しい言わば「陸から海へ」の快進撃であり、海に囲まれ、陸という土地の僅少な日本ならではの判断でもあり、東京湾に向かって部分的に開放的であるなど (cf. 長谷川, 2014, pp. 39ff.)、ディズニーランドとはやや異なる興趣を意図的に造り出している。

このような逆境を積極的に運用したオリエンタルランドは今や、空や宇宙をテーマにしたディズニースカイやディズニーユニバースを構想しているのではないかという可能性も指摘されている (粟田／高成田, 2012, pp. 259ff., cf. 粟田, 2013, pp. 88f.)。しかし、ディズニー「ユニバース」という名称は「ユニバーサル」・スタジオとの部分的重複があり、ディズニースペースという名称も「スペース」ワールドとの部分的重複があるため回避されるだろう。こうした付随的状況と共に、もしその構想がディズニースカイだとすると、日本のディズニーのランド、シー、スカイ、つまり、陸、海、空という連鎖反応は、ある種の戦略の展開かもしれない。有馬によれば、ディズニーが生み出す文化製品は「戦略輸出品」でもある (有馬, 2001, b, p. 63)。このことは日本のディズニー社であるオリエンタルランド社についても、本家アメリカのディズニー社についても言えるだろう。日本の陸、海、空の自衛隊がアメリカと政治的・軍事的に親和性を維持しているように、日本の陸、海、空のディズニー・テーマパークもアメリカと文化的・娯楽的に親和性を維持する構造がここにハードとソフトの両面で完結する。

＊日本の自衛隊　　＊日本のディズニー
　陸上自衛隊　　　　ディズニーランド

＋海上自衛隊　　　　＋ディズニーシー
　　＋航空自衛隊　　　　＋ディズニースカイ
　　＝アメリカとの　　　＝アメリカとの
　　　政治的・軍事的親和性　文化的・娯楽的親和性

　実際に東京ディズニーランドのウォルトとミッキーのパートナーズ像の前の解説（一九八三年）には、「この魔法の王国は、偉大な国家、日本とアメリカ合衆国の協力と友情の精神の永遠の象徴となるでしょう」と刻印されており（有馬，2011, p. 21）、こうした展開と共にディズニー社は他企業にライセンスを与え、日本ではマクドナルドのおまけや、大手航空会社のジャンボジェット機体の絵、大手銀行の通帳やキャッシュカードにディズニー・キャラクターを登場させ、ディズニーのイメージを遍満させている。（有馬，2001, b, p. 47, cf. 有馬，2001, b, p. 59）。このように、「ディズニーが開発したテーマパークという文化装置もまた、私たちの日常レベルに浸透している分だけ、アメリカという国家の政治力や軍事力よりも根強い支配力をもつと考えることができるだろう」が（能登路，2005, p. 39, cf. 中島，2013, p. 22)、日米の戦略は学校教育における「英語」一辺倒のいわゆるグローバル教育と「奉仕」の精神の徹底という形で支配力を弥漫させていくだろう。ここで実に、「奉仕（service）」という「英語」がこの一語で「兵役（service）」をも意味することは象徴的である（宮平，2017, pp. 81, 196, cf. 竹林，2002, p. 2247）。

　ディズニーに限らないが、広告も戦略であるというフェルマンの指摘は正鵠を射ている。例えば、広告内容は消費者の心に侵入し、その場を比喩的なネオンサインで植民地化し、こうして統制された領地が市場となるように、実に広告は商品販売のための「キャンペーン（campaigns）」である（Fjellman, 1992, p. 305）。ここで再び「キャンペーン（campaigns）」とは、軍事作戦や軍事行動も意味することを想起する必要があるだろう（cf. 竹林，2002, pp. 367f.）。

　なお、東京ディズニーランドが近年、家族連れではないいわゆるディズ

ニー・オタクの増加、テーマとの関係が希薄なレストラン・メニューやテーマの統一性に欠けるパレードの登場などで、「ファミリー・エンターテインメント」と「テーマパーク」の場というウォルトによる本来のディズニーランドのフィロソフィーから乖離しつつあるとの指摘もなされているが（新井, 2016, pp. 10, 24ff., 109ff., 131）、これはディズニーゼーションのハイブリッド化の一形態と見なすこともできるだろう（本書第二章第三節）。

　他方、一九九二開業のユーロ・ディズニーランド（現在はディズニーランド・パリ）には、開幕当初から酷評が寄せられている。例えば、「一九八三年にオープンした東京ディズニーランドは、毎年四〇〇〇万ドルの純益をスタジオにもたらしている。開園以来たった五年間で、東京ディズニーランドの入場者数は、アナハイムのディズニーランドの三三年間の入場者を上まわった。一九九二年四月にオープンしたフランスのユーロディズニーのほうは、それほどの直接的成功は収めていない」（エリオット, 下, 1993, p. 225, cf. リップ, 1994, p. 250f.; アイズナー, 下, 1998, p. 83; 有馬, 2001, c, pp. 210ff.）。また、ユーロディズニーは髪や髭、化粧などに関する厳しいガイドラインが定められているキャストの離職率が高く（Bryman, 1995, pp. 112f.）、開業当初はアメリカ文化の占拠に対するある程度の忌避感もあった点を考慮すると（cf. 有馬, 2001, b, pp. 217f.; 有馬, 2001, c, pp. 217ff.; 中島, 2014, pp. 95ff.）、「ユーロ・ディズニー（Euro Disney）」は、「ユーロの困惑（Euro Dismay）」だったに違いない。

第三節　ディズニーランドの影響

　ディズニーランドは世界各地から人々を引き寄せているだけでなく、世界各地に事業を展開し、さらに世界各地の他の業種にも様々な影響を与えている。こうしたディズニー化現象を解明するために、リッツアの名著『マクドナルド化する社会』において人口に膾炙するようになったマクドナルド化現象をまず把握しておこう。

　リッツアは、ファーストフード・レストラン運営方式の諸原則がアメリ

カや世界の諸分野において支配的になる過程を「マクドナルド化」と呼んだことで知られている（cf. リッツア，1996, pp. 17f.）。このマクドナルド化現象には次の四つの要因がある。

＊マクドナルド化現象の四要因
(1)　「効率性（efficiency）」。所与の目的に対して最適な手段を採用すること（cf. リッツア，1996, pp. 30, 71ff.）。
(2)　「計算可能性（calculability）」。物の量産を強調することで質の悪化にもつながるものの、量が質の指標となるようにすること（cf. リッツア，1996, pp. 31, 106ff.）。
(3)　「予測可能性（predictability）」。物が毎回同一料金で提供されることで、人は何を期待して入手できるかを知っているということ（cf. リッツア，1996, pp. 32f., 134ff.）。
(4)　「管理（control）」。従業員と消費者に対して強力な管理体制を敷くこと（cf. リッツア，1996, pp. 34, 165ff.）。

こうした傾向は、機械やコンピュータなどの人間によらない技術体系によって推進されるため、リッツアは第五の次元として、「合理性がもつ非合理性（the irrationality of rationality）」に言及し、合理的なシステムが大量の非合理的な結果を生みだし、人間理性を否定するとまで言う（cf. リッツア，1996, pp. 195ff.）。例えば、人々は合理化されているはずのファーストフード・レストランのカウンターで逆に長蛇の列を作り、ファーストフードの生産と販売、消費と廃棄の過程は、健康や「環境に対するマイナスの効果をあれこれ生みだしている」（リッツア，1996, p. 38, cf. リッツア，1996, p. 208）。また、合理性が持つ非合理性は労働者に対しても不安定雇用という問題を引き起こしており、実際に合衆国のファーストフード産業の離職率は一年で三百％という、他のどの産業よりも高い数字を打ち出しており、全体の労働力は年に三回ほど入れ代わっている（リッツア，1996, p. 211）。

それにもかかわらずマクドナルド化が進展しているのは、次の三つの要

因がこれを駆動させているからである（リッツア，1996, pp. 231f.）。

＊マクドナルド化進展の三要因
(1) 経済的目標と野心。企業は性質上、より多くの利潤を追求し続ける（リッツア，1996, pp. 232f.）。
(2) マクドナルド化自体を目標とする合衆国の文化。人々がマクドナルド化の四要因を積極的に希求して受容するようになってきている（リッツア，1996, pp. 233ff.）。これは、ここに至ってマクドナルド化はある種の宗教的様態をまとってきていることを意味していると思われる。
(3) 社会で生じている変化。家庭外で労働する女性人口が増加し、移動を好む車社会が定着している合衆国では、ファーストフード・レストランやそのドライブスルーとの親和性が高い（リッツア，1996, pp. 235ff.）。

特にこの二つ目の点との関連において重要なリッツアの指摘は、人々に消費を催促、強要するように構造化されている環境、つまり、「消費の殿堂」と彼が呼ぶものは、半宗教的で魔術化された性質をまとっているというものである。したがって、「これらの環境は消費者の信仰を実践するために『巡礼』する場所になっている」（リッツア，2005, pp. 14f., cf. リッツア，2005, pp. 31f.）。こうした状況と対応しているのが、野球場、大学、病院、博物館、教会など旧来の社会の他の環境が全く時代遅れの古色蒼然たる様相を呈してきている点であり、リッツアによれば「これらの他の環境の管理者はあわてて消費の殿堂を見習おうとしている」（リッツア，2005, p. 15）。

例えば、映画館やボーリング場など数々の娯楽施設を含むプロテスタントの巨大教会（メガチャーチ）は、その典型例である（リッツア，2005, pp. 60f., cf. Lyon, 2000, p. 50）。イギリスの歴史的なカンタベリー大聖堂でさえ、「そこから出るときに、訪問客は大聖堂だけでなく、宗教全般にかかわる多種多様な土産物を売っている店を通らなければならない」構造である

（リッツア，2005, p. 78）。大聖堂に来た本来礼拝者であるはずの人々を消費者として構造的に管理しようとするこのような仕組みは、ブライマンが指摘しているように、カンタベリーの大主教が、同様にして管理の進んでいるディズニー帝国において子ども心を巧妙に煽動する抱き合わせ販売が行われていると批判している事実を併せて考慮すると（ブライマン，2004, p. 134, cf. ブライマン，2004, p. 303）、社会の構造的矛盾が浮き彫りにされていて興味深い。

　ウォルトは第一次世界大戦休戦協定締結後、終戦処理のためにコネチカット州からフランスに赴く際、コネチカット州までの移動中の部隊で後のマクドナルド・コーポレーションの創業者となるクロックと出会う（本書第一章第二節, cf. グリーン，1991, p. 55; コーバー，2009, p. 111）。クロックの基本理念は、品質（quality）、サービス（service）、清潔（cleanliness）、価値（value）であり（バックホルツ，2007, p. 55）、彼の管理意識も強烈であった。「クロックが徹底的に清潔さを求めたことは語り草になっている。フランチャイズ店を訪れるときは、彼は数ブロック手前で車を降りて、近所で拾ったゴミをぶらぶらさせながら店長の前に現れたものだった」（バックホルツ，2007, p. 54, cf. ギルバート，2009, p. 68）。店の周囲まで清潔に管理したクロックの管理意識に類するものは、ディズニーのテーマパークにも見られる。

　ブライマンは次の七点でディズニーのテーマパークは、マクドナルド化現象四要因のうちの「管理（control）」が特に強化されているという。

＊ディズニーのテーマパークにおける管理
(1)　ゲストの行動に対する管理。管理は入園前から行われており、ゲストは裸足や上半身が裸では入園できず、比較的高額の入園料を徴収することによって問題行動を引き起こしそうにない社会階層の人々が誘引されている（ブライマン，2004, pp. 237f.）。
(2)　ゲストの経験に対する管理。例えば、ディズニーランドに入るとメインストリートから「眠れる森の美女」の城が目に入り、中央

まで進むと各ランドに導かれるが、そこからウォルトが「ウィニー（wienie）」と呼んだ目に付く誘導アイテムや、プリ・エンターテイメント・エリアだけでなく、各アトラクションの分単位の乗り物自体によってゲストの流れは空間的、時間的に管理されている（Bryman, 1995, pp. 99ff.; ブライマン, 2004, pp. 240f.）。

（3）　ゲストの想像力に対する管理。本来は詳細な展開のある物語を単純な物語に改変するように、パーク内も不要と判断されるものを省き、ゴミを徹底して視界から捨象するなど、ゲストの想像力を限定している（Bryman, 1995, pp. 101ff.）。また、種々の産業による自然破壊ではなくその業績に着目し、親子連れという伝統的家族の美徳を強調し、人種差別や性差別の現実よりは人々の純朴さを郷愁的に回顧させる点で、ゲストの想像力は限定されている（ブライマン, 2004, pp. 242f.）。

（4）　自然に対する管理。科学技術を駆使して一定の土地にパークが建設され、自然は管理されるだけでなく場合によっては修復されるものと理解され、パーク内に再現された植栽や水域は人工的に管理されている（Bryman, 1995, pp. 105ff.）。構造的にフロンティアランドはアメリカ西部の土地に対する管理を、アドベンチャーランドは自然の野生的性質に対する管理を象徴している（ブライマン, 2004, p. 244）。

（5）　キャストの行動に対する管理。ディズニー・ユニバーシティーにおいて新人や現役スタッフに対して、本書の凡例で示したような舞台用語由来のディズニー用語に基づいてディズニー・フィロソフィーが説かれる（ブライマン, 2004, pp. 244ff., cf. リッツア, 1996, pp. 153f.）。特に、ゲストの重要性やスタッフの家族的性質や集団行動規範について教えられるだけでなく、マニュアルを通して髭や濃い化粧の禁止などで知られる服装規定やゲストとの質疑応答例が示されるが、方々にウォルトの生き方や語録が聖書の言葉のように引用されている（Bryman, 1995, pp. 107ff.）。

（6）　直接的環境に対する管理。テーマパークから外の現実世界が見えないように工夫が施され、電気や水道などの諸設備、キャストの移動

通路や商品の搬入路は地下施設に埋め込まれている（Bryman, 1995, pp. 113ff.; ブライマン，2004, pp. 246ff.）。

(7)　自らの運命に対する管理。ディズニー社による管理はテーマパーク内にとどまらず、一九六七年に「リーディー・クリーク改善地域（Reedy Creek Improvement District）」に関する法律が定められ、これによってディズニー社はディズニー・ワールドの周辺地域の自社地に対する大幅な自治権を得て、周辺におけるホテルやレストランなどのレジャー施設の乱立を規制している（Bryman, 1995, pp. 115ff.; ブライマン，2004, pp. 248ff.）。

ディズニー社がパーク外にもホテルや車道の建築事業や自然環境改善といった管理を拡大することは、要するにディズニー支配の版図が拡大することであり、管理の程度に応じてパーク内での安全性やキャストに対する期待度だけでなく、パークまでの到達時間など、予測可能性が一層高まることを意味する。予測可能性の極致は「大統領の殿堂」にある「オーディオ・アニマトロニクス」の技術を駆使した歴代アメリカ大統領の機械人形であり、これらは休憩を取ることもなければ組合に入ってストライキを打つこともなく、安定したショーを展開するという皮肉な指摘も紹介されている（Bryman, 1995, pp. 119f.）。したがって、ブライマンはディズニーランドにおいて、リッツアのマクドナルド化現象四要因のうち「予測可能性」と「管理」についてはかなり該当し、「効率性」はある程度該当するが、「計算可能性」はそれほど該当しないという（Bryman, 1995, pp. 122ff.）。

この指摘は確かに妥当であると思われるが、次の点も考慮に入れる必要があるだろう。それは、管理困難であるがゆえに予測困難である動物の行動である。一九五九年までのディズニーランド開園当初はフロンティアランドにポニーの引く馬車があったが、運転手のいないままポニーが走り出して別の馬車に衝突するという予測不可能な事件もあった（Bryman, 1995, p. 120）。ただし、最近ではパレードでカラフルな大型オルガンを載せた馬車を馬六頭が引くその後ろで、カストーディアルが車輪付きの肥桶

を押しつつ馬の臀部に由来する発生予測不可能な落下物を回収しているという（レフラー／チャーチ，2015, pp. 68f., cf. ディズニー・インスティチュート，2001, p. 130）。

　また、ディズニーのテーマパークにおいても、リッツアがマクドナルド化現象の第五の次元として指摘した「合理性がもつ非合理性」が垣間見られる。「ディズニーワールドはみずからの成功に苦しんできた。つまり、どんな効率的なシステムであっても、観光シーズンのピークには膨大な数の来場者をさばききることができない。このとき、人気のあるアトラクションの多くでは、来場者は長い行列に直面しなければならない」（リッツア，1996, p. 103）。さらに、ディズニー社のすべての企画が成功している訳ではなく、「現在、ディズニーは採算のとれないスポーツチームを売却しようとしており、ディズニーストアの多くを閉鎖しているか、それらの買い手を探している」という点も指摘されている（リッツア，2005, p. 377）。

　マクドナルド化現象の視点からディズニー現象を観察すると、このように管理を中心とした部分的な共通性が見られるが、ブライマンは独自にディズニー化現象も論じている。それは、ディズニー・テーマパークが現代社会の種々の社会制度や慣行に影響を与えてきていることを示すディズニー化、つまり、「ディズニーゼーション（Disneyization）」と呼ばれるものである（ブライマン，2004, p. 9, cf. ブライマン，2004, p. 14）。このディズニーゼーションにおいても管理と監視が重要な役割を果たすものの、マクドナルド化が均質性をもたらすのに対してディズニー化は選択と相違をもたらすという傾向がある（ブライマン，2004, pp. 36f.）。そして、このディズニーゼーションはテーマ化、ハイブリッド消費、マーチャンダイジング、パフォーマティブ労働という四つの次元を通して現代社会の諸分野に浸透しているという。

　ブライマンはディズニーゼーションを解説するために、まず二つの点で注意を喚起する。

　まず第一に、ディズニーゼーションの四つの次元はディズニー特有のものではなく、ディズニー以前からこの社会に存在し、ディズニー文化以外

にも遍満しうるプロセスを指している（ブライマン，2004, pp. 21f.)。つまり、「ディズニー・テーマパークの諸原理は、これらのテーマパーク自体がなかったとしても社会制度および慣行に入り込んできた」ものである（ブライマン，2004, p. 14)。

　第二に、ディズニーゼーションは、ディズニー社が作品製作時に依拠した原作を単純化、表面化してしまう変容プロセスである「ディズニフィケーション（Disneyfication)」とは異なるものであり、否定的な意味を持つこのディズニフィケーションの特徴は、「卑小化（trivialization）と無菌化（sanitization)」と言い換えることもできる（ブライマン，2004, p. 23)。本来、文学や歴史は多くの場合、複雑な背景や有害な事実も内包している。これらのものにグロ（grotesque）、エロ（eroticism）、テロ（terrorism）は付き物であるが、ディズニー社はこうした否定的側面を捨象した上で題材を提示しているというのである。

　例えば、一九九三年にディズニー社は、「ディズニーのアメリカ（Disney's America)」と呼ばれるアメリカ史に特化した新しいテーマパークを、南北戦争の舞台となったバージニア州ブルラン・マナサス戦場（Bull Run/Manassas battlefields）近くのヘイマーケット（Haymarket）に建設することを発表したが、歴史家と環境保護主義者から猛反発を受けた（cf. 有馬，2001, c, pp. 242ff.)。このテーマパークはアメリカ人にとって極めて象徴的な意味を持つ地域に建設されることになるが、「卑小化と無菌化」以外の方法でディズニー社に建設できるのかという懸念が募ったというのである（ブライマン，2004, p. 25, cf. アイズナー，下，1998, pp. 137ff.)。この時の懸念は、ディズニフィケーションに対するものである。

　このようなディズニフィケーションに対して、ディズニーゼーションの第一の次元は「テーマ化（Theming)」である。テーマ化とは、対象となるアトラクションや商品をそれとは希薄な関連しかない物語で表現することであり、一方で遊園地、レストラン、ファーストフード、ホテル、ショッピングモール、動物園などのサービス施設、特定の場所や町自体、博物館と、他方、ある時代や地域や映画、音楽、文学、スポーツ、ファッショ

ン、ファンタジー、大自然、郷愁といった特定の関心事を融合することである（ブライマン，2004, pp. 43f.）。これは、「最も類似性のない物体が並列された場合に、相互に高め合う」という「隣接効果（adjacent attraction）の原理」でもある（ブライマン，2004, p. 75）。このような融合は近年、消費対象が商品そのものから、質が問われるサービスに移行し（ブライマン，2004, p. 41）、良い思い出作りに資するサービスが求められている「経験経済（experience economy）」の中で人々が生活するようになってきている時代状況と関係がある（ブライマン，2004, p. 42, cf. 本書第三章第四節）。

ディズニー社の場合、テーマ化の特徴として次の三点が挙げられている（cf. 山内，2010, pp. 83ff.）。

*ディズニーのテーマ化三点
（1） ディズニーの各テーマパークそれ自体が、包括的な物語で統一されている。そこには、アメリカの偉業を賛美し、現実の厳しい世界からの避難場所としての魔法の世界という全体的なテーマが流れている（ブライマン，2004, pp. 46f.）。
（2） 各テーマパークはさらに独自のテーマを持ったランドに分けられている（本書第二章第二節）。各ランドのテーマは「建築、装飾、環境設定、キャスト（従業員）の衣装、音響、販売用の商品と食べ物」、「アトラクション、つまり、ライドとショー」にも表現されている（ブライマン，2004, p. 47）。
（3） パークに登場するミッキーマウス、白雪姫など、世界中の人気キャラクターをそれにまつわる物語から抽出されるテーマと関連させて提供する。こうした魅力のある仕掛けが、他の遊園地との差別化のために必要である（ブライマン，2004, pp. 48f.）。

現代社会がマクドナルド化によって均質化傾向を強化していくと、このようなテーマ化が差別化のメカニズムとして一層必要になってくる（cf. ブライマン，2004, pp. 109, 299）。実に、「ディズニー化はマクドナルド化が

終息するところから始まる」というブライマンの指摘は至言である（ブライマン, 2004, p. 20）。

　ディズニーゼーションの第二の次元は、本来は異種の消費形態が混交される傾向としての「ハイブリッド消費（Hybrid Consumption）」であり、具体的な消費形態である「ショッピング、テーマパーク訪問、レストランでの食事、ホテル宿泊、博物館訪問、映画鑑賞、スポーツ観戦、そしてカジノのギャンブル」などの混交である（ブライマン, 2004, p. 114）。こうして、人々は種々の目的を一挙に達成することのできるハイブリッド消費地に繋ぎ止められ、その場自体が行楽地に近似していく。このようなハイブリッド消費地として、ディズニーのテーマパークの他に博物館、空港ターミナル、クルーズ客船、大学キャンパス、病院などが挙げられるが、最も著名なテーマパーク型ショッピングセンターの例として、カナダのアルバータのウェスト・エドモントン・モール（the West Edmonton Mall, Alberta, Canada）がある（Bryman, 1995, p. 155）。そして、このモール街の設計に関与した「会社の社主兼経営者ゴメジアン兄弟（Ghermezian Brothers）の一人は明らかにディズニー・テーマパークの影響を受けていた」という点を考慮しても（ブライマン, 2004, p. 121）、ディズニー社の影響は計り知れないと言えるだろう。

　ここで、「ハイブリッド（Hybrid）」は「雑種」を意味することから、加藤周一が提示した日本の「雑種文化」を検討しておこう。加藤によると、日本文化の特徴は伝統的な日本と西洋化した日本という二つの要素が深い所で絡んでいて、いずれも根本的に抜き去り難いということ自体にあり、例えば英仏文化を純粋種の文化の典型だとすれば、日本文化は雑種の文化の典型であるという（加藤, 1974, p. 31, cf. 加藤, 1974, p. 56; 粟田／高成田, 2012, pp. 290f.）。これは良し悪しの問題ではなく、程度の問題として次のように型として日本に活着しているものである。

　「西洋種の文化がいかに深く日本の根を養っているかという証拠は、その西洋種をぬきとろうとする日本主義者が一人の例外もなく極端な精神

主義者であることによくあらわれている。……書斎では和服かもしれぬが外へ出るときは洋服である。つまり日本人の日常生活にはもはやとりかえしのつかない形で西洋種の文化が入っているということになる。政治、教育、その他の制度や組織の大部分も、西洋の型をとってつくられたものだ」（加藤，1974, p. 32）。

加藤は続けて、このような日本がさらに別の西欧文化と接触する事態を積極的に想定している。

「キリスト教圏の外で、西欧の文化がそれと全く異質の文化に出会ったら、どういうことがおこるか。それが日本文化の基本的な問題である。……やってみる値うちは十分にある問題だろう。それがわれわれの今おかれている文化的環境、つまり徹底的な雑種性の積極的な意味である」（加藤，1974, pp. 47f.）。

ここから、ディズニーランドは「西欧の文化」の一つとして日本文化とは「全く異質」であったけれども、「ハイブリッド」な特質を持つ点で同様にして「雑種」である日本文化に「出会った」結果、成功を収めたと言えるだろう。文化の緩慢な流動性や歴史的な革命などを考慮すると、英仏文化が純粋種で日本文化は雑種であるという分類はやや簡潔すぎるが、確かに今や外出中の日本人から洋服を剥ぎ取れないのに対して、日常的に和服を着て外出している英仏人はどこであってもほとんど存在しないという事実は、加藤の分類を支持していると言えるだろう。

一五九六年に土佐の浦戸にスペイン船が漂着したサン・フェリペ号事件にスペインの日本征服計画を見立てた豊臣秀吉の命によって主に関西で捕らえられたキリスト教宣教師や信者らは、一五九七年に長崎で十字架刑を甘受した。後の一八六二年に列聖されたこの殉教者二十六人のうち六人はフランシスコ会宣教師で、日本人二十人のうち三人はイエズス会士、十七人は信徒で、その信徒のうち三人が子どもであった（結城，1988, pp.

1065f.)。このように「西欧の文化」の一つであったキリスト教は、宣教師でなく信徒であり、大人でなく子どもである三人の日本人の魂にまで深く根差していたという点で、加藤の分類は一層妥当であると言える。

　ディズニーゼーションの第三の次元として挙げられているのは、著作権を持つようなイメージやロゴを持つ商品を販売促進すること、つまり、「マーチャンダイジング（Merchandising）」である（ブライマン，2004, p. 150）。ディズニーのテーマパークにおけるマーチャンダイジングは、第一にペンや衣類、本や菓子、時計やぬいぐるみなどのディズニー関連商品であり（ブライマン，2004, p. 153）、第二にパーク以外では販売しない関連商品である（ブライマン，2004, p. 154）。こうして、人々はパークにおいて関連商品を購入するように誘引される設計になっている。ブライマンの評価によると、「マーチャンダイジングを異なる要素が相乗的に高め合うシナジー効果システムの一部としている点でディズニー社に匹敵する会社はほとんどない」のである（ブライマン，2004, p. 165, cf. ブライマン，2004, p. 187）。

　最後にディズニーゼーションの第四の次元として、付加価値的演出をまとう現場の労働傾向としての「パフォーマティブ労働（Performative Labour）」が指摘されている。パフォーマティブ労働においては感情が重要な役割を果たしており、従業員はその会社組織と強い絆を維持している場合には感情労働を受容し易く、労働において内なる真の感情を外に表現しながら例えば笑顔で接客できるが、そうでない場合には本心とは異なるマニュアル的接客のみになる（ブライマン，2004, pp. 190ff.）。ここで前者は深層演技であり、後者は表層演技である。ディズニー・テーマパークの場合は、特に笑顔とアイコンタクトが徹底されており（ブライマン，2004, p. 197）、こうしたパフォーマティブ労働は、「消費もキャスト的でパフォーマティブになっている」と指摘されているように（円堂，2013, p. 182）、ゲストの消費行動にも深い影響を与えているが、ボードリヤールはこのような笑顔に対する次のような一層深い深層分析をしていたと言えるだろう。

　　「人間関係（自然発生的・相互的・象徴的人間関係）の喪失は、われわれの

社会の基本的特徴である。この事実にもとづいて、人間関係が——記号の形で——社会的回路に再投入され、記号化された人間関係と人間的温かさが消費されるという現象が生じている。案内嬢、婦人民生委員、PRの専門家、宣伝用のピンナップガールなど、すべての公僕的使徒たちは心づけ、つまり制度化された微笑による社会関係の円滑化を現世的使命としている」(ボードリヤール, 1970, p. 243)。

以上のような四つの次元は、強力な管理がなければ不可能であり、この管理は機械やコンピュータなどの人間によらない技術体系によって実現されている。そして、世界がますますボーダーレスになり、一つの共同体的な場になりつつあるグローバリゼーションの時代に (cf. ブライマン, 2004, p. 283)、ディズニーゼーションも同様にして地球規模で版図を拡大させていくだろう。その際、世界各地において管理に対する従業員や場合によっては入園客からの抵抗だけでなく、各地の文化との適合性という問題も生じてくるはずである。これは、「グローバルな傾向がローカルな環境や条件に適応することを強調するグローバリゼーション論の論者が指摘するように、グローバルな力とされるものの底流にある原理は適応しなければ必ずしも普及することはない」という「グローカリゼーション」の論理であり (ブライマン, 2004, p. 289)、同一化や均質化の力と、差異化や独自化の力は同時に駆動しているのが実状である。

したがって、ディズニーゼーションというグローバルな傾向は、受容のされ方を予測してディズニー社がその力をローカルな状況に適応させる「予測型ローカライゼーション (anticipatory localization)」と、ローカルな状況と接触した結果としてディズニー社がサービスの提供方法を適応させる「対応型ローカライゼーション (responsive localization)」を必要とする (ブライマン, 2004, p. 291)。例えば東京ディズニーランドにおいて、アメリカ的色彩の強すぎる「ホール・オブ・プレジデンツ」は取り上げられず、「メインストリートUSA」が「ワールドバザール」に取り替えられたのは予測型ローカライゼーションの例であり (ブライマン, 2004, p. 292, cf.

有馬，2001, b, p. 263)、日本の味覚を提供するレストランが開店され、ライド・オペレーターのマニュアルは日本独特の駄洒落やジョーク、独自の説明が加味、修正され、さらに研修ではディズニーの伝統や企業文化の学習よりも、研修生に対するサポートに力点が置かれているというのは対応型ローカライゼーションの例である（ブライマン，2004, p. 293)。

　こうしてディズニー社は世界各地で魅力的なサービスを心がけて広がっていき、ディズニー社から転出した管理職やイマジニアは別の業種でも活躍している。ブライマンが適切に指摘しているように、「ディズニーの管理職研修プログラムは多くの組織の業務および人事管理に影響を及ぼしたと思われる」（ブライマン，2004, p. 316, cf. ディズニー・インスティチュート，2001, pp. 114f.; コッカレル，2008, p. 258)。

　また、能登路の指摘した次の点は言わば究極のディズニー化現象として興味深い。カリフォルニア州アナハイムのディズニーランドにある「ニューオリンズ広場」を見慣れていた能登路は、一九八八年に初めてルイジアナ州の本物のニューオリンズを訪問して路面電車に乗るが、ディズニーランドのメインストリートを走る路面電車そっくりのものが観光客目当てに最近導入されていたことに現地で気づく（能登路，1990, pp. 162ff.)。実にディズニーランドの影響力は、そのテーマパークの原型をも変容させるほどの力を持っていたのであり、こうした変容は能登路が指摘するように現代世界において一般化してきている。

> 「大平原を切りひらいたアメリカの開拓者たちの生活意識」や「自然を恐れ、敵視した彼らの世界観からすれば、自然状態が存在しないディズニーランドは、まさに天国と映るにちがいない。……そうしたディズニーランドの非日常世界は、しだいに虚構世界ではなくなってきている。我々の住む現実の空間の方が、いまや確実にディズニーランドに近づいてきているのである」（能登路，1990, p. 81)。

　日本におけるディズニーランドの影響も今や至る所で見られる。ディズ

ニーランドの開園後にマスコミがディズニーランドの「キャスト」というユニークな呼称を取り上げると、大手百貨店が「キャスト募集！」という人材募集の新聞広告を出し、社長まで肩書きなしの「さん」づけで呼ぶ試みも多くの企業で追随が見られた（志澤，2000, pp. 20f.; 徳，2013, p. 95ff.; 粟田，2013, p. 45; 石坂，2014, pp. 128ff.）。この「さん」づけは、ウォルトが職場で全員にファーストネームで呼び合うことを奨励していたことの日本的変換である（志澤，2000, p. 21）。アメリカではディズニーランドのキャストを「ホスト、ホステス」と呼ぶのに対して（渡邊，2013, p. 51）、日本では別の商売と誤解されかねないためキャストに統一されているが（リップ，1994, p. 214; 志澤，2000, pp. 15f.）、最近ではその別の商売のホステスを逆にキャストと呼んでいる所も誕生しているらしい（中村，2004, p. 37）。

また、現在日本でも毎年十月末にハロウィンの祭りが大々的に祝われ、十一月頃から方々でクリスマスのイルミネーションが飾られるようになったが、元々は双方共に東京ディズニーランドで始められ人気になったものだということである（渡邊，2013, pp. 113ff., cf. 山口，2015, p. 77）。さらに、「近年の日本において、電車や地下鉄の職員の制服も何やらディズニー的であるし、銀行のATMの列の並び方も、ディズニーランドでアトラクションの順番を待つやり方と同じだ」とも指摘されている（能登路，2005, p. 38, cf. 濱名，2013, pp. 64ff.）。

こうした文化の先駆けとなっている東京ディズニーランドは、確かに一つのブランドとして日本の人々に夢を与え続けている。かつて、米国ディズニー社から日本に派遣されていたマーケティングの専門家は「東京ディズニーランドのことをTDLと呼んではならない。……TDLと言われて、人は夢を感じるか？　東京ディズニーランドと呼ばれるから、みんなは夢を感じる。そこにディズニーのスピリッツが詰まっている」と強調したという（渡邊，2013, pp. 123f., cf. 渡邊，2013, p. 34; 志澤，2000, pp. 137f.）。ディズニーのプライドはそのブランドに深く根差しているのである。

第三章　ディズニーの知恵

　第一章ではウォルトの生涯を追い、第二章では彼の建て上げた世界であるディズニーランドに迫ってみたが、この第三章では彼の思いを後世に伝える本場米国と日本のディズニー社スタッフに耳を傾け、そこに根付いている知恵から学ぶことを目的とする。

　一九五五年、ディズニーランドの開園時に研修コンサルタントのヴァン・フランス（Van France）とディック・ヌニス（Dick Nunis）は、新任スタッフらにディズニー社のテーマである「幸せをつくる」こととその具体的な行動指針を説明したが（レフラー／チャーチ，2015, p. 230, cf. ディズニー・インスティチュート，2001, pp. 43, 45）、これを一九六二年にヌニスがグッドショーの四要素へと発展させ、ディズニーのサービスの中核をなす基準とした。その四要素 SCSE とは次の四点であり、これらはディズニー社のスタッフが遵守すべき優先順位として（ディズニー・インスティチュート，2001, pp. 50ff., cf. リップ，1994, pp. 65f., 168ff.; Wasko, 2001, a, p. 93; コーバー，2009, pp. 61ff.; リップ，2013, pp. 148ff.; レフラー／チャーチ，2015, pp. 106ff., 220ff.）、相互に深く関係している。大抵の企業とは異なり、「効率」を決して一番に置いていない点が特徴的である（cf. 富田，2004, p. 89; 徳，2013, p. 63）。

＊グッドショーの四要素
（1）　安全（Safety）
（2）　礼儀（Courtesy）
（3）　演出（Show）
（4）　効率（Efficiency）

この一九六二年は、フランスが一九五五年に設立したスタッフ訓練部門（Training Department）をディズニー・ユニバーシティーに発展させた年である（リップ，2013, pp. 7, 115, 140, cf. 志澤，2000, pp. 109f., 114;Peri, 2011, pp. 141ff.; 山口，2015, p. 195）。以下の各節では日本のディズニーランドにおいても定着しているこの SCSE について、アメリカでの運用状況の後に日本での受容状況に言及する形で検討していくことにする。

第一節　安全（Safety）

ディズニー・リゾートにおける安全とは、パーク内の施設を利用するすべてのゲストの安全が確保され、その予防措置が徹底されていることを意味する。究極的にこれは「命」の問題であり、命に対する安全が保障されていなければ礼儀も演出もこれらに基づく効率もありえない。その意味で安全は最優先課題である。

例えば、ライドで問題発生確率を百万分の一に抑えても、一年間で一千万人が乗るライドでは年に十回の問題が発生することになるので、イマジニアらは何億分の一の問題発生確率を勘案して設計しているという（ディズニー・インスティチュート，2001, p. 51）。そして、最悪の事態が発生したとしても、警備専門のスタッフがいるだけでなく基本的にすべてのキャストはゲストを見守る警備員の役割も果たしている。

しかし、危険は時と所を選ばずに襲来する。ビジネスにおいて唯一不変の要素として「変化」があるとしばしば逆説的に指摘されるが（レフラー／チャーチ，2015, p. 199）、この教訓はこの世全般に関しても妥当するだろう。変化は施設という物に関して言えば、老朽化するという不安定要素があって人間に対する危険を孕むため、各部分の整備や交換が必須である。ディズニー・インスティチュートは次のように適確に指摘している。

「第一に、欠陥のない組織をつくろうといくら努力しても、生きているシステムである以上は、先に何が起こるかは予測不可能である。第二

に、たとえ完璧な組織ができたとしても、それを永遠に持続させることはできない。新しいテクノロジーやテクニックの出現が、組織を改良する機会を与えてくれるからだ」（ディズニー・インスティチュート，2001, p. 164）。

こうして、様々な形の不具合を排除する最大・最善の措置が必要とされる。

不可避の出来事の中で恐らく最悪のものは自然災害である。二〇〇四年の夏に三つのハリケーンがディズニー・ワールドを襲った際、キャストはゲストの安全を確保するために可動物を固定し、五千人強のキャストがパーク内に泊まり込み、ミッキーやミニー、シンデレラやグーフィーなどのキャラクターはおびえる子どもたちをホテルのロビーで元気付けたりと全員献身的に働き、台風の勢力が衰えると直ちに荒れ果てたパークを短時間で見事に復旧させ、被害を受けたキャストや住民への支援活動も開始されたという（コッカレル，2008, pp. 2ff.）。その時の手際良さをコッカレルはこう回顧している。

「リーダーシップ精神をキャスト一人ひとりに根づかせようという、わたしや同僚たちの努力が結実したのだ。それまでも、わたしたちが大切にしている基本原則はうまくいっていると思っていた。しかし、順調なときにはすべてがうまくいく。初めて本当のことがわかるのは、危機が訪れたときなのである。わたしたちはそれまで学んできたことが正しかったことを証明したのである」（コッカレル，2008, p. 3）。

これは性質上対策の立てにくい危機的状況に対しては、一人ひとりがリーダーシップを発揮して臨機応変にやるべきことをやるべき時にやるべき方法でやるしかないことを示している（コッカレル，2008, p. 15）。つまり、普段のマニュアル学習や避難訓練の重要性と共に緊急時の自主的で柔軟な姿勢の重要性がここで例証されている。

また、忘れてはならないのは、このような危機の到来する世界の中においてさえディズニーランドは夢と夢を実現する魔法の国であり続けるのであり（cf. 大畠，2016, p. 153）、それを作ったウォルト自身は概して希望に満ちた楽観論者であったという点である。彼とは逆に悲観的な人には、次の四点からなる認知思考パターンがある（レフラー／チャーチ，2015, p. 150）。

＊悲観的な認知思考パターン
（1）　厳格化。明るい情報を意識的に除外する。
（2）　個人化。悪いことの原因を自分の責任とする。
（3）　悲劇化。常に最悪の出来事とその結末を想定する。
（4）　両極化。完璧が実現できなければ失敗だと断定する。

しかし、現実的に統計的に言えば、「心配事の 85 パーセントは決して現実にならない」というデータがあるように（レフラー／チャーチ，2015, p. 142）、心配事は多くの場合、予期不安にすぎないのである。

心理学的には、例えば悲観主義者と楽観主義者の双子兄弟に対する心理学者の実験がある。二人の誕生日に大量の馬糞をそれぞれの部屋においた後に、プレゼントがあると言って少年らの反応を見たのである。悲観的な子は部屋から出て来て親や周囲の人に、「こんないたずらをするなんてひどい」と泣き叫んだが、楽観的な子は部屋から出て来ないので、心配したその心理学者が部屋に入ると、その子は糞の中に立ったまま、「こんなにたくさん糞があるってことは、どこかにポニーがいるんだよ」と答えたという（レフラー／チャーチ，2015, pp. 150f.）。おそらくこの後者こそウォルト的な発想だろう。ウォルトならどんなに美しい生き物も糞をし、すべての糞は肥やしにもなるなどと考えたのではないだろうか。例えば、山の中に七つの小さな糞が落ちていたら、ウォルトはどのような想像をするだろうか。そして、そこから少し離れた森の中にたった一つの白く輝く……。

一九四〇年、ウォルトはロイから銀行に四五〇万ドルの借金があると報告されると、大声で笑い出し、かつては千ドルさえ借りられなかったの

に「今は四五〇万ドルの借金か。なかなか結構じゃないか」と答えて（トマス，1976, 1994, p. 185）、銀行からこれほどまでに信用されているディズニー社の成長を楽観して苦境を乗り切った。たとえ逆境であっても変化を新規さや新鮮さの局面ととらえたり、「改善（kaizen）」や改革の契機ととらえるなら（cf. 安孫子，2011, p. 101）、人は確かに「変化の敗者（victim of changes）」ではなく、「変化の勝者（victor of changes）」となるだろう。

＊変化への対応が生み出す二つの方向性
（1）「変化の敗者（victim of changes）」
（2）「変化の勝者（victor of changes）」

アメリカで二〇〇四年夏にハリケーンがフロリダを襲ったように、二〇一一年春には大震災が東日本を襲った。東京ディズニーリゾートは、歩いているゲストが気づかずにぶつからないようにと普段からカストーディアルにしゃがまずに清掃することを指導するなどの安全配慮を徹底しているが、そうした社風の中で震災半時間後には対策本部を組織し、キャストは帰宅不可能になった二万人のゲストに温かい食事と飲み物を準備しただけでなく、頭部を守るようにとダッフィーのぬいぐるみを配布して商品の菓子も無償で放出し、普段は絶対にしない園内アナウンスを流したり、ゲスト進入厳禁の地下道にゲストを導いたりしたという（糠谷，2012, p. 49, cf. 鎌田，2013, p. 185; 志澤，2015, pp. 191ff.）。また、キャストの中には自分の休憩用の飲食物をゲストに提供した人もいれば、おびえているゲストを励ます着ぐるみキャストもいたのである（小松田，2015, p. 46）。マニュアルがなくてもこのように行動したキャストらの沈着さと自主性はメディアでも注目された（安孫子，2011, p. 25; 安孫子，2013, p. 81）。

特にカストーディアルは緊急時でなくても普段から、安全の徹底を心がけている。ベンチは汚れが見えなくても全体を拭くことによって異常がないかを確認し（安孫子，2011, pp. 48f., 112）、ゲストのこぼした飲食物を手早く掃除するのも、そこで滑って怪我をすることを防止するためである

（安孫子, 2013, pp. 33f., 147)。また、衛生面から重要なのがレストルームであり（安孫子, 2013, pp. 163ff.)、日本では清掃は従来きつい、汚い、危険の 3K と言われてきたが（英語では Demanding, Dirty, Dangerous の 3D)、ディズニーランドのカストーディアルは今や安全と美化を通してゲストに幸福をもたらす最も人気のある職種の一つとなっている（安孫子, 2013, pp. 5ff., 24)。

アトラクションのキャストが華美ではあるものの没個性的で同一内容の演出で流れ作業的であるのに対して、カストーディアルは個性的にゲストと濃密なコミュニケーションがとれて直接感謝もされるという（安孫子, 2011, pp. 131ff., cf. 香取, 2002, p. 165)。さらに、カストーディアル（custodial）が、ゲストは汚染者（polluter）であるという前提を示唆する清掃員（cleaning staff）という名称ではなくカストーディアルと呼ばれるのは、そのキャストがパークの清潔と安全を「保護（custody)」するためであり、ごみの 3R (Reduce: 廃棄物の発生抑制、Reuse: 再使用、Recycle: 再資源化）を通して自然環境を安全に「保護」する点で極めて適切な職名である（cf. 安孫子, 2011, p. 9)。

第二節　礼儀（Courtesy）

　第一節の「安全」は「命」の問題であるとするなら、この第二節の「礼儀」は「心」の持ち方であると言えるだろう。
　ディズニー・リゾートでは実際の国家元首、王室関係者、大統領、政府代表だけでなく（cf. 志澤, 2000, pp. 173f.)、すべてのゲストを VIP として接待することが礼儀の要諦であるが、礼儀にはゲストに対するスタッフの礼儀だけでなく、スタッフ同士の礼儀も含まれる。他者からの積極的な評価が礼儀の一側面であるとすると、スタッフの種々の関係においては同僚だけでなく上司からの評価は特に重要である。自分が職場でどう評価されているかという点は、自分がゲストに対してどのように振る舞うかという点と密接に関係しているからである。上司からであれ同僚からであれ、人

は自分が扱われているように他人を扱うものであり、従業員の満足感と顧客の満足感は不可分の関係にある（cf. コネラン，1996, 1997, p. 110, cf. コッカレル，2008, p. 5; レフラー／チャーチ，2015, pp. 14f., 243）。

　例えば、マジック・キングダムでキャストとして働いた経験のあるスノーは、そこでの一日の開始を次のように説明している。車で出勤したら従業員用駐車場に駐車し、セキュリティ担当に ID を提示してシャトルバスで従業員用入口へ向かう。時間があればカフェテリアで朝食もとる。そして、コスチュームを受け取ってロッカールームで着替え、出勤記録を付けたら自分の持ち場に向かい、現場の上司に出勤報告をして、いざ仕事である。この間にキャストはセキュリティ担当、バスの運転手、カフェテリアの給仕係とキャッシャー、コスチューム担当者、現場の上司という少なくとも六人のスタッフと顔を合わせることから、スノーはこう結論づける。「これら一つ一つの交流が、その人の一日を良くも悪くも左右してしまう。そして、もし悪いほうだった場合、その影響をまともに受けるのは結局ゲストなのだ」（スノー，2009, pp. 167f.）。

　アメリカのディズニー・ワールドでは、次の「サービスの基準」と「チームワークの基準」に従ってマネージャーが感動的なサービスをしたキャストに「ゲスト・サービス熱狂カード」を渡し、その数に基づいて月末に抽選会が行われて賞品が授けられる（コネラン，1996, 1997, pp. 103f.）。

*サービスの基準
（1）　常にアイコンタクトとスマイルを実践する。
（2）　ゲストと触れ合い、ゲストの期待を上回る仕事を遂行する。
（3）　常に最高のサービスを提供する。
（4）　すべてのゲストを心から歓迎する。
（5）　妥協せずに最善を尽くす。

*チームワークの基準
（1）　定められた仕事以上のことをする。

（2）協調精神を維持する。
（3）ゲストや同僚と積極的にコミュニケーションを図る。
（4）ゲストに魔法をかけ続ける。

　また、こうした上司の判断だけでなく、キャストの互選による「ディズニー・スピリット賞」があり、受賞者には銀の名札が与えられる（コネラン，1996, 1997, p. 106）。この賞は単に素晴らしいことをしたスタッフを賞賛するという制度ではなく、例えばミスをしたスタッフを助けたスタッフを「ディズニー・スピリット賞」にノミネートできるようになっており、ミスを犯したスタッフを責めるのではなく、それを助けた人を賞賛する仕組みによって職場全体の積極的な雰囲気を醸成するものである（コネラン，1996, 1997, p. 108, cf. レフラー／チャーチ，2015, pp. 178f.）。実に人は給料、手当、保険などの経済的な収入を必要とするのと同様に、称賛や激励、表彰式やパーティーという心理的な収入も必要とし、経済的に報いられると同時に心理的に認められる必要がある（コネラン，1996, 1997, p. 114）。

　経済的にも心理的にもサポートするという姿勢は、例えばゲストに対するキャストの次のような対応にも現れている。アイスクリーム・コーンを手にしたままおしゃべりに夢中になっていた女性がカモメにコーンを突つかれて落とし、多くのカモメが群がったが、それに気付いたあるキャストはアイスクリーム売り場の最前列にその女性を案内し、新しいものを手渡したという。これは単にアイスクリーム代を弁償したという経済的な復旧ではなく、ディズニー・ワールド内での不慮の事故によって不快な思いを抱かせない「サービスの復旧」と呼ばれる心理的な復旧でもある（コネラン，1996, 1997, pp. 199f., cf. レフラー／チャーチ，2015, pp. 210f.）。これは経験の復旧、思い出の復旧とも言えるだろう。

　人間による制御が不可能に近い野生動物によるものではなくディズニー・ワールド側の規則によるトラブルの解決事例として、次のようなものがある。マジック・キングダムのスペースマウンテンで、連れて来た娘がアイスクリーム・コーンを買ったばかりで乗れないことが分かり泣きだす

と、キャストが来て「持っていてあげる、乗り物を降りたら、返してあげるから」と諭したという。そして娘が乗り物に乗って二十分後、待っていたそのキャストはアイスクリーム・コーンを返したのだが、フロリダの夏の午後のこと、キャストは娘に分からないように、乗り物の到着直前にアイスクリームを買い直して待っていたはずだというのである（コネラン, 1996, 1997, pp. 101f.）。

　種々の不具合の発生する現実世界から物語の世界の中に引き込むことによる解決事例は、極めてディズニーらしいと言えるだろう。フック船長のサインをもらおうと列に並んでいた女の子の手前で船長が姿を消したので、父親が近くのキャストに苦情を言うと、交替の手違いで次の船長が出遅れた模様で、償いをしたいと言って家族の宿泊場所を聞いた。そして、家族がホテルに戻ると、少女のベットの上にピーターパンの人形と手紙があり、「ナンシーへ　フック船長がきょうしたこと、ほんとにごめん。あいつね、ぼくにもあんな意地悪をしたことがあるんだよ。気にしないで、またすぐ遊びに来てね。きみの友だち、ピーターパンより」と書かれていて、それを読んだナンシーはピーターパンが本当に空を飛んで来てくれたと思ったそうである（コネラン, 1996, 1997, pp. 198f., cf. リップ, 2013, pp. 240f.）。

　ディズニー社側の責任ではないトラブルの場合にも、ディズニー社は事情を察して可能な限り積極的な対応をする。不治の病の少年がディズニー・ワールドでサインをたくさん集めていたサイン帳をなくしてしまうと、その母親から相談を受けたキャストらは数日探したが見つからないので、滞在最後の日に、聞いた通りの同じサイン帳を買ってきて、そのサインをキャラクターからすべて集めて渡したという。一か月後にディズニー・ワールドにその親から、息子はサイン帳が返って来て一週間後に亡くなったが、亡くなるまで大喜びで繰り返しサイン帳を眺めていたとの手紙が送られてきて、その時に対応したキャストはこの手紙に逆に深く励まされたという（コネラン, 1996, 1997, pp. 115ff., cf. レフラー／チャーチ, 2015, pp. 192f.）。

　上記のような出来事はまれな事例かもしれないが、日常的に礼儀正しい対応がなされていることは言うまでもない。例えば、キャストは「三時の

パレードは何時に始まるんですか」とよく聞かれるらしい。その際にキャストは決して呆れ返ることなくスマイルと共に「はい、予定通り三時に始まります。ですから、三十分前ぐらいに行けば、いい場所をとれますよ」と返答し、どの場所に行けば望みのキャラクターがよく見えるかなど、ゲストが本当に必要としている情報を察知して提示する（コネラン，1996, 1997, pp. 143f., cf. ディズニー・インスティチュート，2001, p. 153; コッカレル，2008, p. 215; スノー，2009, pp. 40ff.; コーバー，2009, pp. 206ff.)。そして、行き先を示す場合、キャストは一本指ではなく二本指で指すことになっているが、それはその方が腕を伸ばし易く、文化によっては一本指が失礼や侮辱になりかねないからだという（コネラン，1996, 1997, pp. 154f., cf. ディズニー・インスティチュート，2001, p. 52; リップ，2013, p. 31)。

また、身長制限のためにアトラクションに乗れなかった子どもに対しては、身長制限をクリアした時に来園すれば優先的にアトラクションに乗れる「未来の証明書」というものが与えられるが（スノー，2009, p. 193, cf. ディズニー・インスティチュート，2001, pp. 160f.; コーバー，2009, p. 139)、これはゲストに対して好評であるだけでなく、再度家族連れのゲストの来園を期待できるという点でディズニー側にとっても大きな利益になっている。こうした関係はしばしば「ウィン・ウィン（Win/Win)」の関係と呼ばれるが（cf. 加賀見，2003, p. 210; 徳，2013, pp. 85f.; 志澤，2015, pp. 64f.)、双方に喜びを与えていることを考慮すると、むしろ「ファン・ファン（Fun/Fun)」から「ファイン・ファイン（Fine/Fine)」への適切な関係と言えるかもしれない。逆にここでディズニー社における最重要規則の安全性確保を破るなら、お互いに罪を犯して「Sin/Sin」の関係に陥り、事故を起こして最悪の事態に至れば、「Whine/Whine」と泣き言を並べることになるだろう。

＊キャストとゲストの肯定的関係と否定的関係
（1）　肯定的関係＝ Fun/Fun から Fine/Fine へ
（2）　否定的関係＝ Sin/Sin から Whine/Whine へ

以上で示したゲスト中心の適切な対応事例すべてに通底する原則は、レフラーらが「ゴールデンルール」に対して「プラチナルール」と呼ぶものである。プラチナ（白金）はしばしばゴールド（金）より高価であることを考慮すると、キリスト教との関係におけるディズニーの自己規定は重要である。

「人生には黄金律（ゴールデンルール）を適用すべきだと言われています。つまり、自分が扱われたいように相手を扱う、ということです。ですが、実際にはこれは正しい理解ではないのです。他の人は、あなたが扱われたいように扱ってほしいと思っていないかもしれません。なぜなら、あなたの好き嫌いは他の人とはまったく違うかもしれないからです。

わたしたちにとってのゴールデンルールは"相手の好みや要望を知り、それに対応する"ことです。これはゴールデンルールの核になるものですから、"プラチナルール"と呼びましょう。プラチナルールの原則は、相手が扱われたいように相手を扱うことです」（レフラー／チャーチ，2015, pp. 72f., cf. ディズニー・インスティチュート，2001, p. 52; コッカレル，2008, p. 55; スノー，2009, p. 177; コーバー，2009, pp. 36ff., 216）。

ゴールデンルールとは、例えば新約聖書のマタイによる福音書七章十二節にある「あなたたちが人々にしてもらいたいと思うありとあらゆることを、あなたたちもそのようにその人々にしなさい」というイエスの教えであり（マタ 7:12, cf. ルカ 6:31）、過剰な積極的倫理と解釈される場合もあるが、してもらいたくないことを人にするなという趣旨の謙虚な消極的倫理もこの七章の前半では説かれている（マタ 7:1-6）。実際にここで「あなたたち」が人々にすべきこととして意図されている内容は、他の聖書箇所も参照しつつまとめると次のようになる。

＊イエスが実践を命じるもの
(1) 単に人が正しいと見なす人の義ではなく神の義（マタ 6:8-13, 33, cf.

マタ 21:22)。

(2)　自分の権威ではなく神の子イエスの名前に基づくもの（ヨハ 14:13, cf. ヨハ 15:7, 16, 16:23-24, ヤコ 1:5-6, ヨハ一 3:22, 5:14-15)。
(3)　自己中心的な要求ではなく複数の人が心を一つにして求めるもの（マタ 18:19, cf. ヤコ 4:3)。
(4)　刹那的な願いではなく永続的な願い（マタ 7:7)。

　新約聖書の背景をなす旧約聖書に基づけば、人々に対する行為は根源的に神への愛と隣人への愛に根差したものでなければならず（レビ 19:18, 申命 6:5, マタ 22:39-40, cf. ロマ 13:8-10, ガラ 5:14)、日常生活において具体的に求めるべきものとして、人々の肉的な命を維持するパンや魚（マタ 7:9-10, cf. マタ 14:13-21)、その霊的な命を維持する神の言葉が挙げられている（マタ 4:4)。したがって、例えば自分が自殺をしたい時に同様にして人々を命ではなく死へと導くのは、神と人に対する全く倒錯した行為である。
　ディズニーランドが少なくともウォルトの明白な設立意図によれば宗教的機関ではなく世俗的機関であることを考慮して、上記の（1）の神の義と（2）のイエスの名前を捨象し、（3）の共同体的位置づけと（4）の歴史的地平という尺度のみにプラチナルールを当てはめてみても、個人的で刹那的な要素を容認する傾向のあるプラチナルールの不十分さが散見されるが、この不十分さを補填するサービスは現実的に表現すれば、ゲストの入園料に対するキャストの履行義務でもある。聖書の場合はゴールデンルールを無償で恵みとして実践することが命じられている点で、聖書とディズニーの間には懸隔の相違がある。したがって、プラチナルールは直接的にはむしろ経済力によって成立する派生的な「ゴールデンルール」であると言えるだろう。現実的に「清潔で安全な居心地のよさを維持する諸システムによって運営されている」ディズニーランドに「アクセスが許されるのは、高額な入場料を支払った者だけだ」ということになるが（長谷川, 2014, p. 33)、この非日常世界への「高額な入場料」を支払うために日常世界で勤勉な生活が送られている場合が多いことも事実である（本書結章第

第三章　ディズニーの知恵

三節)。

　新約聖書におけるゴールデンルールがその中心的な教訓の一つだとすれば、旧約聖書の根本的な教訓は十戒である。モーセを通して与えられた十戒は、神との契約関係に入った人々が下記の対神関係と対人関係を守ることができると教えるものである（出エ 20:1-17, 申命 5:1-22）。

＊対神関係　　　　　　＊対人関係
(1)　唯一神への礼拝　　(5)　父母への敬意
(2)　偶像崇拝の禁止　　(6)　殺人の禁止
(3)　冒瀆の禁止　　　　(7)　姦淫の禁止
(4)　安息日の遵守　　　(8)　窃盗の禁止
　　　　　　　　　　　(9)　偽証の禁止
　　　　　　　　　　　(10)　貪欲の禁止

　これに対して、ディズニー・ワールドのイマジニアだったマーティ・スクラー（Marty Sklar）は、ウォルトらから学び取ったセット・デザインの原則を「ミッキーの十戒」と称して次のようにまとめている（ディズニー・インスティチュート, 2001, pp. 110ff., cf. 大住, 2013, pp. 184ff.; 大畠, 2016, pp. 188ff.）。

＊ミッキーの十戒
(1)　入園者を知る。セットを作る前にそれを使う人について良く理解する。
(2)　ゲストの立場になる。セットは物であっても使うのは人間であることを忘れずに、ゲストの視点で考える。
(3)　人とアイデアの流れを整理する。人の流れを念頭において、セットを物語の順序で構成する。
(4)　魅せるものを作る。ゲストの目と心を奪うものを作る。
(5)　視覚に訴える。言葉だけでなく色や形も使ってメッセージを伝え

る。
（6）　過負荷ではなく刺激を与える。ゲストに必要な時に必要な情報を与える。
（7）　一回で一つの話を提示する。混乱を来さないように一つのセットで一つの大きなテーマを示す。
（8）　矛盾を避けて一貫性を保つ。細部も含めてすべてのセットが組織の全体像を明示するようにする。
（9）　少しの「工夫（treatment）」で大きな「おもてなし（treat）」をする。ゲストの五感に訴える相乗効果のあるセットから最高のものを提示する。
（10）　向上し続ける。自己満足することなく常にセットを整備する。

　時代も状況も当事者も異なる二つの十戒をあえて比較してみると、興味深い点が見出される。モーセの十戒が紀元前十三世紀に隷属の地エジプトから約束の地パレスチナに創造主なる神により導き入れられる人々に対して与えられたものであるのに対して、ミッキーの十戒は人々を夢と魔法の国に導き入れるためにその国の創造者・管理者らに対して与えられたものである。前者が被造物に対して与えられたものであるのに対して、後者は創造者に対して与えられたものである。これはプラチナルールがディズニー側のキャストに対して与えられたものであるのと同様である。
　したがって、ディズニーのパークにおいては、ミッキーの十戒に基づいてイマジニアの建て上げたセットでキャストがプラチナルールを実践していても、専らミッキーの十戒やプラチナルールの受益者の立場にいるゲストからの要求や苦情は尽きないようである。レフラーが実際にディズニー・リゾートでの苦情対応として活用していたL・E・A・R・Nという頭字語によって表される有効なシステムは、次のようなものである（レフラー／チャーチ、2015, p. 214）。

＊苦情対応の五点

第三章　ディズニーの知恵

（1） Listen　耳を傾けて問題点を知る。
（2） Empathize　ゲストに同情して考える。
（3） Apologize　謝罪して責任を取る。
（4） Resolve　迅速に問題解決を図る。
（5） Normalize　事態を問題発生前の通常の状態に復旧させる。

　こうした丁寧な対応はかえってゲストに好印象を与え、結果的にリピーターの獲得に至るという経験則は度々指摘されている。したがって、どのサービス業においても、「苦情を言ってきたのはあなただけですよ」というスタッフの応対は最悪の逆効果となる。レフラーに従って客の立場を代弁するなら、「正しくは、問題点を教えてあげたのはわたしだけなのです。残りの人は、あなたではなく、友人に話したのです」ということになる（レフラー／チャーチ，2015, pp. 189f.）。統計的には一人の客から苦情があった時には潜在的に二十六人の不満受忍者がおり、この二十六人はスタッフにではなく他の人々に不満を述べているのである（レフラー／チャーチ，2015, p. 269）。

　概してディズニーの各パークにおける苦情は、パーク内の種々の規則と個々のゲストによる要望の狭間で生起するが、ゲストの潜在的な苦情を抑制するためにもキャストの自主的対応が勧められている。例えば、「ディズニー・ワールドのゲスト・サービスのガイドライン」には、「規則や規制にしばられすぎず、積極的に行動する」と定められている（ディズニー・インスティチュート，2001, p. 80）。「規則にしばられすぎない」ことという規則があること自体ユーモアがあり興味深いが、これは多くのマニュアルが存在するにもかかわらず、ディズニー社のテーマである「幸せをつくる」という原点に立脚している限り、パーク内でキャストはある程度自由に対応できることを意味する。また、ディズニー社は実際に、「最近、ガイドラインの変更によって口髭が許可されるようになった」などとあるように（ディズニー・インスティチュート，2001, p. 74）、規則の改変に対して柔軟な姿勢を示している（cf. コッカレル，2008, pp. 57ff.）。ちなみに、口髭

が許されたのは二〇〇一年、手入れがされていれば顎髭も可になったのは二〇一二年である（リップ，2013, p. 279）。

　日本のディズニーリゾートにおいても、キャストの満足度が低ければゲストの満足度を高めることはできないという認識は広く共有されている（富田，2004, p. 89; 小松田，2007, p. 20; 志澤，2008, pp. 217ff.; 山内，2010, pp. 117f.; 小松田，2014, a, pp. 54ff.; 福島，2011, p. 157; 鎌田，2012, b, pp. 108f.）。これは一般に経営者が従業員に対するおもてなしを徹底すれば、従業員による顧客へのVIPとしてのおもてなしも（小宮，1989, p. 132; リップ，1994, pp. 66, 169; 山田，2002, pp. 225f.; 糠谷，2012, p. 53; 渡邊，2013, pp. 94ff.; 德，2013, p. 42; 小松田，2014, a, p. 12; 石坂，2014, pp. 90ff.; 志澤，2015, pp. 30f., 56f.; 大畠，2016, pp. 109ff.）、また従業員同士のおもてなしも向上するという現象を意味する。東京ディズニーランド創業に関与したディズニー社のリップが、「特にゲストは誰でもみなVIPであるというサービス面での考え方は、日本人と真っ先に共有できる価値観であるはずだ」と理解しているように（リップ，1994, pp. 66f.）、お客様は神様ですという日本的考え方はディズニー社の価値観と通底している。

　「おもてなし」は「お持て成し」と書くことから、このような現象を「持成（じせい）の移譲」または単に「持成移譲」と呼ぶことにする。この「移譲」という見解はかつて丸山眞男が福沢諭吉から着想を得たものである（丸山，1946, pp. 32f.）。丸山によれば、戦時中の日本の超国家主義は「対外膨張」と「対内抑圧」状態にあった（丸山，1946, p. 14）。それは「職務に対する矜持が、横の社会的分業意識よりも、むしろ縦の究極的価値への直属性の意識に基づいているということから生ずる諸々の病理的現象」として現れ（丸山，1946, p. 27）、次のような分析が施された。

　「……自由なる主体的意識が存せず各人が行動の制約を自らの良心のうちに持たずして、より上級の者（従って究極的価値に近いもの）の存在によって規定されていることからして、独裁観念にかわって抑圧の移譲による精神的均衡の保持とでもいうべき現象が発生する。上からの圧迫

第三章　ディズニーの知恵

感を下への恣意の発揮によって順次に移譲して行く事によって全体の バランスが維持されている体系である。これこそ近代日本が封建社会か ら受け継いだ最も大きな『遺産』の一つということが出来よう」(丸山, 1946, p. 32)。

「持成(じせい)の移譲」とは、このような高圧的な「抑圧の移譲」と は対蹠的に上から謙譲的に持成がもたらされるなら横にも下にも持成の移 譲が起こりうるというものである。「一切の人間乃至社会集団は絶えず一 方から規定されつつ他方を規定するという関係に立っている」とするなら (丸山, 1946, p. 30)、持成移譲は企業の経営者と従業員との間に、さらに従 業員と顧客の間に、従業員同士の間にも発現するだろう。東京ディズニー ランドにおいてスタッフ全員が職階によってではなくお互いに「さん」づ けで呼び合い(志澤, 2000, p. 21; 徳, 2013, p. 95ff.; 石坂, 2014, pp. 128ff.)、ス タッフ一人ひとりに種々の権限と責任を移譲(委譲)して経営感覚を持 たせる風土があるなら(神樹, 2004, pp. 59, 161; 小松田, 2011, b, p. 59; 福島, 2013, pp. 167ff.)、持成移譲は自然な慣行になっているはずであり、その具 体的形態がアメリカのディズニー・ワールドの「ゲスト・サービス熱狂カ ード」や「ディズニー・スピリット賞」に相当する「ファイブスターカー ド」や「スピリット・アワード」であり、ひいてはゲストへの持成移譲が 「サービス・リカバリー」や「ピクシーダスト」と呼ばれる形でも実現さ れる。

ゲストに気づかれることが前提の気配りが「サービス」であるのに対し て、ゲストに気づかれないように気配りすることが「おもてなし」であり (鎌田, 2014, a, p. 100, cf. 鎌田, 2014, a, p. 162; 中村, 2004, p. 37)、さらにこ の「おもてなし」もディズニーにおいて同様にして重要な美徳であるなら、 誰かがこのおもてなしに気づいて賞賛し、共有、拡大する必要がある。こ のおもてなしが物の中に組み込まれている場合は、例えばチャイナボイジ ャーというレストランでは席を取るのに時間がかかる事態を想定して、麺 が伸びにくく製造されているという工夫や(鎌田, 2014, a, p. 15)、各エリ

アで流している音楽が相互に対して騒音とならないようにアドベンチャーランドとウエスタンランドの境目には滝を設置しているという構造を情報共有することができる（鎌田, 2014, a, p. 102）。しかし、人知れずゲストにおもてなしを自主的にしているキャストの演出は、ゲスト本人を除けば周囲のキャストや上司が意識的に見つけ出す必要がある。

　したがって、東京ディズニーランドではキャストの素晴らしいサービスやおもてなしをマネージャーやスーパーバイザー以上の社員が部門の枠を超えて見つけ出し、SCSEに基づくファイブスターカードをキャストに渡すことになっており（山田, 2002, pp. 228f.; 加賀見, 2003, p. 91; 山内, 2010, pp. 136f.; 小松田, 2011, a, pp. 50f.; 鎌田, 2012, b, pp. 113ff.; 鎌田, 2014, a, pp. 53ff.; 鎌田, 2014, b, p. 96; 鎌田, 2016, pp. 95, 131; 安孫子, 2013, p. 103; 徳, 2013, pp. 139f.; 中島, 2013, pp. 63f.; 石坂, 2014, p. 124; 志澤, 2015, pp. 130f.; 山口, 2015, p. 214）、キャストはカード一枚で非売品の記念品がもらえ、五枚集めれば年に二回のファイブスター・パーティーに参加できる（小松田, 2014, a, pp. 94ff.; 小松田, 2015, pp. 164ff.）。

　ファイブスターカードが言わば先輩後輩の縦の絆を作っているのに対して、キャスト同士の横の絆を作っているのが同様にしてSCSEに基づくスピリット・アワードであり、上司からではなく同僚からの表彰制度として（鎌田, 2012, b, pp. 111ff., 115, cf. 山田, 2002, pp. 228f.; 加賀見, 2003, p. 91; 山内, 2010, p. 137; 糠谷, 2012, p. 85; 中島, 2013, p. 64; 徳, 2013, pp. 143f.; 鎌田, 2014, b, pp. 79f.; 石坂, 2014, p. 123; 志澤, 2015, p. 106; 山口, 2015, pp. 213f.）、「気づき、褒め、称え、認め、報いる」という教育理念に従ってキャスト同士がメッセージ交換し、賞賛の多かったキャストを表彰する（小松田, 2015, p. 152）。

　キャストの中でもゲストと接する機会の多いカストーディアルが腰に付けているファンバッグには、「子どものゲストが食べ物を落としたり、風船を飛ばしてしまった際に、新しい商品と無料交換できる」「ピクシーダスト」と呼ばれる金券が入っており、カストーディアルの判断で手渡すことができ、ショップから現物を取って来てあげる場合もある（安孫

子，2011, p. 42）。また、ポップコーンを落として泣いている子には「魔法のカード」をあげて、ポップコーンを売っているお姉さんにそれを渡すと、「今こぼしたポップコーンが、元通りになる」と教え（鎌田，2011, p. 96）、その間にカストーディアルはポップコーンをトイブルームで片付け、戻って来た子には「魔法で元通りになった」と伝える（鎌田，2011, p. 98）。こぼしたポップコーンは「チップとデールが食べにくるから大丈夫です」と慰めてくれる場合もあるという（徳，2013, p. 167）。

　こうした「サービス・リカバリー」は商品だけでなく、落胆したゲストの気持ちも回復させる役割を担っている（鎌田，2011, pp. 99f., cf. 鎌田，2012, b, p. 86; 石坂，2014, pp. 72ff.; 小松田，2015, pp. 4f.）。身長制限のためにある乗り物に搭乗できずに泣いている子に対しては、「未来の『乗車券』」をあげて次回の優先的搭乗を約束し（鎌田，2011, p. 105, cf. 神樹，2004, p. 123; 鎌田，2012, b, p. 87; 香取，2013, p. 102）、身長別に色分けされたリストバンドをあげて、別の所でも再び身長を聞かれて嫌な思いをしないようにという配慮がなされる（福島，2011, pp. 94f.）。

　このようなマイナスの出来事に基づく対応だけでなく、誕生日のようなプラスの出来事に対する対応も徹底しており、キャストはゲストが誕生日だと分かると、「バースデーシール」を貼ってあげ、あちこちのキャストが「ハッピーバースデー」の祝福の声をかける（鎌田，2012, b, p. 86）。誕生日でなくてもキャストはゲストに対して、ゲストが応答しにくい「いらっしゃいませ」ではなく、応答し易い「こんにちは」の挨拶を交わし（小宮，1989, pp. 142f.; 芳中，2004, pp. 81, 85f.; 小松田，2007, p. 64; 安孫子，2011, p. 80; 福島，2011, p. 174; 鎌田，2012, b, p. 79; 糠谷，2012, p. 168; 石坂，2014, pp. 96ff.; 小松田，2015, p. 101）、閉園時間になっても退園を急がせることなく、むしろ逆に温かいコミュニケーションを通して閉園時間までは開園していることを告げる（石坂，2014, p. 87; 志澤，2015, p. 80, cf. 徳，2013, p. 105; 鎌田，2012, b, p. 151）。こうした対応は根源的にホスピタリティとも訳されるおもてなし、つまり、「"自分の良心"の心からの表現であり、その場で求められている"最高で"、本質的に温かさをつくり出す"動き"であ

り、それを自然にさりげなく表現すること」（小松田，2003, p. 107, cf. 小松田，2007, pp. 57f., pp. 77ff.; 小松田，2014, a, p. 131; 小松田，2015, pp. 61f.）の具体例である。

　確かにディズニーランドのキャストはゲストの入場料に由来する給料をもらっている以上、挨拶と笑顔、アイコンタクトとボディランゲージ、身嗜みと接遇は基本であり（福島，2011, pp. 62, 65, 166ff.; 福島，2013, p. 99）、ウォルトも入園者を「ゲストとして扱わなくちゃいけない」、「僕らはなにしろ幸福を売ってるんだ」と力説していたように（トマス，1976, 1994, pp. 302f.）、パーク内でのキャストの言動には最高のマナーが要求される。しかし、日本のおもてなしは経営者から従業員に、従業員から顧客へ、または従業員同士へという関係にとどまらず、従業員から社外の関係者に、一般の地域社会にも向けられる。ディズニーのキャストはボランティアでパーク周辺の公園や道路を掃除しており、これが結果的に地域の人々からの支持を高めるという（福島，2011, pp. 67f., cf. 福島，2011, pp. 72f.）。さらに、このおもてなしの実践は、人から信頼されて人脈が形成されることによって自分自身が成長する機会ともなる（福島，2011, p. 79）。

　こうした波及効果は、下記のように「社内持成移譲」から「職場持成移譲」へ、「職場持成移譲」から「地域持成移譲」へ、「地域持成移譲」から「対社持成移譲」へという流動としてまとめることができるだろう。この最後の「対社持成移譲」とは、会「社」に「対」する地域社会からの持成移譲であり、具体的には地域社会からの好評やディズニーランドへの来園という形で発現し、自己と会社の成長の周期となる。これは中島が指摘する「社会互酬性」と近似した構造である（中島，2017, b, pp. 200ff.）。

　持成移譲の周期も会社と地域の「ファン・ファン（Fun/Fun）」、あるいは「ファイン・ファイン（Fine/Fine）」の関係と言える。このような関係の拡大が国際化の進展と共に、「対外」、「対内」の双方で実現する時、日本のお持て成しの文化に対する高い評価となるだろう。お持て成しは次のように人々の洞察を誘う。「居心地のよさを感じた時、そこには必ず人の『想い』が込められている。使いやすい物に出会った時、そこには必ず人

第三章　ディズニーの知恵

の『手』がかけられている」(鎌田, 2014, a, p. 195)。

＊持成移譲の周期
(1)「社内持成移譲」　　　　　　　(2)「職場持成移譲」
　（経営者から従業員への持成、→　　（従業員から顧客への持成）
　さらに従業員同士の持成）
　　　　　↑　　　　　　　　　　　　　　↓
(4)「対社持成移譲」　　　　　　　(3)「地域持成移譲」
　（地域社会や顧客から　　←　　　（経営者や従業員から
　会社への持成）　　　　　　　　　さらに地域社会への持成）

　こうした移譲が心掛けられていても苦情は発生する。苦情は顧客の認識不足や人間性そのものに由来するものから、他社との比較に基づくものもあれば（小松田, 2007, pp. 175ff.）、同様にして設備や従業員の側の問題とされることもあり（小松田, 2007, pp. 167ff.）、原因の特定が困難な場合が多々ある。したがって、「苦情」を「情報」ととらえて「苦情処理」を「情報処理」とし、臨機応変の処置を施すことが求められる（小松田, 2007, pp. 159f.）。原因が何であれ、真摯な対応はリピート率を確実に高めることにもつながっている（小松田, 2007, p. 160）。「規則ですので」、「禁止されています」、「誰もしていません」という表現は、仮に正しくても顧客に対して逆効果となるのであり、従業員に対する評価は会社自体に対する評価と密接に関係しているのである（cf. 小松田, 2007, p. 181; 鎌田, 2012, b, pp. 152f.）。
　東京ディズニーランドではマニュアル違反が賞賛され、様々な経緯を通して有名になった出来事が幾つも伝えられているが、例えば、ある若夫婦がディズニーランド内のレストランで、自分たちの食事以外に夭折した子の誕生日を記念してお子様ランチも注文すると、事情を理解したキャストが本来は大人には出せないお子様ランチを出してもてなしたという（山田, 2002, pp. 212ff., cf. 鎌田 2012, b, p. 102; 徳, 2013, pp. 5f.; 円堂, 2013, pp. 137f.）。

そして、この「マニュアル違反」が報告されると、東京ディズニーランドではゲストに幸福を提供するという原則の実現として逆に賞賛されたという。このような違反が可能であったのは、そのレストランの店長（リーダー）が現場担当者に、ゲストが喜ぶことなら何でもするように、現場では自分で判断して行動するように、最終的な責任は店長が取ることを覚えておくようにと指導した上で、各担当者に種々の権限を委譲していたためであり（志澤、2015, pp. 47ff.）、マニュアルに抵触する事態が発生する度にいちいち上司に報告して指示を仰いでいては、喜びを提供する貴重な機会を失うのである（山田、2002, pp. 218f.）。

また、東京ディズニーランドの開園初年度に回転木馬に乗せてもらった女性の話もよく知られている（小松田、2007, pp. 73ff., cf. 香取、2013, pp. 174ff.; 濱名、2013, pp. 151f.）。タイトスカート姿のその女性が回転木馬に乗りにくそうにしていると、一人のキャストが自分の膝の上に乗ってくださいと言って雨の中で自分の膝を曲げ、女性を回転木馬に乗せてあげたのだが、これもマニュアルにはない臨機応変の対応である（小宮、1989, p. 147）。

ちなみに、松岡圭祐『ミッキーマウスの憂鬱』（2005年）という小説は、東京ディズニーランドにおいてマニュアルを守ること以上に同僚やゲストのために働くことの重要性をテーマにしており（松岡、2005, pp. 244f., cf. 松岡、2005, pp. 144, 187, 210ff.）、「夢は見るものではなく、与えるものだと割りきることのできた人々の集まる裏舞台」で働く一人ひとりが（松岡、2005, p. 170）、「ここが魔法の世界でないってことがわかったから……、すべてが手作りだってことが嫌というほど理解できたから、僕たちが支えてなきゃいけない」という働き甲斐を自己発見的に認識していく物語である（松岡、2005, p. 152）。

一般的に規則に縛られすぎず自由に積極的に振る舞うことは、十戒に限らず多くの律法が存在していたにもかかわらず、ユダヤ教社会の中で旧約聖書の中心的テーマである神と隣人への愛という原点に立脚してイエスがかなり自由に振る舞っていたことを想起させる。実際に当時イエスは、仕事をしてはならないはずの安息日に空腹の弟子たちが麦の穂を摘んで食べ

ることを容認したり、病める人々を自ら癒すなどして厳格な律法主義を信奉する周囲のユダヤ人から度々非難されていた（マタ 12:1-14, cf. ヨハ 5:1-18, 7:23, 9:1-17）。こうして、形式に過度にとらわれず実質を重んじるイエスのこのような脱律法主義的な言動はやがてキリスト教を生み出していった。

第三節　演出（Show）

　第一節の「安全」は「命」の問題であり、第二節の「礼儀」は「心」の持ち方であるなら、この第三節の「演出」は「姿」の見せ方であると言えるだろう。

　「演出（Show）」とはパフォーマンスであり、ディズニー社はパフォーマンス文化の確立に余念がない（ディズニー・インスティチュート，2001, pp. 91ff.）。特に、キャストは「一度しかつくれない」第一印象を大切にすることが求められており（ディズニー・インスティチュート，2001, p. 67, cf. 神樹，2004, p. 39; 糠谷，2012, pp. 170f.）、素晴らしいサービスを提供する際の次の三つの「ハイ」による相乗効果において中心的役割を担っている（ディズニー・インスティチュート，2001, pp. 190f.）。

＊サービスにおける三つのハイ
（1）　ハイタッチ（High-touch）。多くの人々は人と人とのかかわりの中に喜びを感じるため、写真を撮ってあげたり、案内をしてあげたり、様々な形でキャストはゲストと交流する機会を積極的に持つ（cf. コッカレル，2008, p. 130）。ちなみに、本来は「ハイファイブ（High-five）」と表現されるべき「ハイタッチ（High-touch）」は和製英語であるが（竹林，2002, p. 1159）、ディズニー・インスティチュートによる当該書籍の英語原本でも「ハイタッチ（High-touch）」が使用されており、英語圏でも定着しているようである。
（2）　ハイショー（High-show）。豪華な建物やセット、イルミネーション

や花火、キャラクターの容姿やキャストのコスチュームは、ゲストに鮮明な印象を与えるためのものである。
（3）ハイテク（High-tech）。最先端技術は自動券売システムやジェットコースターの走行技術、ゲスト・コントロールやセキュリティ・システムなどで駆使されている。

こうした演出に浴しているゲストは、ディズニー用語で表現するなら、「妖精の粉（pixie dust）」によって魔法をかけられているのであり（ディズニー・インスティチュート，2001, p. 8, cf. Fjellman, 1992, p. 273）、一般の言葉で表現するなら手品に魅せられているのである。手品は人の錯覚や先入観に依存しつつ、極めて高度だが全く現実的な手段と手順に基づいて人に幻想の影を与え、しかも人に深い感動と喜びを与える（ディズニー・インスティチュート，2001, p. 7, cf. コネラン，1996, 1997, p. 175）。これもジングルの法則に含まれる（本書第二章第三節）。但し、手品の場合、人は手品師の道具や手先に見入るが、ディズニーのパークはすべて逆に人を見守るように包み込んでいる点で圧倒的な魔力を持つ。ディズニーランドは言わば大きな手品なのである。

このようなディズニー・ワールドは巨大なテーマパークであり、ショーもキャストもアトラクションも最上でなければならないとされているが、細部に対する非常に丁寧な配慮も施されている（ディズニー・インスティチュート，2001, p. 16; コーバー，2009, pp. 17ff.; レフラー／チャーチ，2015, p. 175, cf. 山内，2010, pp. 79f.）。例えば、マジック・キングダム内のメインストリートのヒッチング・ポストと呼ばれる「馬をつなぐ杭」の上部は必要なら閉園後に取り外して繰り返し塗り直され（コネラン，1996, 1997, pp. 37f.; スノー，2009, pp. 135f.）、メリーゴーランドの金色の部分はペンキではなく23金の金箔が使われている（コネラン，1996, 1997, p. 72）。また、「大統領の殿堂」の大統領らの服はゲストには見えなくても、昔の方法で生地を織って手縫いをし（コネラン，1996, 1997, pp. 70f., cf. 芳中，2004, p. 93）、ワゴンの制服は各ランドのテーマに合致したものになっている（コネラン，

第三章　ディズニーの知恵

1996, 1997, p. 76)。こうした配慮は、キャストの「すべての人が、語りかけ、歩み寄る」ように（コネラン，1996, 1997, p. 50)、パーク内の「すべての物が、語りかけ、歩み寄る」ように設計され配置されているからである（コネラン，1996, 1997, p. 71)。

巨大な組織が微細な領域に至るまで配慮を惜しまないという姿勢は、スタッフなら誰でも肩書きやポストにかかわらず、パークでゴミを見つけたら全員が拾うという点にも現れている（コネラン，1996, 1997, p. 57, cf. コーバー，2009, pp. 108ff.; リップ，2013, pp. 238f.)。アイズナーはディズニー社の最高経営責任者として年収五千万ドルを稼いでいた時、一番大事な仕事は何かと聞かれて、パーク内の「ゴミを拾うこと」と答えたという（レフラー／チャーチ，2015, p. 64, cf. Wasko, 2001, a, p. 96; コーバー，2009, p. 50)。ディズニーのスタッフは誰かに自分の仕事を尋ねられると、例えば、「ディズニー・ワールドで働いています」としばしば答えるが、これは多くの場合アメリカでは自分の職種を答えることとは対照的であり、自分が務めている会社への帰属意識が高いことを示している（スノー，2009, p. 144, cf. スノー，2009, p. 155)。この点は日本的な会社帰属意識と近いと言えるだろう。ディズニーのパークにおいて、スタッフは誰であってもどの担当部署であってもゴミを拾うという慣習はこの会社帰属意識と深く関係しているだろう。

また、ゲストがゴミを捨てないように、エリアごとに色の異なるゴミ箱は二十七フィート（約八メートル）間隔で設置されており（ディズニー・インスティチュート，2001, p. 17, cf. レフラー／チャーチ，2015, p. 42)、午前零時から朝の八時までの第三シフト組は業務用パワーホースでオンステージのすべての通りやエリアを文字通り洗い流すことになっている（レフラー／チャーチ，2015, p. 65)。

細部に対する配慮は遊びの要素とも通底している。パーク内にはアトラクション、ショップ、リゾートなどの至る所にいわゆる「隠れミッキー」が少なくとも一つは潜んでいるが、これはイマジニアたちが内輪受けを狙って遊び心で始めたという（コネラン，1996, 1997, p. 195)。例えば、イ

ッツ・ア・スモールワールドのカンガルーの赤ん坊の耳が映し出す影、メインストリートの馬のブラインダー、スプラッシュ・マウンテンの最後の雲の形などはミッキーの形をしている（コネラン，1996, 1997, p. 196）。また、メインストリートの商店二階の窓ガラスに記されている幾つもの会社名は、ディズニー・ワールドの土地を買収する際にディズニー社が買い占めていることを伏せるために作り上げた会社名であり（コネラン，1996, 1997, pp. 148, 173, 184）、同じ通りの「ウォルト・E・ディズニーズ・アイスクリーム・コーナー」という看板だけが数多くある看板の中で、シンデレラ城の方に向けられている（コネラン，1996, 1997, pp. 148f.）。

　ウォルトが映画製作時から、人を感動させるのは大自然、完璧に作られたもの、人と人とのコミュニケーションであり、なかでも一番は人と人とのコミュニケーションであると考えていたように（小松田，2011, b, p. 29, cf. 小松田，2014, a, pp. 21, 76, 140）、日本のディズニーランドにおいても人と人との触れ合いは重視されている（鎌田，2012, b, pp. 141, 184, cf. 山田，2002, p. 178; 小松田，2007, p. 27; 糠谷，2012, p. 167）。これは単にキャストからゲストへのコミュニケーションの問題ではなく、ゲストからキャストへのコミュニケーションの出来事でもある。つまり、キャストこそゲストに幸福をもたらす中心的な役割を担っていると同時に（福島，2013, p. 41）、逆にゲストは直接そのようなキャストに感謝の言葉を返したり、後にお礼状を送るなどして、キャストに魔法をかけているのである（安孫子，2011, p. 177, cf. 山田，2002, p. 231）。このような相互の直接的なおもてなしは、社内持成移譲から職場持成移譲、地域持成移譲、対社持成移譲へ、そして社内持成移譲へと至る長期的で間接的な周期とは対照的に（本書第三章第二節）、瞬時または短期的で直接的な「相互持成移譲」と言えるだろう。キャストの醍醐味は実にこの「直接的相互持成移譲」にある。

　おもてなしの発現は至る所で見られるが、「毎日が初演」という合い言葉は（小松田，2011, a, pp. 46f.; 鎌田，2012, b, p. 25; 鎌田，2014, b, p. 55; 濱名，2013, p. 59; 志澤，2015, pp. 58f.）、単にキャスト自身の心身状態だけではなく、舞台の状態も初日のように新品同様でなければならないことを示しており

第三章　ディズニーの知恵

（安孫子，2011, p. 56）、毎夜ホースで全域を水洗いする東京ディズニーランドでは（渡邊，2013, pp. 52f.）、地面は「赤ちゃんがハイハイできるレベル」である（安孫子，2013, p. 135, cf. 濱名，2013, p. 46）。アメリカにはない仕組みとして日本では、オンステージとバックステージの境界には目隠しが置かれ、S字通路があり、出入り口には身嗜みを確認するための鏡がある（安孫子，2011, p. 125; 濱名，2013, p. 59; 山口，2015, p. 82）。身嗜みは男子の場合、髪の毛が耳にかからないように定められており、あるキャストは上司から違反した「髪の毛を切って来るか、耳を切って来るか、どちらかを選択して来い」というユーモア含みの注意を受けたという（香取，2002, p. 124, cf. 小宮，1989, pp. 137ff.; 志澤，2000, pp. 179f.; 山内，2010, pp. 140ff.; 糠谷，2012, p. 171）。

また、オンステージの汚れに鈍感にならないように、常にバックステージ内の美観も保つという（安孫子，2011, p. 127, cf. 安孫子，2013, pp. 155f.）。この点においてもバックステージのキャストの役割は大きく（福島，2011, pp. 53ff.）、アメリカのディズニー関係者が来日した際、「『おもてなし』が体現された東京ディズニーリゾートのパークを『世界で最も綺麗で美しい』とさえ称している」のはもっともなことである（鎌田，2014, a, p. 6）。

通常なら最も汚れ易いトイレに対する清掃も徹底しており、日本のカストーディアルを指導したチャック・ボヤージンが「まるで我が子を抱きかかえるように便器を勢いよく磨き始めた」姿は（鎌田，2011, p. 3, cf. 鎌田，2011, p. 138; 鎌田，2012, b, pp. 37f.; 小宮，1989, p. 205）、「トイレの汚れだけではなく、私たちが持っていた、清掃という仕事に対する抵抗感や劣等感のようなものまで洗い流してくれた」という（鎌田，2011, p. 4, cf. 志澤，2000, pp. 159ff.）。掃除に対するこのような意識改革は、「汚れているからするのではなく、汚さないためにする」という形でも表現されており（鎌田，2011, p. 142, cf. 安孫子，2011, pp. 38, 168; 安孫子，2013, p. 137; 鎌田，2012, b, p. 156）、構造的にごみ箱は程好く設置されてはいるものの（山口，2015, p. 87, cf. 大住，2012, p. 46; 大住，2013, p. 125）、汚したりゴミを捨てたりすることを躊躇させるほどパークを綺麗にする点で、カストーディアルは正

に清潔さを「保護（カストディ）」する（福島、2010, p. 167, cf. 神樹、2004, p. 207; 大住、2013, p. 126; 安孫子、2013, p. 32）。そして、さらにはこうしたおもてなしを通してゲストの心も浄化して、ゲストの清い心も保護するのである（鎌田、2012, b, p. 127）。ちなみに、人が汚い物を余計に汚くしてしまい、壊れたものを余計に壊してしまう習性は「割れ窓理論」として知られており、逆にこれは清潔な状態で保たれている物をそのまま維持しようとする習性とも言える（cf. 神樹、2004, p. 207; 安孫子、2013, p. 137; 山口、2015, p. 86）。

さらに、パレードの小さな紙吹雪までがミッキーの形をしているように（神樹、2004, p. 56）、東京ディズニーランドでも「隠れミッキー」が見つけ出されるが、それだけでなくミッキーは作り出されもする。あるキャストはお釣りが七百円の時、五百円玉をミッキーの顔に見立てて百円玉二枚を耳の位置に置き、ゲストに「どうぞ」と返したことで大きな喜びが返って来たという（志澤、2015, p. 63, cf. 小松田、2014, b, p. 38）。キャストがゲストの写真を撮る際に「ハイ、ミッキー」と声をかければ（石坂、2014, p. 21）、イー終わり発声によっては口角の上がった笑顔が自然と作られる。

雨が降ってパレードが中止になり子どもが泣き始めた時、雨上がりに一人のカストーディアルが水たまりにほうきの柄をつけてミッキーマウスの絵を地面に描くと、その子は泣きやんだというのは二〇〇六年の有名な出来事であり、これもマニュアルにはないカストーディアルの自己判断の対応である（鎌田、2014, b, p. 171, cf. 大住、2012, pp. 93f.; 香取、2013, pp. 45, 178; 鎌田、2013, p. 73; 鎌田、2014, b, pp. 172f.; 渡邊、2013, pp. 56f.）。こうした遊び心は落ち葉や花弁で地面にミッキーを描く形でも現れ（山口、2015, p. 90, cf. 安孫子、2011, p. 171; 新井、2016, p. 77）、今やこのアイデアはアメリカでも採り入れられ、ゲストサービスの主役にまでなっているという（安孫子、2011, p. 172, cf. 安孫子、2013, p. 187）。ちなみに、ダッフィーはミニーがミッキーに贈ったぬいぐるみというストーリーも日本で作り出されて人気となり、香港のディズニーランドやアメリカのウォルト・ディズニー・ワールドへと飛び火していったという（渡邊、2013, pp. 158f.）。越境的な遊び心

第三章　ディズニーの知恵

は、ゲストにもキャストにも経営者にも「独特の喜び」を与えるものである（加賀見，2003, p. 252）。

第四節　効率（Efficiency）

　第一節の「安全」は「命」の問題であり、第二節の「礼儀」は「心」の持ち方であり、第三節の「演出」は「姿」の見せ方であるなら、この第四節の「効率」は「技」の使い方であると言えるだろう。

　これらの四点は相互に深く関係している。例えば、アトラクションでもショップでもレストランでも事故により安全性が著しく失われると、礼儀に基づく演出は不可能になって復旧に至るまで稼動効率が最悪になり、事故がない場合でも機械的な効率中心主義は礼儀のない演出として不評を買い、結局は収益悪化につながる。すると、集客回復のための対策をさらに講じる必要が出て来ることになり、それでは効率が悪いと言わざるをえないだろう。逆に安全、礼儀、演出という三点が徹底されていれば、効率は自然に達成されるため（リップ，2013, p. 150）、ディズニーランドではハード面の設備整備やソフト面の人材研修とこれらを併せた総合的な対策がゲストに関する研究と共に練られている。

　設備の建築に主要な役割を果たすのはイマジニアであり、この作業チームはまず「青天井セッション」と呼ばれる制限のない会議で計画を立てる際に、コンセプトの大枠、次に中身のアイデアを網羅的に検討し、最高のアイデアを選んでから設計図作成、そして建築開始となる（コネラン，1996, 1997, p. 44, cf. 渡邊，2013, pp. 173ff.; 大畠，2016, p. 121）。これは「会議などで各人が自由にアイデアを出し合って行う問題解決」として知られる「ブレインストーミング（brainstorming）」であり（竹林，2002, p. 306）、この特徴を最大限活かした意思決定のようなものだろう。

　こうして、アトラクション自体が魅力的なものに仕上がらなければならないが、ゲストの体験が自然でスムーズなものとなるようにするために（cf. レフラー／チャーチ，2015, pp. 220ff.）、細部に至るまで丁寧な配慮が

なされている。例えば、ディズニーランドの園内では誰もが無理なくそぞろ歩きできるように、直角にカーブしている舗道は一つもなく、小さい子どもが背伸びをしなくても中をのぞけるように、建物の窓は低い位置に設置されている（リップ、2013, pp. 35f.）。体の不自由なゲストに対しても可能な限り他のゲストと同じ方法でサービスが利用できるようにゲストアシスタンスのカードが用意されており、例えば目の不自由なゲストにはオーディオツアー、耳の不自由なゲストには無線音響増幅器や手話によるパフォーマンスなどが準備されている（ディズニー・インスティチュート、2001, pp. 161ff., cf. Fjellman, 1992, pp. 200f.）。

　このように、老若男女のあらゆる状況に対応するために、ディズニー社はゲスト学なる「ゲストロジー（guestology）」に真剣に取り組んでいる。ゲストロジーとは「市場顧客調査を意味するディズニー用語で、ゲストがどのような人々か、何を期待してディズニーのテーマパークにやってくるのかを知るためのもの」であり（ディズニー・インスティチュート、2001, p. 33）、ゲストの性別、年齢、居住地、交通手段、消費行動、グループ構成に基づく「人口統計（demographics）」とゲストの必要、欲求、先入観、感情に基づく「心理的統計（psychographics）」から成り立っている（ディズニー・インスティチュート、2001, pp. 37ff., cf. コッカレル、2008, pp. 216f.）。この研究はゲストの期待を超えるサービスを効率的に実現するためのものであり、単にゲストの期待に応えるためのものではない。

　ウォルトは一九四〇年代に「プラスすること（plusing）」という言葉を作り出し、代価や期待、義務や必要以上のものを個々のゲストに提供する重要性を説いたが（ウィリアムズ、2004, p. 181, cf. トマス、1976, 1994, p. 304;Disney, 1994, p. 36）、下記のようにゲストの期待を超えるサービスは感動を与えることができるが、期待どおりだと単なる満足であり、期待以下だと不満となる。

＊ゲストの期待とサービスの関係
（1）　ゲストの期待＋アルファー＝感動

（2）　ゲストの期待±ゼロ　　　＝満足
　（3）　ゲストの期待－アルファー＝不満

　言うまでもなくディズニー社は（1）の「感動」に照準を定めており、これはキャストがマニュアルをどう活用するかという問題でもあり、この三種類の等式は、「ゲストの期待」を「マニュアル」と置き換えても成立するだろう。ゲストロジーに基づいてマニュアルが精査されているからである。一般に客は「顧客 customer」と表現されるが、ディズニーでは「ゲスト（guest）」であり、場合によってはその重要性を鑑みて大文字で「ゲスト様（Guest）」と表現される（コーバー，2009, p. 26）。したがって、『美女と野獣』（一九九一年）でも使用された歌「ようこそお客様（Be our Guest）」は、ゲストを歓迎する時の表現（Be my guest）の「私の（my）」を「私たちの（our）」に、「ゲスト（guest）」を「ゲスト様（Guest）」にするという二重の意味で丁寧な変形であり（cf. 竹林，2002, p. 1089）、キャストが一日につき平均六十回以上接するゲストに対するおもてなしこそ（コーバー，2009, p. 226）、ディズニー社の最優先事項である安全と同様に最重要課題でもある。「ゲスト（Guest）」に対しては「ベスト（Best）」を提供しなければならないと言えるだろう。

　概して「世界の一流企業は、売り上げの五パーセントから六パーセントを社員研修に使っている」のであり（コネラン，1996, 1997, p. 159）、そうしたスタッフによるベストなおもてなしはゲストをリピーターに変える魔法の力を発揮する。最近では「アンバサダー（ambassador）」という表現も使用されるようになってきており、ゲストをファンに、ファンをリピーターに、リピーターを「アンバサダー」に変える努力と工夫が求められている（レフラー／チャーチ，2015, p. 116）。本来「アンバサダー」は各国の政府を外国赴任地で全権代表する「大使」を意味するが（竹林，2002, p. 77）、言わばゲストがディズニーランドを代表して行く先々で他の人々にも宣伝するようになれば、最も効率の良い集客業務が遂行されることになる。能登路の言及するディズニーランドの「ありがたさを広く世に伝える有力な伝

道者」（能登路，1990, p. 206, cf. 山内，2010, p. 114; 德，2013, p. 180）という表現も、一般に良い意味で使用される場合の「口コミ」もこのアンバサダーにほかならない（cf. 福島，2011, p. 30）。

アメリカでは、大使と同じように世界を飛び回っているキャビン・アテンダント（Cabin Attendant）の評判が特に良い航空会社があり、そのCAらは搭乗客の耳を自然に傾けさせるユーモアに富んだアナウンスで知られ（スノー，2009, p. 112）、目的地に着陸すると機内一同がその到着を祝って拍手する慣習があるという（レフラー／チャーチ，2015, p. 51）。

ゲストに対するベストな対応が安全の確保と同様に重要であるのに対して、逆にこのゲストに対する不適切な対応は事故にほかならないと言えるだろう。自然災害や人的大事故でさえない場合においてスタッフのほぼ全員が適切な対応をしていても、一人のスタッフが、あるいは一人のスタッフが一点において極めて不適切な対応をするなら（cf. マタ 5:19, ヤコ 2:10）、ちょうど読者が名小説の大団円に差し掛かった所で意味不明な誤植に出くわした時の状況のように、上昇気分を停滞させて否定的な反応が周囲にも揺曳するだろう（cf. コネラン，1996, 1997, pp. 120f.）。

また、極めて不適切な対応でなくても、一般的に言って仮にマニュアル通りだとしても、リップによると、「客に何かを言われたとき、従業員が『上の者に聞いてみませんと……』としか答えられないようでは、組織として情けない状態だと言わざるを得ない。具体的にはこういうことだ。起こりうる問題を想定し、対応を話しあっていない。問題解決のための戦略が用意されていない。従業員が信頼されていない」（リップ，2013, p. 242）。ある顧客満足の調査によると最も重要な要因は、現場のスタッフが「ゲストからの質問に答えられるスキルだということが判明している」のである（スノー，2009, p. 150）。

さらに、ゲストからの評判が良くなり、良くなり過ぎると今度は例えばアトラクションの行列という嬉しい悲鳴を上げざるをえない事態に遭遇する。これはリッツアの指摘する「合理性がもつ非合理性」という現象である（本書第二章第三節）。アトラクションであれショップであれレストラン

第三章　ディズニーの知恵

であれ、待ち時間が長すぎるという不満に効率的に対処するには、次のような方策が考えられる（ディズニー・インスティチュート，2001, pp. 145ff., cf. Fjellman, 1992, pp. 205ff.; 神樹，2004, p. 39; コーバー，2009, pp. 161ff.）。

＊ゲストの不満に対する効果的対策
(1) 商品とサービスの工程の最適化。滞在客などの一部のゲストのみに、または一部のエリアのみを早めに開始したり、逆に全体的に遅く終了したりする。
(2) ゲストの流れの最適化。各アトラクションの混雑状況、推定待ち時間を各所で知らせたり、コンピューター制御に基づくファストパスによって待ち時間に買い物や別のすいているアトラクションを楽しませるシステムを構築する。ちなみに、ファストパスはキャストの声から生まれたものである（糠谷，2012, p. 220）。
(3) 列に並ぶ経験の最適化。上記の（1）や（2）にもかかわらず、行列が発生する場合は、スタッフによるエンターテインメントやテレビモニターによる先行ショーなどで待ち時間の演出化を図る。

以上のような対策を多々講じていても営業の不振や失敗は起こりうるものであり、そう言う時にこそ失敗は新しいことに挑戦している証拠であることや、環境や条件の相違によって成功しない場合があること、また大成功のみの企業はその副作用として自信過剰と自己満足に陥って思わぬ罠に陥る可能性があることを考慮する必要がある（コネラン，1996, 1997, pp. 117f.）。実に、過半数の人がより良いサービスを受けるためにはより多く支払いをしてもいいと思っていることを考慮すると（レフラー／チャーチ，2015, p. 80）、成功失敗にかかわらず、いつ何時でも企業は予算を組んでゲストロジーによるサービス改善に積極的に取り組まなければならないのである。

近年全般的にリサイクル経済が見直されているが、サービス改善のための積極的な対策を講じる際に着目されているテーマは経験経済である。

概してアメリカや日本の現代経済システムが効率的な商品生産を重視する「産業経済」から、サービスを同時に提供して商品価値を高める「サービス経済」を通り越していることを考慮すると、今や消費者に良い経験を提供する「経験経済（experience economics）」に移行することで活路が開けるという（cf. ディズニー・インスティチュート，2001, p. 11; 粟田／高成田，2012, p. 281; 粟田，2013, pp. 99, 221f.）。種々の情報を様々な方法で集めている「顧客が比べるすべての企業が競争相手」となる現在（コネラン，1996, 1997, p. 34)、消費者が求めるのは消費を通して記憶に残る良い思い出作りであり、企業は競争相手との差異化を図るなら、それを独特の形で提供する必要がある。

パインとギルモアの著した『経験経済』によると、農業経済の次に主流となる産業経済は十八世紀後半から産業革命によって大量生産が可能になったイギリスを中心として開始され、先進国では日常的商品の均霑と共に一九八〇年頃からサービス経済へ移行し、二十世紀末からは経験経済への転換が必要とされているが、消費者に良い経験を与える「舞台設定者（stager）」として一九五五年開園のディズニーランドはこの経験経済の先駆けであるという（パイン／ギルモア，1999, pp. 7, 13, 21, 74, 267）。経験を鮮明にする四つのE、「娯楽（Entertainment）」、「教育（Education）」、「脱日常（Escape）」、「美的（Esthetic）」の四要素を含む点で（パイン／ギルモア，1999, pp56ff., cf. 粟田／高成田，2012, p. 283）、確かにディズニーランドは経験経済の名に値する。ゲストは楽しみ、学び、気分転換をし、美に包まれるからである。

ボードリヤールは、商品を消費する目的が道具として自分のために機能的に利用することから、デザインやブランドなどの記号として他者とのコミュニケーションを図ることに移行している点を指摘したが（ボードリヤール，1968, p. 246; ボードリヤール，1970, pp. 97, 121, 167, cf. 粟田／高成田，2012, pp. 265f.; 粟田，2013, pp. 204f.）、このように広義での商品価値が機能的価値から記号的価値へと移行しているとされるなら、さらに現代の経験経済では「記憶的価値（mnemonic value）」が重視されていると言えるだろう。

経験経済によると、人は「モノより思い出」の経験を重視して記憶に残る経験に価値を見いだすからである（粟田／高成田，2012, p. 279）。

アメリカではイマジニアを中心とするブレインストームによって効率的に新しい企画が生まれるが、日本のディズニーランドでキャリアを積んだコンサルタントは、知恵とお金だけでなく様々な部門の人々を集めるチームワークの重要性を説いている。確かに、ウォルトの近くで仕事をしていたスタッフが「『これはできない』という言葉をぜったい使わないことを学んだ」ように（トマス，1976, 1994, p. 278）、日本においても「できない」と言うのではなく具体的に「何ができるか」という知恵を出すことが企画を促進させ（福島，2011, p. 91; 福島，2013, p. 75, cf. 志澤，2015, p. 165）、実際に東京ディズニーリゾートでは一つのアトラクションに数百億円という大枚を投下しているものもある（安孫子，2011, p. 219）。

そして、業種別に労働組合が分かれているために部門間の仕事のオーバーラップが不可能であるアメリカに対して、そうした問題のない日本は職種間のオーバーラップがあるため（安孫子，2011, pp. 118f., cf. 志澤，2015, p. 164）、トップを含む管理職から現場のスタッフに至るまでチームワークを組んでブレインストームができると、トップダウンとボトムアップの相乗効果によって効率の良い結果が生み出せるはずであるという（小松田，2015, pp. 94ff.）。こうしたオーバーラップは持成移譲と相俟って、カストーディアルが東京ディズニーランドの敷地でなくても舞浜駅周辺を含めて清掃することや（安孫子，2011, pp. 118f.）、カストーディアルのシフトを時間的・場所的に他のシフトとオーバーラップさせることで清掃漏れが発生しないようにする「継続多重清掃」にも発現している（安孫子，2013, p. 173）。

東京ディズニーランドには三百種類の職種別の「標準作業手順（Standard Operating Procedure）」というマニュアルがあり、身嗜みから接客法まで約四百種の行動指針が定められている（富田，2004, p. 49, cf. 志澤，2000, pp. 32, 62; 小松田，2003, pp. 173ff.; 濱名，2013, pp. 46, 89, 144ff.; 粟田，2013, p. 46）。一般的な組織論によると、スタッフの上位二割は優秀な指導者的集団、中位六割は平均的集団、下位二割は指導を必要とする集団であり、この下

位二割が削減されても残りの八割の中に再び下位二割の集団が発生するが、そのマニュアルは下位の集団でも全体の六割の仕事がこなせるように作られているという（大住，2013, pp. 43ff., cf. 糠谷，2012, pp. 40f.）。

別の一層辛辣な区分では「じんざい」には、会社の財産である優秀な「人財」、成長意欲があって即戦力になる「人材」、平均的な「人在」、会社にメリットをもたらさない「人罪」があり、一般の会社は「人材」を採用して「人財」にしようするが、ディズニー社は応募してくれたあらゆる「人在」を「人財」に教育するマニュアルがあるという（糠谷，2012, pp. 22ff.）。ここで「人罪」は「人済」と言い換えられるかもしれないが、いずれにせよ難しい存在である。

しかし、サービスに関するマニュアルはゲスト別、状況別には存在せず（鎌田，2014, b, p. 86, cf. 安孫子，2013, pp. 77f.; 小松，2014, a, p. 12）、個々のゲストの状況に応じた感動を与えるための徹底したゲストロジーが主要課題となっている（鎌田，2012, a, p. 8, cf. 鎌田，2014, b, pp. 84f.）。全体的に東京ディズニーランドのゲストは景気が悪い時ほどリピート率が高くなり（鎌田，2014, b, p. 21）、アメリカでは家族連れが多く男女比は半々なのに対して、日本は「三つの7割の法則」と呼ばれる女性7割、成人7割、首都圏在住者7割の原則があり（安孫子，2011, p. 136; 山口，2015, pp. 174f.）、当然のことながらゲストの経験が価格を下回れば「不満足」、必要が満たされると「満足」、期待を超えると「感動」が生まれる（鎌田，2014, b, pp. 144f., cf. 山田，2002, p. 210; 山内，2010, pp. 19f., 42; 大畠，2016, pp. 36f.）。

しかし、感動は陳腐化や食傷を招きかねないため、効果的にリピーターを生み出すためには単に営業マンの増員やマーケティングの見直しよりも、むしろ毎回新しい喜びや驚きの感動を個々のゲストに与え続ける工夫が必須である（鎌田，2012, b, p. 194, cf. 河野，2003, p. 80; 鎌田，2014, b, pp. 13, 17, 151f., 190; 安孫子，2013, p. 55; 渡邊，2013, pp. 90ff.; 大畠，2016, p. 184）。「ディズニーで嫌な思いをすることってほとんどない」という一般的認識を考慮すると（鎌田，2016, p. 167）、ゲストに不快な思いをさせることは論外である。

第三章　ディズニーの知恵

また、「流行（Trend）」の最後は「終わり（end）」であり（大畠 2016, p. 182）、そういう結果をもたらさないように、昔から「商い」は客が「飽きない」仕組みを作ることが鉄則であると言われている（糠谷，2012, p. 248）。商品は視覚に訴える Show 品でもあることは（小宮，1989, p. 182）、「店の物」が「見せ物」と語源的に同じであるように（前田，2005, p. 1060）、第一印象が重要であるということである。さらには、単なるアンケート分析よりも現場で実際にゲストの声に耳を傾け、雰囲気や仕草や表情から「マニュアル的な『形式知』ではなく、勘や直感としてあらわれる『暗黙知』」を地道に読み取って活用することが最終的に効果的であると分析されている（鎌田，2014, b, p. 88, cf. 鎌田，2014, b, pp. 148f.; 糠谷，2012, pp. 220f.）。

　ゲストに気づかれることが前提の気配りが「サービス」であるのに対して（本書第三章第二節）、ゲストに気づかれないように気配りすることが「おもてなし」であるとするなら（鎌田，2014, a, p. 100, cf. 鎌田，2014, a, p. 162）、また日本においてサービスよりもおもてなしが重視されるなら（福島，2011, pp. 39ff.）、このおもてなしこそ「暗黙知」に対するさり気ない応答であり、新開発のお土産用セット商品の販売時には「小分け用袋」を入れてゲストの友人への宣伝効果を図ったり、お土産の箱を別用途にも再利用できるようなデザインにする工夫もなされている（鎌田，2012, b, pp. 146f.）。

　アトラクションでは行列にプレショーを前座的に提示してメインショーへと導入したり（芳中，2004, p. 103, cf. 河野，2003, pp. 40f.）、行列を意図的にジグザグにしてゲスト同士が対面できるようにしたり（芳中，2004, p. 107）、様々な出会いをさり気なく演出するなど、そこには行列でしか見ることのできない光景がある（cf. 神樹，2004, p. 39）。また、一般のファーストフードとは異なり、ディズニーランドのファーストフードのレジはカウンター上ではなく、より手前にあり、事前に注文や会計を済ませることで品物を出すまでの時間を短縮し、ゲストも徐々に前に進んで行くので待たされる気がしないという（芳中，2004, p. 125）。一日を終えてディズニーホテルに戻ると、ベッドメイキングキャストの粋な計らいで、置いていった

ぬいぐるみがほほえましい演出をしている場合もある（徳，2013, p. 119）。

より大規模なおもてなしとして、東京ディズニーランドは開園時からバリアフリーを施設しており（山田，2002, p. 170; 山口，2015, pp. 123f.）、駐車場は独特の構造で知られている。駐車場は入口と出口の位置が別であり、ストレスを軽減するために進行方向に対して進入角六十度の駐車スペースに前進して駐車、帰途は前進して出口に向かうという構造である（山口，2015, p. 107, cf. 小宮，1989, p. 159; 河野，2003, pp. 85ff.; 安孫子，2013, p. 115）。また、一定の駐車区画ごとにディズニーのキャラクターが描かれていて目印となるだけでなく、キャストに尋ねれば到着時間によって大体の駐車位置が分かるようにもなっている（山口，2015, pp. 107ff.）。アメリカのディズニーランドと比較して東京ディズニーランドが運営の効率上勝っている代表的な二例は、当日の来演予約数から計算された精度が極めて高い入場制限時のコントロール手法と、この駐車場での一万台を超える車両のコントロール手法であり、アメリカのディズニー本社からはモデルケースとしてお墨付きをもらっているという（加賀見，2003, pp. 89f）。

確かに、「魔法のような一日をお過ごしください（Have a magical day!）」と言ってくれたり（大住，2013, p. 111）、心から「ハーイ！」と挨拶できるフレンドリーさではアメリカのキャストの方が自然体であるかもしれないが、マニュアルを覚える適確さや徹底度は東京ディズニーランドの方が優れており（安孫子，2013, pp. 89f., cf. 志澤，2000, p. 178）、東京ディズニーランドのキャストの独創性とそれによって生じる他のサービス業との差別化は付加価値となり（志澤，2000, pp. 46f.; 芳中，2004, pp. 35f.; 小松田，2007, pp. 152, 216; 小松田，2015, p. 89; 中島，2013, p. 28）、こうして生み出される感動や幸福の経験に対してゲストは確実に投資する（安孫子，2011, pp. 24f.）。したがって、日本においても経験経済は成立するのであり、企画の段階では予算を前提にするよりは、必要に応じて商品価格を上げて感動経験を確実に保証する方針の方が効率的なのである。すると、東京ディズニーランドにおける経験経済の「舞台設定者（stager）」は二重の意味を内包し、一方でそれはそのような企画者であり、他方でそれは現場で清掃を担当して

パレードやアトラクションを演出するための「舞台作り」、つまり、実際に「舞台設定者（stager）」となっているカストーディアルなどのスタッフである（鎌田，2011, p. 71, cf. 鎌田，2011, p. 21; 鎌田，2014, a, p. 18）。ディズニー社では「コンテンツを徹底的に考え、マーケティングに妥協せずにこだわりを持つという文化が生み出した言葉」として「ディズニーらしくする（Disnify it）」という表現が使われるが（大畠，2016, p. 97）、このようにして「ディズニー独特の質（Disney Difference）」に達した舞台が作られるのだろう（大畠，2016, pp. 100ff.）。

　以上、日米双方のディズニーランドにおける安全、礼儀、演出、効率について検討してきたが、アメリカのディズニーランドで提唱されたSCSEは確かに日本でも広く受容されており（小宮，1989, pp. 132f.; 野口，1991, pp. 275f.; 志澤，2000, pp. 82ff.; 志澤，2008, pp. 85ff.; 山田，2002, pp. 196ff.; 小松田，2003, pp. 30ff.; 小松田，2007, pp. 36ff.; 小松田，2011, a, pp. 55ff.; 小松田，2014, a, pp. 30ff.; 小松田，2015, pp. 145ff.; 神樹，2004, p. 53; 中村，2004, pp. 54ff.; 芳中，2005, pp. 56ff.; 草地，2009, pp. 30ff.; 山内，2010, pp. 146ff.; 上田，2011, pp. 137f.; 安孫子，2011, p. 23; 鎌田，2011, p. 70; 鎌田，2012, b, p. 31; 鎌田，2013, p. 80; 鎌田，2014, b, pp. 68, 106; 鎌田，2016, p. 94; 福島，2011, pp. 118ff.; 福島，2013, pp. 150ff.; 糠谷，2012, pp. 46f.; 粟田／高成田，2012, pp. 79ff.; 大住，2013, pp. 94ff.; 渡邊，2013, pp. 48f.; 濱名，2013, pp. 45ff.; 粟田，2013, pp. 45f.; 石坂，2014, pp. 66ff.; 志澤，2015, pp. 36f., 57, 134ff.; 山口，2015, pp. 198f.; 櫻井，2016, pp. 95f.; 櫻井，2017, pp. 28ff.; 中島，2017, a, pp. 36f.; 嶋田，2017, pp. 226ff.; 今井，2017, pp. 275ff.）、それは極めて汎用性に富む概念でもある。

　例えば、キャストは人の波に潰されそうな子どもを見つけたら、子どもの「安全」を確保してから周囲のゲストに対して「礼儀」正しく振舞い、次にアトラクションの「演出」に期待感を持たせ、最後に「効率」良くゲストコントロールすることが求められる（志澤，2000, p. 86）。東京ディズニーランドのカストーディアルの携行しているダストパンが手首に優しいL字グリップで柄が伸縮自在であるのは、身長に併せて長時間無理なく使用できるようにという、身体への「安全」配慮がなされており、ゲストと

アイコンタクトを含む挨拶が「礼儀」正しくでき、清掃や歩行が美しく「演出」され、動き易く「効率」の良い仕事ができるからであり、仕事を終えると次の人へのSCSEを考えて清掃道具が清掃される（安孫子，2013，pp. 142f.）。柄の短いダストパンを手にしゃがんで清掃をしていれば、写真を撮ろうと被写体を見ながら立ち位置を探しているゲストがぶつかる可能性も考えられる（cf. 渡邊，2013, p. 49）。そもそも、清掃自体が危険物となりかねないものを除去して「安全」を確保し、「礼儀」を清掃によっておもてなしという形で示し、美観を「演出」し、移動「効率」のよい環境を維持するためのものである（安孫子，2013, p. 35）。テイクアウト式レストランでは、破損による怪我が発生しないプラスチック製食器の「安全」性、ディズニー・スマイルで商品を手渡す「礼儀」、メニューや食器のデザインの変更による「演出」、廃棄物は洗う必要がないという「効率」の良さが守られている（新井，2016, pp. 21ff.）。

一般的に人との待ち合わせにおいても、「安全」かつ快適な場所を提案し、「礼儀」として少し早めに現地に着き、身嗜みを整えて「演出」し、「効率」的に考えて交通の便の良い場所を探しておくというようにSCSEを応用できる（鎌田，2012, b, p. 33）。一般企業なら商品の「安全」性、社会的な「礼儀」として商品の有意義性、不良商品を出さないという「演出」、顧客に使用してもらうための生産「効率」の改善という形でSCSEは指針となりうる（芳中，2004, pp. 20f.）。

また、「安全」は「命」と、「礼儀」は「心」と、「演出」は「姿」と、「効率」は「技」と関係があるなら、自分の命と同様に相手の命も生かし、礼に始まり礼に終わる本来の武道の心得ともSCSEは通底する。武道は演技でもあり、身体による技術の精華でもある。心技体という精神、技術、肉体の三要素からなる種々の武道が盛んな日本でSCSEが活着するのは、ある意味で自然な展開かもしれない。こうした視点から見ると、東京ディズニーリゾートのゲストリピート率九十八パーセントという驚異的数字は（福島，2011, p. 25）、日本文化の古き型を新たに象徴していると言えるだろう。

最後に、この「安全」、「礼儀」、「演出」、「効率」という理念的要素に基づくディズニーランドを別の角度から物質的要素に分類してみると、マニュアルという冊子、人物、アトラクションやショップという三点が立ち現れてくる。ディズニーランドでは理念が具体的に凝縮されたマニュアルをキャストが各々のアトラクションやショップで実演し、バックステージでもキャストが各々の持ち場でその役割を果たしていると言える。この三点は、どれ一つとして欠けてもグッドショーは成立しない。

概して、商売は仕組みと従業員と商品の総合力とも言われるが（cf. 河野, 2003, p. 204）、ディズニーランドの場合は仕組みがマニュアル、従業員がキャスト、商品がアトラクションやショップであり、この三つの因数の掛け算で成立する総合力も汎用性に富む公式である。例えば就職活動中の学生であれば、仕組みは学歴や資格、人物は性格や印象、売りとなる商品は能力や特技と言えるだろう。特に、学生の「売り」には商売と同様に「新しい『売り』」が必要であり（粟田, 2013, p. 13）、かつては運鈍根と言われたが、次のように柔軟さ、独特さ、熱心さに各々相当する「乗り、反り、凝り」が「競り」勝つために必須である。

* 「売り」を通して「競り」勝つために必要な三つの姿勢
（1）「乗り」＝周辺環境に適応する柔軟な姿勢。
（2）「反り」＝他者との差異化を示す独特な個性。
（3）「凝り」＝課題に対する熱心な関与。

学校教育の継続よりは救援「部隊」への入隊を選び（本書第一章第二節）、創作活動よりは変形譚によるディズニーランド「舞台」作りに熱心であった現場中心主義者ウォルトの場合は第一の因数値が低かったが（本書第一章第五節）、残りの二因数値が冠絶していて組織力も優れていたために補完的に相乗効果を生み出し、結果的に超弩級の仕事を残したのである。実に東京ディズニーランドの成功も、「米国人の合理性、論理性と日本人の実務遂行力、緻密性」の総合力に由来するものである（志澤, 2000, p. 43）。

結 章 「影の宗教」としてのディズニーランド

　結章ではディズニーランドに関連する幾つかの用語に焦点を当てつつその特性を見極め、世俗化、天国、巡礼という視点からディズニーランドの宗教的特質を最終的に明示し、「影の宗教」としてのその役割についてまとめよう。

　ウォルトは最初にアニメーションを手掛けたが、アニメーションとは「息、アニマ（anima）」を吹き込むこと、セル画を連続させて動かし声を載せることで画像が生きるようにする創造の技であり、アニメーターは言わば創造主である（本書序章第一節；本書第一章冒頭，第二節，第四節）。こうした理解は、創造主である神が土から人を作り命の息を吹き込んで生きるようにしたとするユダヤ・キリスト教の世界観と構造的に近似している（創世 2:7, cf. 創世 1:26-27）。

　人間だけでなく「動物（animal）」もこの「息、アニマ（anima）」に由来し、「息」をする「生き物」を意味し（竹林，2002, p. 97）、日本語でも「息」をすることが「生きる」ことである（前田，2005, pp. 110f.）。「アニマルキングダム（Animal Kingdom）」の「キングダム（kingdom）」はギリシャ語で「王国（バシレイア）」であり、例えば聖書の「マタイによる福音書」においては、「神の王国」（マタ 6:33, 12:28, 19:24, 21:31, 43）、「天の王国」（マタ 3:2, 4:17, 5:3, 10, 19-20, 7:21, 8:11, 10:7, 11:11-12, 13:11, 24, 31, 33, 44-45, 47, 52, 16:19, 18:1, 3-4, 23, 19:12, 14, 23, 20:1, 22:2, 23:13, 25:1) などの形で用いられている。「マジックキングダム（Magic Kingdom）」の「マジック」は、イエスが誕生した時に東方からやって来た「占星術師（マゴス）」たちに由来する表現である（マタ 2:1, 7, 16, ダニ 4:4, 5:7, cf. 竹林，2002, p. 1488）。

　アニメに描かれたミッキーマウスには軽薄な意味が添加されていったが（本書第一章冒頭）、「ミッキー（Mickey）」とは「ミカエル、マイケル

(Michael)」の略称であり、「ミカエル」は元々ヘブライ語で「誰が（ミ）似ている（カ）のか、神（エル）に」という天使の名前として聖書に登場する（ダニ 10:13, 21, 12:1, 黙示 12:7, cf. 竹林，2002, p. 1560)。また、ディズニーランドにある「クリッターカントリー（Critter Country)」の「クリッター（critter)」とは「クリーチャー（creature)」の米南部方言による省略形であり（神樹，2004, p. 26, cf. 竹林，2002, p. 568)、「クリーチャー」とはユダヤ・キリスト教の世界観では「創造主（Creator)」である神による「被造物」をも意味し（竹林，2002, p. 580)、「トゥーンタウン（Toontown)」の「トゥーン（Toon)」とは「漫画、カトゥーン（cartoon)」の口語的な省略形であり、「漫画、カトゥーン」とは「箱、カートン（carton)」の素材である「厚紙（carton)」に描かれた文字や絵を意味する（cf. 竹林，2002, p. 391)。「息（アニマ)」が中身であるとするなら、この「カトゥーン」という表現はその息が吹き込まれる背景や外装を意味しているとも言えるだろう。以上の省略化は表にまとめると次のとおりである。

＊原語	＊ディズニー用語における省略形
アニメーション（animation, 活性化、動画）	→ アニメ（anime）
カトゥーン（cartoon, 漫画）	→ トゥーン（toon）
クリーチャー（creature, 被造物、動物）	→ クリッター（critter）
ミカエル（Michael, 天使ミカエル）	→ ミッキー（Mickey）

　アニメという表現はアニメーションと共に一般にも使用されているが、これらのディズニー用語に通底する特性は、省略形であるという点と表層的には宗教的要素が除去されているという点である。確かに、「アニメ

ーション、息を吹き込むこと (animation)」が「アニメ (anime)」になると、「動作や行動」を意味する英語の語尾「-ation (エイション)」のない「アニメ (anime)」は単に「息 (anima)」に近似し (cf. 竹林, 2002, p. 154)、神が土から人を作り命の息を吹き込むという「動作」を強調するユダヤ・キリスト教の世界観が希薄化する。このような省略化や世俗化は、例えば本書における重要な研究対象としてのディズニー用語の一つである「キャスト (cast)」という表現自体が省略語でないにもかかわらず、キャストの働きに留意するなら、その関連語を語源に関係なく想像させる。つまり、上記の表の流れにたゆたいつつ下記の空所に関連語を何か入れるとしたら、何が最も適切だろうか。

    ?   → キャスト
(?)   (cast)

 ディズニーランドのキャストによる脱マニュアル的な言動が、かつてのイエスによる脱律法主義的な言動と通底しているなら (本書第三章第二節)、この点において「キャスト (cast)」は遡及的に「キリスト (Christ)」やキリストに倣う「キリスト者 (Christian)」を十分に想起させると言えないだろうか。やや言い募ると、構造的にキャストはキリストやキリスト者の世俗化された役割をディズニーランド内で担っているのではないだろうか。
 一般にイエスは「イエス・キリスト (Jesus Christ)」と称されるが、ヘブル語の「ヨシュア」に相当する「イエス」という名前は「主は救い」という意味であり、イスラエルの民の間では極めて一般的な名前であった (マタ 27:17, コロ 4:11)。ヘブル語の「メシア」(ヨハ 1:41, 4:25, 20:31, 使徒 5:42, 9:22, 13:23, 17:3) に相当する「キリスト」という名称は「油を注がれた者 (クリストス)」を意味し (マタ 16:16, 27:22, ルカ 4:18, 使徒 4:27, 10:38)、イスラエルの民の間ではサウルやダビデなどの王 (サム上 10:1, 12:3, 16:1, 6, 13)、アロンなどの祭司 (出エ 29:7, レビ 4:3, 5, 8:12, 30)、エリシャなどの預言者 (列王上 19:16, イザ 61:1) に対して油が注がれた。つまり、イエスが「キリ

スト」、「油を注がれた者」と呼ばれるということはイエスが王としてこの世を統治し、祭司として神と人との間を取り持ち、預言者として神の言葉を人々に伝える者であるということを象徴的に意味している。

　このような背景を持つイエス・キリストとディズニーランドのキャストの間には直接的関係はないが、それにもかかわらず一方でイエスがユダヤ教社会の中で律法主義よりもむしろ、神への愛と隣人への愛という律法の根源的趣旨そのものを、時には律法を破り律法や裁き以上のものを福音や許しとして提供し（マタ 22:36-40）、他方でキャストがディズニーランドの中でマニュアル主義よりもむしろ、ゲストへのおもてなしというマニュアルの根源的趣旨そのものを、時にはマニュアルを破りマニュアル以上のものをおもてなしとして提供しているなら、双方は、宗教と世俗という二本の線路が本来的に交差しないにもかかわらず、線路の脇に佇んでその際涯に目を向けると一点に結ばれていくように見えるのと同様に、双方向から収斂しているように思われる。これを便宜的に「相互遇有収斂（mutually accidental convergence）」と呼ぶことにする。

　ここで「遇有（accident）、遇有的（accidental）」とは「偶」然そこに「有」ることであり、人間的に考えれば、ユダヤ教からの脱律法主義化はイエス以外の人物によって展開された可能性もあり、ディズニーランドのようなパークはウォルト以外の人物によって建てられた可能性もあることを考慮すると、これらの人物に焦点が当てられたのは偶然のように思われ、また時代に関係なく両者は相手を意識せずに自らの意志を実直に完遂しようとする際に同方向に向かっていることが、周囲からは偶然のように思われる性質である。「人間的に考えれば」と限定するのは、神学的に考えれば、イエスがキリスト教を開始したのは、古代のエジプト、アッシリア、バビロンなどの諸王国に比して最も貧弱であったユダヤ人たちを神が選び（出エ 1:1-14, 申命 7:7-8, 列王下 15:29, 17:6, 24, 18:11, 25:1-21, cf. アモ 9:7, コリ一 1:27）、ローマ帝国の圧政下に他民族との混交を背景として滅びつつあったユダヤ人の中から救い主イエスを神が選んだことによるからである（マタ 12:18, cf. ルカ 2:1, 3:1, 23:35, 使徒 13:17, ペト一 2:4, 6）。

「収斂（convergence）」、「収斂する（converging）」という用語の意味については、スコットランドのブーバーとも称されるべきマクマレーが述べていることを引用しておこう。

「線路が遠方で収斂している（converging）のが私に見えると言うことと、線路は並行であると言うことは異なる。最初の言明は私と私の経験の何らかの様態に言及している。二つ目の言明は私のその経験からは全く区別される客体（object）に言及している」（Macmurray, 1961, p. 37, cf. 宮平, 2017, p. 207）。

直線の線路が遠方で一点に収束するように見えるのは視覚経験上の観察結果であり、それにもかかわらず、現実的に平行な線路それ自体はどの地点においても一点に結ばれることはない。ウォルトが鉄道好きであったため線路の事例を挙げたが（本書第一章第一節，第五節, cf. 有馬, 2011, pp. 71, 112ff.）、例えば出帆した船を事例に取るなら、遠方の地平線に船がマストを最後にして海中に沈んで行くように見えるが、実際には海中に沈んで一体化しているのではなく、球面の海上の彼方へ移動しただけであると言えるだろう。

ディズニーランドとキリスト教の相互遇有収斂現象にディズニーランド就労経験者も早くから気づいており、そのマニュアルの中心になる運営哲学である「ディズニー・フィロソフィー」は、「イエス・キリスト没後にその教えが聖書として集約されたのと同様に、ウォルト・ディズニーの言動をもととし、パーク運営の精神的支えとして取りまとめられたものである。ただし、ディズニー・フィロソフィーは聖書のように一冊にまとめられた文献にはなっておらず、その精神そのものを指したり、ウォルト・ディズニー語録、スライドショー、キャストへの配布物などの各レベルで存在するものを総称している。ディズニー・フィロソフィーへの入り口は『ファミリー・エンターテイメント』の考え方であろう」（志澤, 2000, pp. 78f.）。そして、ディズニー・フィロソフィーの最重要課題として、「You can design, create and build the most wonderful place in the world, but it takes people to make that dream a reality.（世界一すばらしい場所を企画、創造し、建設することは可能だが、その夢を現実のものとするためには人が必要である）」というウォルトの言葉が引用されており（志澤，2000, p. 80）、この夢の現実化のために必要な安全（Safety）、礼儀（Courtesy）、演出（Show）、効率（Efficiency）という四要素に言及されている（志澤，2000, p. 82）。オリエンタルランド社の人々にとってこの SCSE は、「聖書みたいな」ものになっているとも報告されている（リップ，1994, p. 171）。

　多くのディズニーランド出身者が就労時を回顧して、キャストはマニュアルになく判断に迷う際にはその SCSE に基づいて独自に行動しているだけでなく（志澤，2000, p. 85）、マニュアルにないマニュアル以上のことこそ大切な業務であると認識しているという（志澤，2000, pp. 38, 46; 福島，2011, p. 34; 大住，2012, pp. 93f.; 安孫子，2013, pp. 77f., 81; 香取，2013, p. 178; 鎌田，2014, b, pp. 86, 88, 171; 小松田，2015, pp. 130ff., 145ff., cf. 山田，2002, pp. 212ff., 218, 225f.; 山内，2010, p. 147; 粟田，2013, p. 49）。具体的に全業務のうち「マニュアルは 70 〜 80％」であるという数値は（小松田，2015, pp. 37, 130）、二〇〇二年にオリエンタルランド社の加賀見俊夫社長がマニュアル比率を開園時の百％から八十％、七十％に下げ、その分キャストの資質に期待する旨を発表したことと正確に一致している（cf. 小松田，2011, a, p. 149; 粟田，2013, pp. 49f.; 山口，2015, p. 201）。

　イエス・キリストの脱律法主義とキャストの脱マニュアル化という平行現象は直接的関係がなく、「キリスト」の役割の世俗化の一例が「キャスト」の役割であると言いえたとしても、上記の表の四例とは異なり、語源的に「キリスト」の省略化が「キャスト」であるとは言えない。しかし、これらの用語の語源に遡及するなら、それらは収斂していることが一層明白になる。「油を注ぐ（クリオー）」儀式を受けて成立した往時の職責を一身に担うことでキリストが救い主の役割を果たしたように、「投げる（throw）」や「担う（bear）」という意味に由来する「キャスト（cast）」は自らに投げ掛けられた役を担うことで（竹林，2002, pp. 394f.）、その職務に励

み、キリストがローマ帝国下で困窮する人々を救い、幸福を与えたように（マタ 5:3-11）、キャストはディズニーランドで困窮する人々を助け、幸福を与えている。このように、象徴的な意味で油を「掛けられて」キリストになることと具体的に特定の役を投げ「掛けられて」キャストになることとは、近似した構造を持っている。そして、究極の相互遇有収斂現象の一つは「キリスト（Christ）」と「キャスト（Cast）」という用語自体が日本語においても英語においても、あたかも後者が前者の省略形であるかのように近似している点に見られる。

	＊キリスト教	＊ディズニーランド
配役 ＝	キリスト（Christ）	キャスト（Cast）
本来的役割＝	律法の趣旨の実現	マニュアルの趣旨の実現
本質的役割＝	脱律法主義化	脱マニュアル化
本質的内容＝	神と隣人への愛	ゲストへのおもてなし

実は、相互遇有収斂現象は日本の陸、海、空の自衛隊と日本の陸、海、空のディズニー・テーマパークとの間にも見られたものである（本書第二章第二節）。自衛隊が政治的・軍事的性質をまとっているのに対してディズニー・テーマパークが文化的・娯楽的性質をまとっている点で両者には直接的関係が認められないが、この現象は究極的に両者の親和的存在としてのアメリカが共通しているために、また自衛隊であれディズニーリゾートであれ、それらの活動規模がこの世の一定の領域を広範囲に占有するために成立する現象である。それはアメリカが主権的に種々の側面で対日戦略を展開していないとしても、日本のオリエンタルランド社が独立的にディズニーシーやディズニースカイという形を最終選択したとしても、現実に遇有的に成立したのである。戦後日本では、テレビ番組や米軍施設由来の新興都市に代表されるアメリカの対日文化的イメージと米軍基地公害や米兵の暴力に代表されるアメリカの対日軍事的ダメージとが徐々に乖離しつつも並存しており、やがてアメリカが「空気」のような存在にな

る八十年代に東京ディズニーランドが登場したという分析も（吉見，2018, pp. 832f.)、日米の軍事的・文化的な相互遇有収斂現象を説明していると言えるだろう。

　キリスト教とディズニーランドの間の相互遇有収斂現象は、キリスト教の神とウォルトの父の信仰していた神が同一の神であったものの、ウォルトの代になって彼の父のキリスト教が言わば世俗化した後に両者を比較する時に成立するものである。トマスはウォルトのキリスト教信仰を次のように解説している。

「ウォルトは、自分を信仰心のある人間だと思っていたが、教会には行かなかった。宗教には子どものころどっぷりとつかっていたので、もう結構、という気持ちがはたらいていたし、特に聖人ぶった説教師が嫌いだった。しかし彼は、どの宗教に対しても敬意をはらい、神への信頼を失うようなことはなかった。ウォルト・ディズニーの神学には独特なものがあり、いつか、スタジオ付き看護師ヘーゼル・ジョージが、聖母マリアの処女受胎を信ずるかどうか尋ねたとき、ウォルトはこう答えて言った。

　『受胎というのは、僕はどれもけがれのないもんだと思うね。だって子どもがかかわっているんだから』。……また、ディズニー家では、娘たちを日曜学校に通わせていたが、親の宗教観を押しつけることはしなかった」（トマス，1976, 1994, p. 213)。

　この解説内容は下記のように、ウォルトの娘ダイアン・ディズニー・ミラーの述懐と一致している。

「若い頃の父は、非常に信心深かったそうよ。とても厳格な教会の雰囲気の中で育ったみたい。祖父はかつて教会の助祭をしていたの。だから、彼が私たちの宗教に対して自由な態度をとる理由が理解できるわ。自分の娘たちには信仰心を持ってもらいたいと願っていた。父は間違いなく

神を信じていたけれど、敬虔だったのは子供時代だけだったと思う。だって、教会に行くのを見たことがないもの」(グリーン、1999, p. 142, cf. Disney, 1994, p. 82)。

　したがって、ウォルト自身が下記のように告白する時、「キリスト者としての (Christian)」生活とは、世俗化された意味で「立派な (Christian)」生活という意味である (竹林, 2002, p. 447, cf. 本書結章第一節)。

　「私は自分自身に、『良いキリスト者としての生活を送りなさい (Live a good Christian life)』と命じている。この目的に向けて私はあらゆる努力をして、個人と家庭と仕事における活動と成長を実現する」(Disney, 1994, p. 82)。

　神を信じているが教会には行かないウォルトをディズニーランドのある従業員は、「インスピレーションに突き動かされて生きている」と言い (グリーン、1999, p. 252)、亀井によると、ウォルト・「ディズニーは生涯、いかにも中西部の中流階級出身者らしいプロテスタント倫理を強調し続けた」という (亀井, 2012, p. 383, cf. 中島, 2017, b, pp. 207f.)。このようなウォルトの建て上げたディズニーランドを世俗化、天国、巡礼という視点から考察していこう。

第一節　世俗におけるディズニーランド

　ラテン語の「一世代、時代 (saeculum)」に由来する「世俗 (secular)」とは、時間的にも空間的にもこの世に関する事柄であり (Glare, 1982, p. 1676, cf. 竹林, 2002, p. 2223)、その対義語はラテン語の「聖なる物、聖なる所、聖なる性質 (sacrum)」に由来する「神聖 (sacred)」である (Glare, 1982, p. 1676, cf. 竹林, 2002, p. 2164)。概して「世俗」がこの世やこの世に属するものを指すのに対して、「神聖」はあの世やあの世に属するものを指し、漢

字文化圏においては、空間的に「人」が「谷」に住んでいる状態を指して文字どおり「俗」人と呼ぶのに対して、「人」が「山」に住んでいる状態を指して文字どおり「仙」人と呼ぶ。キリスト教の神でもあるイスラエルの真の神は人々から山の神と考えられていたが（列王上 20:23, 28, cf. 創世 22:2, 出エ 19:20, イザ 2:2-3, ミカ 4:1-2)、それは天に最も近い山で神の業を現していたからである（出エ 19:1-20:21, マタ 17:1-8)。

　この山の神がかつてこの世でアブラハム、イサク、ヤコブと共にいたように（創世 21:22, 26:3, 24, 28:15, 20, 31:3)、人が別れる相手に「私とは別れても私と共にいる『神があなたと共にいますように（God be with ye)』」と祈る言葉が、「さようなら（Good-bye)」であり（cf. 竹林, 2002, p. 1055)、この「さようなら（Good-bye)」のもう一つの語源は、「私と同様に罪の奴隷となった『あなたを神が買い取りますように（God buy you)』」という祈りとも考えられている（寺澤, 1997, p. 583)。罪人は罪を主人としているため（ヨハ 8:23, ロマ 6:6, 17, 20, 22)、神がその主人から罪人を買い戻して解放してくれますようにという比喩的な意味である。ちなみに、「贖う（redeem)」という表現も、「買い（emo)」「戻す（re)」という意味である（寺澤, 1997, p. 1162; 竹林, 2002, p. 2060)。

```
＊原語                              ＊世俗化された省略形
神があなたと共にいますように    →    さようなら
（God be with ye）                   （Good-bye）
神があなたを買い取りますように  →    さようなら
（God buy you）                      （Good-bye）
```

このようにある意味で「さようなら（Good-bye)」という表現は、「神があなたと共にいますように（God be with ye)」や「神があなたを買い取りますように（God buy you)」という祈願の世俗化であり、ウォルトが晩年の一九六六年十一月の肺癌手術後、あるスタッフに対していつものように「それじゃまた（See you later)」ではなく「グッバイ（Good-bye)」と告げた

ことは象徴的な出来事である（ゲイブラー，2006, p. 591, cf. グリーン，1999, pp. 320f.）。

　宗教の如何を問わず、厳しい現実を指してすべての人は泣きながら生まれて来ると言えるなら、死後の平安を願ってすべて人は祈りながら死に行くとも言えるだろう（宮平，2017, pp. 231f.）。東京ディズニーランドのファンタジーランドにあるホーンテッドマンション出口付近にある墓石には、「C. U. Later」や「I. L. Bebach」という名前が刻まれているが、それらは「See you later」、「I'll be back」と読める（中村，2004, p. 114）。ウォルトのいつもの「それじゃまた（See you later）」と共によく使われた「また戻るね（I'll be back）」という挨拶は、ウォルトがディズニーランドに別の形を取って再来することを、また再来していることを伝えているのだろう。ちなみに、ウォルトなら「それじゃまた、わに君（See you later, alligator!）」ぐらいは言いそうである。相手が「そのうちに、わに君（After a while, crocodile!）」と返して来ることを期待して（cf. 竹林，2002, p. 67）。

　世俗化は元々宗教関連施設が一般の公的機関の管理下に置かれることや、修道士を俗界に戻すことなどを意味したが（コックス，1966, p. 39; バーガー，1969, a, p. 162, cf. 本書序章第二節）、今や学校教育現場におけるオリエンテーションやレクリエーション、リトリートなどの表現にも見られる。オリエンテーションとは教会建設の際に入口を西に、最も神聖な祭壇をイエスの栄光を象徴する太陽が昇る「東に向けること（orientation）」に由来し（Cross & Livingstone, 2005, p. 2000, cf. マラ 3:20, マタ 13:43, 17:2, コリニ 4:6, 黙示 1:16, 21:22-22:5）、転じて学生や生徒を新しい研究・学習環境に適応させることの意味で使用されるようになった（竹林，2002, p. 1748）。画廊や天井桟敷やその見物人を意味する「ギャラリー（gallery）」という表現は、イエスの時代にユダヤ教の中心地エルサレムから見て僻地に位置していた「ガリラヤ（Galilee）」地方に由来し（竹林，2002, p. 999）、中世では教会の祭壇から離れた所にある入口付近の礼拝堂をも意味した（Cross & Livingstone, 2005, p. 653）。

　保養などを意味する「レクリエーション（recreation）」とは、キリスト

教的には神がイエスを通して聖霊の息吹により罪人を信仰者として「再び創造すること (re-creation)」であり (cf. 創世 2:7, ヨハ 20:22)、一般に修養会などの意味で使用される「リトリート (retreat)」は、教会関係者や信徒が修養施設や教会、修道院などで一定期間祈祷、瞑想、学習することを指していた (Cross & Livingstone, 2005, p. 1398)。「食堂 (refectory)」という表現も、元々は大学や修道院の食堂を指し、食物によって体を「再び (re)」「作る (facio)」ことを意味し (寺澤, 1997, p. 1163)、「レストラン (restaurant)」という表現は、「神の恩寵を回復する (restore)」という意味から世俗化して「元気を回復させる (食事)」という意味を経て現在の意味になった (寺澤, 1997, p. 1179)。音楽では三拍子のリズムが神の三位一体性を重視する十三世紀頃のパリ・ノートルダム楽派に起源を持つことも知られている (宮平, 2004, pp. 58f.)。

現代の欧米とインドと日本において、キリスト教の十字架のマークを識別できる人は過半数にとどまるのに対して、マクドナルドの黄色いMを識別できる人々は九割近いという調査結果は (cf. バックホルツ, 2007, p. 331)、学校教育現場で世俗化された用語の宗教的起源が閑却されていることと軌を一にしているが、ヴァチカンを拠点に展開されるカトリックの政治的・外交的影響力やプロテスタント保守派の世界的成長など、善かれ悪しかれキリスト教の役割は依然として維持されている (cf. Berger, 1999, pp. 6f., 9)。

世界史的に世俗化が決定的な形で展開した出来事を村上は「聖俗革命」と呼び (村上, 2003, pp. 68, 95)、十八世紀のこの知識の世俗化過程を重視する (村上, 2003, p. 71)。物事を説明する際にキリスト教的な創造主である神に言及する「聖の立場」から、この神に言及しない「俗の立場」への転換が「聖俗革命」であり (村上, 2003, p. 69)、代表的なものとして次の二例が挙げられる。

* 「聖俗革命」の代表的二例
(1) 「カント＝ラプラスの星雲説」で知られるラプラスの著した宇宙論の本に対して、ナポレオンがこの本の中で神に言及しない理由を尋

ねたところ、ラプラスは自分の宇宙論の体系に神は不要であると返答したという（村上，2003, p. 68, cf. Lyon, 2000, p. 2）。
(2) ディドロらの編纂した『百科全書』は、それまでの神学体系書が創造主である神から書き起こされたのに対して、全項目を平等にアルファベット順に機械的に並べ替えた（村上，2003, pp. 65f., 70f.）。

　脱キリスト教化運動を内包する十八世紀末のフランス革命の後に登場したナポレオンが、神に言及しない宇宙論に依然として疑問を呈した点は興味深い。ナポレオンが一八一三年に副官に宛てた手紙で、「『それは不可能です』と君は私に書いてよこした。しかし、そんなことばはフランス語にはない」と記したことから、「予の辞書に不可能という言葉はない」という名句が派生した経緯を考慮すると（小学館辞典編集部，1982, p. 1187）、ナポレオンはラプラスに対してその時、「君の本に『神』という言葉はないのか？」と聞き返したとも想像できる。キリスト教世界観において神は全能であり（創世 17:1, 35:11, 出エ 6:3, マタ 26:64）、ナポレオンの辞書に「不可能」という言葉はないとしても、逆に「全能」の「神」という言葉は依然としてあったと比喩的に言えるだろう。ウォルトもスタッフに「できない」とは言わせなかったことを考慮すると（トマス，1976, 1994, p. 278, cf. 本書第三章第四節）、ナポレオンと同様にそのような言葉の存在を否定していたのである。

　『百科全書（エンサイクロペディア）』とは語源的にギリシャ語まで遡及すると、「連鎖的に（エン・ククロー）」掲載することによって「子ども（パイス）」を「教育（パイデイア）」する内容を収めたものという意味であり（cf. 竹林，2002, p. 802）、フランス革命以前のキリスト教世界における「初めに、神は天地を創造された」で始まる聖書に基づく伝統的宗教教育とは対極的な構造である（創世 1:1）。こうして神という言葉やその関連語はアルファベット順の事典の中に言わば埋没し、「神の真理ぬきの真理論、そして神の働きかけぬきの認識論」が影響力を増大させていく（村上，1976, 2002, p. 32）。この過程には次の相関的な二段階が認められる（村上，1976,

2002, p. 34)。

* 「聖俗革命」の二段階
(1) 第一の段階は、神の恩寵を受けた信仰者のみが知識を享受できるという原理から、すべての人間が経験や観察に基づいて平等に知識を享受しうるという原理への世俗化であり、これは古くは十六世紀末から活躍したイギリスのフランシス・ベーコンの典型的な発想である。
(2) 第二の段階は、神－自然－人間という従来の世界観から自然－人間という世界観への転換であり、このような経緯の中で科学と哲学は各々神学から独立していく。

こうして物事の考え方が神なしの自然法則に基づくと共に、人間の生き方も神なしの道徳法則に基づくようになっていくのが世俗化した社会の典型であり（村上，1976, 2002, pp. 66f.)、十八世紀後半からイギリスで、十九世紀には欧米諸国で広がった産業革命による大量生産の出現によって、人々は神が万物を創造し大量増殖させていたという世界観に代替する社会現象に直面したのである（創世 1:1-31, マタ 13:1-9, 18-23, 14:13-21, 15:32-39)。これは大量増殖を日常的に経験している農業や漁業関係者以外の人々に対する大きな衝撃であったと考えられる。

大量生産の一層進展する二十世紀の三分の二を生きたウォルトは、世俗化の進展する世界でどのように生きたのだろうか。ここでウォルトとほぼ同世代の社会学者ベッカーによる当時の世俗化論を検討して、ウォルトの同時代的な位置づけを試行しよう。

ベッカーは世俗化の過程における理念型としての出発点と到達点を各々「孤立した神聖な社会（the isolated sacred society)」と「接近可能な世俗的社会（the accessible secular society)」と呼び、前者の経験的具体例として結婚や親族や部族によって構成される集団、後者の経験的具体例として大都市の種々の集団を挙げる（Becker, 1932, p. 138)。ここで前者の「孤立」は、次の三つの要因によって生起する（Becker, 1932, pp. 140f.)。

＊「孤立した神聖な社会」の三要因
（1） 移動範囲の習慣的固定や変化への強固な反対に至る「近隣からの孤立（vicinal isolation）」。
（2） 「仲間集団（in-group）」と「他者集団（out-group）」の区別に対する固定的態度や非社交的習慣に至る「社会からの孤立（social isolation）」。
（3） 貧困階層や厳格な宗派などにおける言語の不十分な習得、早期の教化、実際のまたは転嫁された心理的劣等感に代表される「知性からの孤立（mental isolation）」。

但し、これらは相互に関連しており、言わば他者と仲間の中間存在である隣人との関係が希薄になれば、人間関係は固定化されていき、住み分けによっては文化的差異が生じてくるだろう。
　孤立という性質と共にこの社会は、「神聖」という性質を帯びている。直接的な接触によって成立しているこの社会はすべてが独特で具体的であり、他の社会との比較や自己分析、それに伴う変容を経ず、合理的功利主義的判断の欠如した伝統や儀式によって同一性を維持する点で神聖と見なされる（Becker, 1932, p. 141）。この神聖さは経済的に自己充足的構造を維持し、分配された財産は集団の神聖な目的に従属する場合が多い。このような慣習に対する違反は、その社会全体からの嫌悪、憤怒、陰口や物理的諸力による懲戒の対象となる（Becker, 1932, pp. 141f.）。
　他方、接近可能な世俗的社会は、次の三側面を持つ（Becker, 1932, p. 142）。

＊「接近可能な世俗的社会」の三側面
（1） 交通機関の十分な活用によって遠方と「近隣から接近可能（vicinally accessible）」。
（2） 職業、階級、人種、宗教などに基づく障壁がないために自由競争が促進され、経済力に従って人口分布が進む点で「社会的に接近可能（socially accessible）」。ここに性別（gender）に基づく障壁という表現が

ないことは、依然として当時の時代背景を反映していると言えるだろう。
(3) 共通の基礎的教育、出版社などによる知識やニュースの伝達により「知的に接近可能（mentally accessible）」。

　これらの三点も、孤立の要因と同様に別個の事象ではない。一定の常識に基づいた人々の交流と共に意志化、比較分析、志気の向上に至るからである。
　この社会は接近可能という性質だけでなく、「世俗的」という性質を帯びている。孤立した神聖な社会とは逆に、この社会におけるあらゆる関係は自己目的のための手段であり、すべてが相対的で変化を経て、合理的判断によって評価される。国際性が特に尊重される中で匿名性や多様性を担いつつ人は性格的に経済人になり、利害関係や相互契約によって人や組織は結ばれていく（Becker, 1932, p. 143）。
　孤立した社会においても接近可能な社会においても、その文化に変化をもたらす一大要因は人口移動であり、古来より諸民族の大移動、遊牧民の移動、自国の領土拡大、大航海、植民地支配、経済的理由や戦渦に起因する移民、余暇や商用の旅行、民族の分散などによって人々は程度の差はあれ、新しい経験を積んできた（Becker, 1932, pp. 146-149）。ここでベッカーは特に世俗化の過程を推進させると考える人口の「分散（dispersion）」という現象に着目する。この分散が重要な要因である一つの大きな理由は、分散した当地で他の文化圏の人と新しい家族を形成し、地域社会を構成しうる点にあるだろう。この場合、孤立した神聖な社会は「解体（disorganisation）」と「再編（reorganisation）」という比較的緩慢な過程を経る（Becker, 1932, p. 266）。
　そして、ベッカーは世俗的社会の縮約的代表としての「世俗的他者（the secular stranger）」、神聖な社会の縮約的代表としての「神聖な他者（the sacred stranger）」という抽象的理念上の対応概念を導入する（Becker, 1932, p. 150）。すると、他者には次の四者が存在する。

＊「他者」の四種類
(1) 世俗的他者に向かう神聖な他者。
(2) 神聖な他者に向かう世俗的他者。
(3) 神聖な他者に向かう神聖な他者。
(4) 世俗的他者に向かう世俗的他者。

　この(1)と(2)の他者性が、必ずしも(3)と(4)の他者性よりも程度が高いとは限らない。例えば、孤立したユダヤ人社会と同様にして孤立したカトリック社会では両者の質的相違が顕著であり、接近可能なある国の現代都市と同様にして接近可能な別の国の現代都市の差異は歴然としている（Becker, 1932, pp. 151f.）。例えば、同じ英語圏のアメリカの大都市とイギリスの大都市では車両の通行が左右逆であり、建物の階数の数え方も異なる点を指摘できるだろう。
　他方、世俗的他者が神聖な他者に向かう機会は、商品の需要を見込んだ大国が資源の潤沢な小国に貿易を迫る際に見られ、神聖な他者が世俗的他者に向かう例は、概して十八世紀後半の産業革命以後、ヨーロッパから飢饉や戦渦を免れて、または利潤を求めてアメリカの工業都市などに向かった移民に見られる（cf. Becker, 1932, pp. 153f.）。このような限界状況ではない一般状況の脈絡で言えば、これはいわゆる田舎から都会に出るということである。
　そして、世俗化という現象に研究の焦点を当てるなら、(1)のタイプが研究対象として最適であり、接近可能な世俗的社会の規範が獲得される一般的過程には一見、二律背反的な「差異化（differentiation）」と「統合（integration）」の二側面がある。つまり、ベッカーによると、「神聖な他者が、大都市の機能的統一体の中における一つの差異化された構成要素として自らの人間性を特別に調節して自己を組み込む時、そしてもしそうするなら、この人は接近可能な世俗的社会の中に自己を統合する規範をすべて獲得する。しかしながら、これらすべての規範が獲得されたとしても、結果として起こる機能的統合は、一層単純な構造をしている孤立した神聖

な社会の構成員の場合のように、全人間性の大部分を巻き込むことはない。……それは、まさに接近可能な世俗的社会の性質上、一つの中心的理想や教えがないからである」(Becker, 1932, p. 276)。世俗的社会のこのような状況は、人口の移動や意思疎通の進展に基づくものであり、統合は世俗的社会における経済的役割である分業にとどまっている（Becker, 1932, pp. 276f.)。

ベッカーによると、こうした世俗化の過程で緊張と不安が増大する際に生起しうる人間の性質として、下記の四つのタイプが挙げられる。

*世俗化の過程で発生する人間の性質

(1) 神聖な社会の中で培われていた良心や恥という意識が分散先の世俗的社会において人間性の「個別化（individuation）」と共に希薄化していく「脱道徳（demoralised）」人間（Becker, 1932, pp. 270, 273）。

(2) 神聖な社会から世俗的社会に分散した脱道徳人間に由来する二代目、三代目の「無道徳（amoral）」人間（Becker, 1932, p. 279）。こうして人々は、徐々に法と刑罰の直接の支配下に置かれることになる（Becker, 1932, p. 143）。

(3) 部分的に神聖な社会によって人格形成され、部分的に世俗的社会の影響を受けつつも、種々の意味でどちらの社会からも独立している「境界人（marginal man）」。これは元々パークが紀元前六世紀のバビロン捕囚以後の離散したユダヤ人に付した名称である（Becker, 1932, p. 279）。

(4) 神聖な社会で形成される人格と世俗的社会の規範の双方に調和できず、神聖な社会で費やされていた力を世俗的社会における代理行為に費やす「分節人（segmental man）」（Becker, 1932, p. 280）。例えば、このような代理行為には、観戦趣味、博打、探偵小説や喜劇への耽溺、売春、新興宗教への献身などがある（Becker, 1932, p. 281）。

ここで興味深いのは、定着地点のない境界人の危機的状況の継続とい

う特徴であり、ハイネ、シェリー、ポー、ダンテなどの詩人のように（Becker, 1932, p. 280)、このような境界人は複層的な自己意識を深化させつつ創造的活動に至る場合があり、危機的な外界に対して顕著な内向性を発達させたり、「空想世界（fantasy world)」を建設したり、そのような傾向に執着する場合には最終的に精神病質を招来するかもしれない（Becker, 1932, p. 280)。また、境界人は、政治、経済、宗教の分野で社会変革を促進する際に大きな役割を果たす場合が多い。このような例として、マルクス、クロポトキン、レーニンなどの革命家が挙げられている（Becker, 1932, p. 280)。

上記の四つのタイプは理念上のものであるが、現実においては大部分が相互に関連し合っており（Becker, 1932, p. 282)、そうした現実の中には内的葛藤なく世俗的社会と和解しつつ生活再編を行うタイプの「解放人（liberated man)」がいる（Becker, 1932, pp. 282f.)。しかし、ベッカーが一九三二年に著したこの論文で明示している次の点が特に重要である（Becker, 1932, p. 284)。

> 「現時点においてこのような解放人は……、概して個人の表現力の分野における偉大な創造的天才になれそうにない。詩、音楽、演劇、芸術一般に関するこの分野において、（現在のほとんどの批評家たちによって）優れていると評価されるものは大抵、内的葛藤の産物だからである。」

ベッカーはこの論文でウォルトに言及していないが、ウォルトはミズーリ州マーセリーンという言わば「孤立した神聖な社会」からカンザスシティーを経て、一九二三年にカリフォルニア州ロサンゼルスという「接近可能な世俗的社会」に拠点を移し、一九二九年にはミッキーマウスが大流行したものの、一九三一年末以降は神経衰弱を患うという経緯を考慮すると（本書第一章第一節、第二節、第三節)、ウォルトは上記でベッカーの言う「境界人」の典型であり（Becker, 1932, p. 279)、「個人の表現力の分野における偉大な創造的天才」にほかならないと言えるだろう（Becker, 1932, p.

284)。厳しい父と優しい母、両親のキリスト教と自分が拠点とした「世俗的社会」、権力を手にしているハリウッドの大物らと言わば絵に描いたミッキーマウスしか手元にない自分という種々の「葛藤」が、確かにウォルトの創作活動の駆動力となっていたのだろう。

エリオットは、ウォルトの葛藤が自分自身の内にある様々な要素の葛藤でもあることに適確に言及している。

> 「すべての大画家の場合と同じく、ディズニーのキャンヴァスもまた、自分自身の知性と感情の葛藤の場だった。白雪姫が小びとたちを養子にして彼らの母となるという考えは、ことに彼が父親を自任するスタッフとの感情的つながりをこのテーマと結びつけ、理想化したものであった。そして白雪姫が悪の暗黒の力に脅かされる自分の運命をなんとか切り開いていこうと苦闘するところに、ディズニーは、ハリウッドの暗い競争の場で生き残るための自らの戦いの力強いメタファーを見いだしたのであろう」（エリオット，上，1993, p. 175）。

さらにエリオットは、ウォルトの内にある対立するキャラクター（＝性格）をミッキーマウスとドナルドダックという二つの人気キャラクター（＝登場人物、登場動物）として分析している。

＊ウォルトの中の二つのキャラクター

（1）「ミッキーは超自我——慎ましく、上品で、知的で、性とは無関係で、つねに冷静で、誰からも愛されるキャラクター」。

（2）「ドナルドのほうは本能的衝動——より暗くて、気まぐれで、感情的で、性的欲望にかられ、いつも暴走し、そのためにあまり人気がなく、怒りっぽいキャラクター」（エリオット，下，1993, p. 79）。

このようにウォルトは自分自身とその外部の葛藤だけでなく、自分自身の内部の葛藤にも苦悩していたのだろう。前者は「私」と「和」の関係、

特に自分とスタッフとの関係であり、「私（わたくし）」から幾らかの経費を「手繰し（たくし）」取ってスタッフに託したことで「和（わ）」を維持できたかもしれないが、後者は「私」一人の問題であり、ウォルトはベッカーの指摘する「空想世界（fantasy world）」の建設によって統合を企図したとも考えられる（Becker, 1932, p. 280）。実際に一九五五年開園のディズニーランドには「ファンタジーランド（fantasyland）」が存在していることを考慮すると、一九三二年のベッカーの指摘は預言者的である。ちなみに、「私（わたくし）」の語源は「我尽くし（ワレツクシ）」とも考えられている（前田，2005, p. 1180）。

ウォルトのような仕事と趣味とが同一である人物にとって、その具体化であるファンタジーランドの実現は世俗と天国、日常と非日常という本来は相反する領域の統合であり、自らの欠乏感を埋め合わせる過剰補償作用でもある（本書第一章冒頭）。「空想（ファンタジー）」はこの「空」の部分に何かを埋め込むことによって実現するが、カリフォルニアのディズニーランドは、「ブルドーザーがオレンジ畑をつぶし」（ウィリアムズ，2004, p. 6）、「三〇〇〇人の労働者が二万フィートの材木を切り、五〇〇〇立方ヤードのコンクリートを流しこみ、一〇〇万平方フィートのアスファルトを敷いた」ことで実現した（ゲイブラー，2006, p. 469, cf. 能登路，1990, p. 79）。

一九八三年開園の東京ディズニーランドも、東京湾岸の浦安地区を埋め立てることで実現した。旧江戸川が東京湾に注ぎ込む浦安はアサリやノリの産地であったが、戦後の高度経済成長期に工場排水などによって汚染が進んだので、地場産業に代わる埋め立て地による地域再生が図られ、一九六〇年代に今の浦安市の四分の三の広さの海を、三井不動産と京成電鉄の出資によるオリエンタルランド社が埋め立てた（粟田，2013, pp. 4f., cf. 長谷川，1984, pp. 92ff.; 粟田，2013, p. 163; 小宮，1989, pp. 50ff.; 円堂，2013, pp. 16ff.; 渡邊，2013, p. 192）。この造成地に出現した東京ディズニーランドの「建設に使われたセメント量は、高さ百四十七メートルの霞が関ビルの約十倍」であるという（小宮，1989, p. 95）。

埋め立て前の浦安の様子は、山本周五郎『青べか物語』（1967年）に詳

細に叙述されている。「べか」とは小船のことである。この小説は汐干狩り客の多い「浦粕」と呼ばれる千葉県浦安が舞台であり、次の記述は昭和初期五月頃の風景である（山本，1967, p. 258）。

「汐が大きく退く満月の前後には、浦粕の海は磯から一里近い遠くまで干潟になる。水のあるところでも、足のくるぶしの上三寸か五寸くらいしかない。そこで、馴れた漁師や船頭たちは魚を踏みにゆくのであるが、その方法は、――月の明るい光をあびながら、水の中を歩いていて、『これは』と思うところで立停り、やおら踵をあげて爪先立ちになる。すると足の下に影ができるので、魚がはいって来る。筆者もこころみたことがあるが、魚のはいってくることは慥かで、――はいって来たあと、呼吸を計って、それまで爪先立ちになっていた踵をおろしざまその魚『踏み』つけ、かねて用意の女串で突き刺す、というぐあいにやるのであった。捕れるのは鰈（かれい）が多く、あいなめとか、夏になるとわたり蟹なども捕れるが、蟹の場合はべつに心得があった」（山本，1967, p. 104, cf. 山本，1967, p. 135）。

山本は浦安に「大正十五年から昭和四年までの（作者の二十三歳から二十六歳までの）三年間」滞在し（山本，1967, p. 258）、その三十年後に環境汚染の進む当地を目の当たりにして、「日本人は自分の手で国土をぶち壊し、汚濁させ廃滅させているのだ」と憤慨している（山本，1967, p. 247）。こうした憤慨は戦後の高度経済成長期に所々で見られたものだろう。したがって、特定の地域の環境破壊を指弾することに対して、ボードリヤールなら、ディズニーランドは各自の生活地が環境破壊の上に成立していることを隠蔽するための遊園地であると反論するだろう。「公害、それは一方では産業の発達と技術の進歩の結果であり、他方では消費の構造そのものの結果でもある」ように（ボードリヤール，1970, p. 34）、人が消費と密接に結び付いた生活を送るにあたり、公害は必然的に付随する。

こうして建て上げられた東京ディズニーランドの最寄りに、「舞浜」と

いう名の駅が造られたが、オリエンタルランド社がこれを「東京ディズニーランド駅」にしなかったのは、駅名にすると、〇〇スーパー東京ディズニーランド駅前店などの名前が一人歩きをして、ブランドコントロールが不可能になるからである（渡邊，2013, p. 198, cf. 小宮，1989, p. 240; 有馬，2001, c, p. 143）。この「舞浜」という地名はフロリダ州オーランドのウォルト・ディズニー・ワールド近くの「マイアミビーチ」にちなんでいるが、「埋め立て以前は漁村であったという記憶を呼び覚ましかねない」「網」という表現が「忌諱」されて、「舞網浜（マイアミハマ）」ではなく「舞浜」とされたと長谷川は洞察する（長谷川，2014, p. 264, cf. 小宮，1989, p. 240）。

このように世俗におけるディズニーランドは様々な葛藤の中で建てられたが、キリスト教の家系に連なる兄弟によって一貫したテーマで潤色されている。次のこの点を検討しよう。

第二節　天国としてのディズニーランド

英語の「天（heaven）」という表現は元々「覆われたもの」を意味するドイツ語の「天（Himmel）」に由来し（国松，2000, p. 1095; 竹林，2002, p. 1136）、ラテン語の「天（caelum）」はラテン語の「穴、空洞（cavus）」やギリシャ語の「穴、空洞（koilos）」と関係がある（Glare, 1982, pp. 252, 291; Liddell & Scott, 1996, p. 967）。紀元前四世紀頃から活躍する哲学者プラトンによると、ギリシャ語の「天（ウーラノス）」は「上方を見る（horôsa ta anô）」ことに由来するが（プラトン，2, c.4C.B.C., p. 43, cf. Liddell & Scott, 1996, p. 1273）、これは日本においても「あお（青）」空の語源の一説が「あお（仰）ぐ」であることと併せて（前田，2005, p. 22）、古代人に通底する素朴な自然観察を示している。

他方、楽園や極楽の意味で使用される英語の「パラダイス（paradise）」は、ギリシャ語から説明すると「周り（peri）」が「壁（teichos）」で囲まれた庭園を指し（Liddell & Scott, 1996, pp. 1308, 1767; 竹林，2002, p. 1793, cf. Jones & Wills, 2005, pp. 11f.）、地上的概念であるこの「パラダイス」と天空

的概念である「天」が相互交換的に使用される場合、世俗化された天としてのパラダイスが再び神聖化されていると考えることもできるだろう。

聖書において一般に天国と訳される「天の王国」についてイエスは、占星術師のように星の運行から予言することなく（マタ 2:1-10, cf. ダニ 2:27, 4:4, 5:7, 11）、誰もが目にする夕焼けや朝焼けから説明することもなく（マタ 16:1-3）、最も小さく低い立場にあったために存在そのものが捨象されていた「子ども」との関係で次のように説いた（マタ 19:13）。

> 「もし、向き直って子どものようにならなければ、あなたたちは決して天の王国に入ることはない。だから、誰でも自分をこの子どものように低くする人、この人こそ天の王国で最も偉大である」（マタ 18:3-4）。

イエスはさらに、天の王国は子どものような人々のものであり（マタ 19:14）、逆に金持ちが天の王国に入るのは難しく（マタ 19:23）、金持ちが天の王国に入るよりも、「らくだが針の穴を通る方が簡単である」という有名な警句を語った（マタ 19:24）。

「向き直って」とは社会的弱者である小さな子どもに改めて注意を向けることであり、また自分の子ども時代を振り返ることでもある。逆に「金持ち」は社会的強者として大きく目立つために注目される存在である。しかし、イエスによると、天の王国は子どものようにならない人は決して入れず、イエスの時代にパレスチナにいた最大級の動物であるらくだが人間の作った最小の穴を通る方がまだ簡単である。イエスが「らくだ」と「針」を組み合わせて引用したのは、人々はらくだの毛皮に針を通して衣服を作っていたからであり（cf. マタ 3:4）、イエスはこの日常的な光景を転倒させ、らくだが針の穴を通るという表現によって困難な行為の代表例を挙げたのである（宮平, 2006, p. 407）。「狭い門」という表現で（マタ 7:13）、天の永遠の「命」に至る門が示唆されていることを考慮すると（マタ 7:14）、イエスは金持ちよりも動物であるらくだの方が天の王国に近いという皮肉を語ったとも考えられる（cf. マタ 21:31）。

これらのイエスの言葉は部分的にディズニーランドにも該当する。「金持ち」が金銭的にディズニーランドに入ることは簡単であるので、この点はイエスの教えと対照的であるが、誰であっても「子どものようにならなければ」（マタ 18:3）、ディズニーランドに入ることは困難かもしれない。つまり、ディズニーランドに子どもは喜々として入り、大人は子どもや子ども心を伴っていなければ入園を躊躇するかもしれない。しかし、誰であっても子ども心さえ備えていれば、「誰の心にもある子どもの心に出会える本物の場所」であるディズニーランドには入り易いのである（鎌田, 2011, p. 6）。また、確かにディズニーランドには動物のキャラクターも満ち溢れている。

　ここで一つの相互遇有収斂現象が、「子どものようにならなければ」（マタ 18:3）、天国にもディズニーランドにも入りにくいという点に確認できる（cf. 本書結章冒頭）。例えば、信仰歴の長い信者しか入れない修道院とベテランの熟練者しか入会できないスポーツクラブとの間に何らかの相互遇有収斂現象が見られるかもしれないことを考慮すると、ここでは大人でなく子どもに、大人びた思いよりも子ども心に焦点を当てることによって相互遇有収斂現象が見いだされる。

　ディズニーランドを建てたウォルト自身は、「いつだって、素敵なオモチャをもらった小さな子供みたいな人だった」と回顧されており（グリーン, 1999, p. 282）、そのような子どもらしさは下記のように、歴史的に比較的若い国であるとされるアメリカの大衆文化にも通底する特徴である。

> 「ウォルト・ディズニーが対象として頭に描いていたのは、第一に、すべての人間のなかに潜む『子供性』ともいうべき部分であった。アメリカの大衆文化には、子供というものを年齢を超えた普遍的存在とみる伝統がある。……ディズニーが『哲学』と呼ぶべきものをもっていたとしたら、その根底には、人はいくつになっても子供の無垢な心と好奇心を失わないという、極めて素朴な人間観が流れていた」（能登路, 1990, p. 30）。

他方で、こうした傾向の否定的側面をディズニー世界の「小児的退行」と呼んで論評する見解も提示されている（ボードリヤール，1981, p. 18）。

「大人は別の世界に、≪実在≫する世界に居る、と思い込ませるためにこの世界はできる限り子供らしく振舞う。そのうえ本物の幼児性がどこにでもあるのを隠そうとして、そしてまた自己の実在する小児性をあざむこうとして、子供の真似をしにディズニーランドにやってくるのは、他ならぬ大人なのだ」（ボードリヤール，1981, p. 18）。

精神分析学的に見ると、ディズニーランドの特徴として頻繁に強調される清潔なトイレやペア冷水機の存在はその乳児性を裏付けていると言える。心理学者の富田はフロイトによる人間の性衝動の発達段階を次のように整理した上で分析を加える（富田，2004, pp. 203f., cf. フロイト，1905, pp. 229, 253ff., 298f.; フロイト，1915-1917, pp. 377ff., 393ff.）。

＊人間の性衝動の発達段階
（1） 乳房を吸引する口唇の感覚が発達する口唇期。
（2） 肛門や尿道の排泄感覚が発達する肛門期。
（3） 性器の刺激を意識する男根期。
（4） 異性に対する性欲が芽生えるエディプス期。
（5） 性欲を抑制して社会規範を学ぶ潜伏期。
（6） 第二次性徴と共に性的活動が統合される性器期。

富田によると、ディズニーランドの清潔なトイレは（鎌田，2011, pp. 3f., 138; 福島，2011, pp. 53ff.; 安孫子，2013, pp. 29, 163ff.）、（2）の肛門期における排泄成功経験という潜在的意識を顕在化させ、ゲストの心理状態を向上させる役割を果たしているという（富田，2004, p. 205）。異臭を放つ汚物にまみれた不潔なトイレは、ゲストの幼少期の排泄失敗経験に直面させてしまうというのである。

もしそうなら同様にして、ディズニーランドの親子で相対して同時に飲めるという段違いのペア冷水機は (山田, 2002, pp. 153f.; 渡邊, 2013, p. 24; 山口, 2015, pp. 145f.)、(1) の口唇期における潜在的意識に訴えかけるものであると言えるだろう。子どもが親を見上げながら飲むことは難しいかもしれないが、親は子どもを見つめながら飲むという構造は、自分の子どもを見つめるだけでなく自分の口唇期の欲求を満たすという二重の意味で親自身の幼児性を意識化させる仕組みになっているのである。ディズニーランドにおいては (3) 以降における一層明白な性的刺激要素は極力抑制されているので、その点においても (1) と (2) の乳幼児段階への郷愁を保護する構造をしていると言えるだろう。

　特にディズニーの作品世界において幼児期の不安や安心が度々中心テーマとなっていることは、エリオットによって横断的にまとめられている。

「たとえば、『白雪姫』では継子が森に捨てられるし、『ピノキオ』では木の操り人形がジェペットじいさんの本物の息子になりたいと願い、『バンビ』では森のなかで子鹿が母親をなくし、父親ともはぐれる。そして『ファンタジア』の『魔法使いの弟子』では弟子が恐ろしい服従を強いられ、『ダンボ』では子象が実の母親から引き離される。それ以外にも、ディズニーは見捨てられた子供というテーマを何度も登場させている。『ピーター・パン』で少年たちを率いる孤児のリーダー、シンデレラと異母姉妹、『わんわん物語』の野良犬たち、『一〇一匹わんちゃん大行進』のもらわれた犬たち、そして『宝島』のジム・ホーキンスとロング・ジョン・シルバーの理想化された父と息子の関係など。こうした映画のすべてに共通しているのは、その主人公が本当の両親を探し求めることである。そして親探しを妨げる登場人物はつねに悪の権力のシンボルとして描かれ、これがディズニー映画に繰り返し現れる道徳的信念と疑念との心の葛藤のドラマティックなメタファーを完成する」(エリオット, 下, 1993, pp. 43f.)。

このような作品傾向はウォルト自らの出自が不分明であることに起因するとエリオットは見立てているが（エリオット，下，1993, p. 43）、近年の遺伝子によるある程度の確かな親子判定が可能になるまで、大部分の人は長期間共に過ごしてきたというだけでは厳密な意味で「本当の両親」を確定することができず、「探し求める」人生を送ってきたとも言えるだろう。

　旧約聖書から新約聖書に至るキリスト教の言わば「長い物語」が真の父なる神を探し求めることに焦点が当てられており、最初に「光」を造った父なる神は（創世 1:3）、最終的に神の子イエスと共に天の都を照らす「太陽」それ自体の役割を果たすことで自己の一貫した歴史的同一性を明示し（黙示 21:23, 22:5, cf. マラ 3:20, マタ 17:2）、イエスの兄弟とされた人々は（マタ 12:49, ルカ 8:21, ヘブ 2:11-12）、この兄弟イエスを通して一体である真の父なる神を確信する（ヨハ 1:18, 17:21-23）。すると、「本当の両親を探し求める」というディズニーの物語は、ある意味で世俗化されたキリスト教的物語という要素を内包していると言える。

　また、子という概念は関係概念であり、必ず誰かの子という含蓄を帯びている。子は親に対して子であり、逆に親も子に対して親であり、両者は共に家庭を構成し、キリスト教においては信仰上の家族は拡大していく（マタ 19:29）。ペア冷水機やアトラクションの座席が家族連れを想定していることを考慮すると、ウォルトが一九五四年十月二十七日のテレビ番組「ディズニーランド（Disneyland）」において、「すべては一匹のネズミから始められた（it was all started by a mouse）」と回顧したディズニーランドに対して（Disney, 1994, p. 98, cf. Stein, 2011, pp. 49, 63）、「すべては一つの家で終わるだろう（It will all end in a house）」と言うこともできるだろう。ここで「一つの家（a house）」とは比喩的な意味でディズニーランドであり、ミッキーマウスのイヤーハットやカチューシャをかぶり「マウス（mouse）」に変身した多くのゲストらの「ハウス（house）」でもある（本書第二章第二節）。

　ちなみに、ウォルトは少年期にサンタフェ鉄道で誕生地シカゴからマーセリーンへ引っ越して汽車の見える日々を過ごし、マーセリーンからカンザスシティーに引っ越して汽車の車内販売員の仕事を経験し、一九二八年

にニューヨークからロサンゼルスへ向かう汽車がシカゴからマーセリーン辺りを走っている頃に「一匹のネズミ」の着想を得たともされている（本書第一章第一節，第三節）。これらの出来事はすべて一本のレールで結ばれているため、「すべては一匹のネズミから始められた」というウォルトの有名な言葉は（Disney, 1994, p. 98）、すべては「一本の鉄道から生まれた」と言い換えることもできる（柳生，2011, p. 63）。

一方でディズニーランドはゲストに対する管理を徹底しているため（本書第二章第三節）、この「ハウス」は例えば犬を犬小屋へ戻す際の命令の掛け声のように、ゲストを管理する「ハウス（house）」であり、他方でこの「ハウス」は実際の家族がくつろぎ、そしてランド内で他の人々とも家族のように互いにくつろげる「家族（family）」的な集まりの場でもある。実に、このようなゲストに最も深く関与するキャストも「みんなディズニーランダーズ」と呼ばれる「家族」であると理解されている（鎌田, 2011, p. 64, cf. 鎌田, 2015, pp. 4, 7f., 156, 197; 鎌田, 2016, p. 6; 鎌田, 2017, pp. 5f., 91, 221）。

特にキャストは、ボヤージンが「自分自身が夢を持っていないと、人に夢を与えることはできないよ」と説いたように（鎌田，2011, p. 110）、自らが楽しんでいないと、ゲストを楽しませることはできない。逆に、キャストにとって「ゲストの声は成長できるチャンスをもらっているのと同じ」であり（鎌田, 2012, a, p. 66, cf. 鎌田, 2012, a, pp. 95, 106, 126）、「親が子供から何かを教えられた時、それはこの上ない恩返しの一つ」であることと通底している（鎌田, 2011, p. 112）。これはキャストとゲストの間、親と子の間の相互持成移譲であり（本書第三章第三節）、さらにキャストとゲストの関係と親と子の関係が相互遇有収斂現象を示している（本書結章冒頭）。

このような自由な家族的関係と管理下に置かれた家という両極性は、ディズニーランドの構造的葛藤でもあるが、これらを統合する要因は子どもであり、誰の心にもある子ども心であり、言い換えると純粋無垢な心である。この純粋無垢な心こそ、管理下にあっても維持されるからである。「私は6歳の子供であれ、60歳の大人であれ、すべての人が心の中に持

っている"子供心"に響く映画を作る」と語っていたウォルトは（Disney, 1994, p. 19; ディズニー，2003, p. 40, cf. 鎌田，2011, pp. 155, 157, 鎌田，2012, b, p. 8)、最初からこの心を重視しており、遠く日本のディズニーランドにおいてもゲストの心に影響を与え続けている。

> 「ディズニーランドの"夢"は、『人々が以前に思い抱いていたようなもの』を呼び覚まし、"魔法"は、『パークに入ったら、どんな大人でも、小さな子供でも荘厳なところでは"場の圧力"を感じ、自然に"コーテシー"を守るようになる』というような不思議な魅力と雰囲気をもっています。
> 　ディズニーランドは貴族の館や、寺院などのような"荘厳さ"ではなく、"ゲストのために掃き清められた完璧なエンターテインメントの場所"として、『ゲストを温かく、そして優しく迎える雰囲気』を持っているので、人々はその場で肩に力をいれる必要がないのです。
> 　しかしこの二つともが、ウォルト・ディズニーという人が創造した世界で、結果的に人間の悪いところを出せなくさせると同時に、良いところを出せるような環境を、長い時間をかけ、マインドを持った多くのスタッフの英知と力を集めてつくり上げてきたということなのです」（小松田，2007, pp. 98f.）。

つまり、ディズニーランドは人々がかつて抱いていた子ども心を喚起させ、道徳法則を守るように導く。「良いところ」とは、「人に対する優しさ、楽しさ、喜びに触れ、他の人を幸せにしてあげようという気持ち」であり（鎌田，2012, a, p. 159, cf. 安孫子，2011, p. 179; 鎌田，2013, p. 64）、お互いに連鎖反応して「いい人」の輪が和として拡大していくのである（cf. 石坂，2014, pp. 146ff.）。

確かに、ディズニーランドにおいて激高したゲストからキャストへの暴力、声を出せない着ぐるみのキャラクターや倒れると一人で起き上がれないキャラクターへの暴力などが発生したことがあるが、それに対して

キャストは非暴力で対応しているという（小松田，2007, pp. 47, 60, 230, 253）。これはかつてウォルトがキャストに、「いつも笑顔を忘れずに、誰にでも、いやな人にでも、（片方を打たれたら）もう片方の頬を向ける」ように言っていたことを想起させる（ブライマン，2004, pp. 199f., cf. マタ 5:39）。

万引きやスリもなかったわけではないようである（小松田，2007, pp. 63, 98）。子連れの家族が子どもの入園料に関して悪知恵を働かせる場合があるかもしれないが、ディズニーランドでは「一部のゲストを正すことより、誠実なゲストとの信頼関係を築く」こともおもてなしの一つとしている（鎌田，2012, a, p. 124, cf. 鎌田，2012, a, p. 140）。

このように、キャストからゲストへの持成移譲も働き（本書第三章第二節）、概してディズニーランドでは道徳法則が守られるが、これは「ディズニーマジック」の一つとも呼ばれる（石坂，2014, p. 151）。道徳法則を守らせる方向に働くこのディズニーマジックのもう一つは、自然法則を破る演出に現れる。この点を最も明解に把握していたと思われるのはゲイブラーであり、彼によると、「アニメーターは自分の世界を創造し、自然科学の法則と論理が消滅するもうひとつの現実、つまりイマジネーションの世界を創造する」のであり（ゲイブラー，2006, p. 63, cf. 本書第一章第二節）、「最も一般的なミッキー観」は、「何物にも束縛されることなく、すべての自然の法則を破壊し、常に勝利する。しかしモラルの法則だけは決して破ることはしない」というものである（ゲイブラー，2006, p. 169, cf. 本書第一章第三節）。

道徳法則が守られて自然法則が破られるという世界観は、聖書において理想的人間像との関連で描かれているものでもある（宮平，2017, p. 199）。例えば、天からこの世に来たイエスは（ヨハ 3:13, 6:38-58）、苦しめられたり試みられたりしても罪を犯したことがなく（マタ 4:1-11, 27:4, ルカ 23:4, ヨハ 18:38, 19:4-6, コリ二 5:21, ヘブ 4:15, 7:26, ペト一 2:22, ヨハ一 3:5）、奇跡によって人々の病を癒して人々の空腹を満たす（ヨハ 6:1-15）。同様にして、このイエスによって神から新たに生まれた信仰者は罪を犯さず（ヨハ 3:3-8, ヨハ一 3:6, 9, 5:18, cf. ロマ 8:1）、代表的な弟子のペトロやパウロのように

奇跡によって人々の病を癒す（使徒 3:1-10, 5:12-6, 20:7-12）。

　つまり、イエスとイエスを信じる信仰者は道徳法則を守るが、自然法則は破り、逆にこの世の大抵の人々は道徳法則を破るが、自然法則は破ることができずに守る。そして、イエスが天からこの世に来て道徳法則を守り自然法則を破るのは天の現実を教え伝えるためであり、さらに天の現実がそのようであるのは、しばしば自然は自然法則に従うことによって人の命を突然、または徐々に破壊して道徳法則を破ってしまうからである。概して前者は災害や毒素の場合、後者は病気や老化の場合である。逆にキリスト教が約束するこの世での復活や昇天、天にまで至る永遠の命というものは、自然法則の破壊と道徳法則の遵守の究極的実現である（ヨハ 11:25, 20:1-18）。

　童心とも言うべき魔法に魅了される純粋無垢な子ども心とは、自然法則の破壊と道徳法則の遵守を実現しようとする心であり、子どもは大人になる途上の恋愛経験において相手が振り向く奇跡を信じるだけでなく、まずは相手に嫌悪感を抱かれないように礼節を守り、老齢になると共に病気が奇跡的に治癒されることを祈りつつも、不自由になる体は罪を犯せなくなっていく。特定の病気がなくても、老化は種々の身体機能が低下していく全般的で延長された病気である（宮平，2003, p. 164）。

　通常の場合、自然法則の破壊と道徳法則の遵守は信じることが困難であるが、人間の信仰の発達段階は限定的に緩慢な形でそれを実現していく。神と罪人の関係を調停する司祭職を壟断するカトリック教会に対して、十六世紀の宗教改革者ルターはすべての信仰者が同等に司祭であるとする「万人司祭説」を展開したことを考慮すると（ペト一 2:9, cf. ルター，1520, p. 279）、世俗社会においてすべての人間は同等に信者であるとする「万人信者説」も成立するだろう。

＊人間の信仰心の発達段階
（1）　童心＝魔法の奇跡を信じ、純真な心を貫く。
（2）　恋心＝得恋の奇跡を信じ、相手への礼節を守る。

（3）　病身＝治癒の奇跡を信じ、罪を犯しにくい体になる。

　このように、ディズニーランドに入ると道徳法則が遵守されて自然法則が破壊されるという演出傾向は、ある意味で世俗化されたキリスト教的世界観の要素を内包しているとも言える。また、ユダヤ・キリスト教的世界観では天国における乳幼児や子どもと肉食動物や草食動物や有毒生物との平和的共存が描写されているが（イザ 11:6-10, cf. 黙示 4:7）、ディズニーランドにおいても、「ネズミも象もライオンも恐竜もすべて安全で愉快な人間の味方である」ように（能登路，1990, p. 80）、動物のモチーフは尊重されている。「ウォルトが動物をモチーフにしていた理由は、動物には照れや恥がなく、素直な感情で生きているから」であり、「感動の源泉は、イノセンス（純粋無垢）にある」（鎌田，2013, p. 76）。ウォルトは子ども心だけでなく動物の内にも言わば純粋無垢な心を読み取っていたのであり、特にウサギやネズミなどの小動物、子鹿や子象などの若い動物に愛着を抱いていた。

　さらに、ディズニーランドではミッキーマウスなどの動物の形に刈り込まれた「トピアリー（topiary）」と呼ばれる植栽が散在し（能登路，1990, p. 119; 柳生，2011, p. 142）、ミッキーマウスの着ぐるみの中にはスタッフが入り、ゲストはネズミの耳を付けて変身し、オーディオ・アニマトロニクスは歴史上の人物や間近では見られないような動物を演じている。また、トイレの便器一つひとつが「ナンシー」、「キャッシー」という人名まで付けられて清掃されているという（富田，2004, p. 203; 福島，2011, p. 55）。

　マクマレーは神が創造した天地万物を物体、生物、人間という三つの範疇に分類して独特の世界観を展開したが（宮平，2017, pp. 79, 141f., 148, 177f., 192）、人工物体や動植物や人間の間のこうした擬似的相互変態は、ある意味で神の被造物の深遠な相互関係や積極的な存在意義を示唆しているとも言えるだろう。そして、ディズニーランドがすべてのものの一体感を演出するのは、各々の役割を生き生きと担っている各存在そのものを尊重しているためであり、動物や物体を通して人間が演出されているのは、

生き生きとした人間性の回復を企図しているためだろう。また、『バンビ（Bambi）』（一九四二年）などの作品はアニメの中で動物を擬人化することで動物保護にも貢献し（ゲイブラー，2006, p. v）、東京ディズニーランドの約一千種にも及ぶ植栽は（柳生，2011, p. 141）、「毎日のパークの入場者の酸素を十分まかなえる」ほどの量であるという（小宮，1989, p. 201）。

　ウォルトによると、ディズニーランドは「永遠に完成することのないもの、常に発展させ、プラス・アルファを加えつづけていけるもの、要するに、生き物なんだ。生きて呼吸しているもんだから、常に変化が必要だ」という（トマス，1976, 1994, p. 259, cf. Disney, 1994, pp. 36, 38f.）。ミッキーマウスは人気と共に大きさを増していき（小野，1983, p. 35）、その「ボタンのような目に瞳が描かれたのは1939年になってから」であり、「映画のなかでミッキーの容姿が進化するにつれて、ポスターもそれに呼応して彼の"美容整形"をくり返していった」が（ファニング，1993, p. 23）、ディズニーランド内のミッキーマウスは言わば何年経過しても歳を取らない永遠の命を象徴的に担っている。このミッキーマウスを目指して世界各地からディズニーランドを訪れる人々は、東西南北各地から天国の祝宴に集うとされる人々のようでもあり（ルカ 13:29）、ディズニーランドの「パレード（parade）」はそのようにして「パラダイス（paradice）」としての天国に集った「聖者の行進（When The Saints Go Marhing In）」を象徴しているようでもある。したがって、ある意味で「ディズニーランド（Disneyland）」は「ディズニーヘブン（Disneyheaven）」でもあり、ディズニーヘブンの「パラダイム（paradigm）」として娯楽は「極楽（paradice）」になったのである。

　イエス・キリストがこの世に来て、人々は「キリスト（Christ）」のお祭りである「クリスマス（Christmas）」をジングルの法則に従って年末に楽しんでいる（本書第二章第二節）。しかし、イエスは数々のたとえによって天国を教えたものの（マタ 13:24-52, 18:23-35, 20:1-16, 22:1-14, 25:1-30）、おそらく一部の人々を除いて大部分の人々がいまだに天国を楽しんでいない（マタ 12:28, cf. マタ 5:3, 10-12, 18:20）。したがって、一年中いつでも誰もが楽しめる天国としてのディズニーランドがこの世に必要とされたのだろう。

アメリカ研究の泰斗である亀井の寸言にあるように、「これを〈まがいものの天国〉と批判することは簡単だが、アメリカ的な天才の産物の一つの典型といえるだろう」(亀井, 2012, p. 383)。童心はダンボールの箱で小さな家を作って遊び、恋心は衣装や化粧で外見を整えて人工のイルミネーションを共に見てくれる人を探し、老心は丁寧に庭の手入れをして造った小さな天国もどきで憩う。これらは本物の家でも、自然の太陽光でも、真の天国でもない。また、これらはイエスが天国で準備をしておくと弟子たちに約束した永遠の「住まい」でもなければ（ヨハ 14:2)、太陽の代わりに神と神の子イエスが照らし出す光でもなければ（黙示 21:23, 22:5, cf. マラ 3:20, マタ 17:2)、最終的な至福の天国でもない（黙示 22:1-5)。しかし、紀元前四世紀の哲学者アリストテレスが、「技術は、一方では、自然がなしとげえないところの物事を完成させ、他方では、自然のなすところを模倣する」と説いたように（アリストテレス, 4C.B.C., p. 75)、技術は自然を模倣しつつ補完することによって人を至福に近づける。このことをゲイブラーはディズニーランドの文脈において、「ディズニーランドは人造の環境と体験によって、まったく新しい心象風景となり、そこでは人工が自然を凌駕し、日々の現実の心労・恐怖は取り除かれる」と表現している（ゲイブラー, 2006, p. iv)。

ウォルトが駆使した技術の場合も、それが模倣する対象の一つは自然であった。例えば、『バンビ（Bambi)』(一九四二年) の製作時に彼は、「空想的な作品を創りだすには……まず本物を知らなければだめだ」とスタッフに語って本物の鹿や他の動物に触れさせ、スケッチさせた（グリーン, 1991, p. 179, cf. ベイリー, 1982, p. 142; ディズニー, 2003, p. 41)。この時に招かれた動物画家は、「森林管理官からシカの死体を手に入れて解剖し、講義のたびに皮や筋肉を取り除いていき、最後には骨だけになった」が（ゲイブラー, 2006, p. 287)、血の臭いに耐えながら一人のアニメーターは解剖の模様をスケッチし、スタッフ一同は骨格に基づく鹿の体の厳密な動きを学んだ。こうしたウォルトの姿勢は、映画やオーディオ・アニマトロニクスの製作に、ひいては「ウォルトにとっては天国だった」と言われるマー

セリーンの大自然への憧憬と共に（ゲイブラー，2006, p. 5, cf. 本書第一章第一節）、ディズニーランド全体に反映されている。

　ディズニーランドを建設する際にウォルトが模倣の対象としたもう一つのものは、おそらく彼が祖父や両親から受け継いだキリスト教の天国観だろう（本書第一章第一節）。この点を明示する典拠を探すことは困難であるが、特にウォルトの少年期のキリスト教信仰や聖書に基づく天国観は、その後に世俗化された形態をまとっていったとしても一定の位置を彼の中で占めていたと考えられる（本書結章冒頭）。少年期のウォルトが初めて観た映画は「キリストの生涯を描いたもの」であり、一緒に行った妹には、遅く帰っても両親から「怒られないから大丈夫だ」と言っていた出来事は極めて重要である（ゲイブラー，2006, p. 8, cf. 本書第一章第一節）。帰宅後に二人は実際には両親に叱られるが、遅く帰ってもキリストのゆえに許されるはずだというウォルトの思いは、少なくとも両親の威厳を凌駕するキリストの存在そのものに対する確かな信仰を現実的に表現している。

　ボードリヤールの理解では、ディズニーランドは模倣の対象となる「実在が欠如している」状態で自己形成されていることになるが（ボードリヤール，1981, p. 30, cf. ボードリヤール，1981, p. 1; 本書序章第一節）、ウォルトには具体的に解剖された鹿、マーセリーンの大自然、そしておそらく信仰上の天国像というものが実在していて、このようなものがウォルトの想像力や読書力と相俟ってディズニーランドを建て上げていったのだろう。したがって、ディズニーランドはウォルトにとって極めて現実的なものである。一九六〇年代前半、アメリカのプロテスタントの伝道師ビリー・グラハムがディズニーランドを訪れて、「なんと素晴らしい世界なんだ。実に見事な空想の世界だ」と述べたのに対して（グリーン，1999, p. 271）、ウォルトはこう答えた。

　　「ビリー、君の周りの人々を見てくれ。国籍、肌の色、言語はそれぞれ違うけど、みんなが笑っている。みんな一緒に楽しんでいるんだよ。ビリー、これが現実の世界さ。外の世界が空想なんだ」（グリーン，1999, p.

271, cf. 鎌田, 2015, p. 198)。

ウォルトにとってディズニーランドは単なる空想的極楽ではなく、すべての人々が各々の相違を超えて共に楽しむ平等な現実的極楽世界であり、外の世界の方が差別や虚構に満ちた場なのである。ただし、その現実的極楽世界を経験するには「パスポート」が必要とされることも事実である。

「『パスポート』チケットは、ディズニーランドという不思議な国に入るために必要なパスポート（旅券）なのであるが、これさえ用意できれば誰もが入場でき、自由にあらゆるアトラクションを楽しむことができる。また、パスポートを持っていれば、ディズニーランド内では、誰でも平等に扱われる。

　私たちは現実社会のなかで貧富、年齢、身分の差のように、さまざまな差別や力関係が影響する世界で生活している。だが、パーク内では誰もが平等に扱われる点で、非日常的な体験をすることになる」（富田, 2004, p. 43)。

「自由」と「平等」を享受するために、代価を払って「非日常的」な場に入らなければならないことは、逆にある意味でいかに日常的な世界が「自由」と「平等」から乖離しているかということを示唆している。しかし、ウォルトはこの世において最も幸福な場を設けるということ、つまり、まだ神がなしとげていないところの物事に取り組んだのである。それが神に対するウォルトの信仰に基づくものなら、「技術は、一方では、自然がなしとげえないところの物事を完成させ、他方では、自然のなすところを模倣する」というアリストテレスの名言は（アリストテレス, 4C.B.C., p. 75)、「信仰は、一方では、神がなしとげていないところの物事を完成させ、他方では、神のなすところを模倣する」と言い換えることができるだろう。ここで「神がなしとげていないところの物事」は決して「神がなしとげえないところの物事」ではない点が重要である。神は人間を通して働

く場合、人間の信仰を通してすべての物事をなしとげえるからである。

第三節　巡礼地になるディズニーランド

　ディズニーランドがある種の巡礼地になっているという指摘は度々なされているが、「巡礼（pilgrimage）」とはラテン語から説明すると、「野（ager）」を「通る（per）」ことによって別の場所に行くことであるから（Glare, 1982, p. 1335；竹　林，2002, p. 1871, cf. Turner, 1978, p. 241；Ross, 2011, p. xxxiii)、確かに各自の家や故郷とは異なるディズニーランドに行くことは語源的に巡礼であると言える。

　ディズニーランドは「合衆国における中流階級の主要な巡礼地」であり（Fjellman, 1992, p. 10, cf. 本書序章第一節；Pinsky, 2004, p. 233)、ディズニーランドへの旅行者は聖地を目指す「巡礼者」の姿である（能登路，1990, pp. 141, 206, cf. 本書序章第一節；本書第二章第二節)。日本においても、「ディズニーランドで年越し」、「初詣をレジャー化し、ディズニーランド詣」としている人々が増加しており（有馬，2001, b, p. 110, cf. 本書序章第一節；小宮，1989, p. 44)、ミッキーマウスやドナルドダックは「初詣での神々」の役割を果たしている（粟田／高成田，2012, p. 13)。こうした現象はすでに一九三〇年代中葉にウォルトのスタジオが、「ミッキーマウスのファンだけでなく、芸術やエンターテインメントの実験に関心のある者にとっては、巡礼の聖地となっていた」という萌芽的出来事を想起させてくれる（ゲイブラー，2006, p. 234, cf. 本書第一章第四節)。人々が思い思いに三々五々集まって来て邂逅するという意味で、ウォルトはスタジオやディズニーランドを拠点とする相互遇有収斂現象の契機を創造していたのである。

　村上が十八世紀の知識の世俗化過程を「聖俗革命」と称したことに基づけば（村上，2003, pp. 68, 71, 95, cf. 本書結章第一節)、このようにディズニーランドという世俗の場所が巡礼者のための聖地となることを逆に「俗聖革命」と呼ぶことができるだろう。歴史的影響力からすれば散発的で緩慢であることを考慮すると、単に「俗聖現象」と呼ぶ方が適切かもしれない。

例えば、日本において「ゼロ年以降に注目され始めたのは、アニメなどの聖地巡礼である」と評されるように（円堂, 2013, p. 171）、映画やドラマの撮影地にファンが殺到することは、典型的な「俗聖現象」の一つであると言える。

　一般的な俗聖現象は日本において新規なものではなく、往時より神社仏閣に至る通常の商店街がお祭りの夜になると屋台が立ち並んで豹変するなど、「日常世俗世界から非日常世界への大転回」は祭りの特質であり（粟田／高成田, 2012, p. 195）、「歩行者天国」もその一つと考えられるのなら（cf. 粟田／高成田, 2012, p. 213）、カリフォルニアのディズニーランドのメインストリート USA を初めとしておそらくすべてのディズニーパークは「歩行者天国」であり、「巡礼者天国」でもある。

　ちなみに、余暇を時間的に実現する「祭日」とも「祝日」とも「休日」とも訳されうる「ホリデー（holiday）」という英語が、元々は種々の宗教行事の執り行われる「holy day（神聖な日）」に由来していることは（寺澤, 1997, p. 660; 竹林, 2002, p. 1172）、宗教的活動と世俗的余暇の深い関係を示している（粟田／高成田, 2012, p. 195）。したがって、「聖俗革命」も「俗聖現象」も人間に関する一つの大きな現実の二側面であると言えるだろう。

　ブライマンはディズニーランド訪問が中流階級かそれ以上の家族向け娯楽施設であることを指摘した上で幾つかの研究に依拠しつつ、多くの訪問者にとって少なくとも二つの側面で「巡礼（pilgrimage）」が成立することを紹介している。

　一つ目は日常生活における巡礼意識である（Bryman, 1995, pp. 95f.）。ここでブライマンは、キング（King, M. J.）の研究に依拠している。巡礼意識とは人が聖地を訪問しようとする強い衝動であり、人はしばしば幼少期に訪問し、後に大人になってから子連れで訪問する。特にディズニーと共に育ったディズニー世代は、幼少期に「ディズニーに行った？」と聞かれて否と答えるなら、行っていない理由を続けて説明しなければならない窮地に陥るという状況が訪問の衝動を後押しする。また保護者にはディズニーランドに子どもを連れて行く義務感のようなものが生じ、さらには「行っ

た?」という質問とそれに対する応答自体が、あたかもキリスト教会の礼拝司会者の祈祷とそれに対する会衆の唱和からなる「連祷 (litany)」として、擬似的宗教施設の役割を果たしているディズニーランドへの参拝を勧めているかのようだというのである。

フェルマンもウォルト・ディズニー・ワールドやディズニーランドは子どもの「家 (home)」となり、親は子どもを最低一度でもそこに連れて行かないと「深刻な道徳的罪 (a grave moral offense) を犯す」ことになり、親と自称する権利を放棄することになるとまで言う (Fjellman, 1992, p. 10)。日本においても、「人によっては『ディズニーランドに行った?』という軽い問いかけが、すでに強迫観念になっているかもしれない」のであり (粟田／高成田, 2012, p. 154)、こうした意識は一般に共有されているようである。一般の大衆文化に付随しがちな性的表現が抑制されている作品を制作するディズニー社のスタジオは、すでに一九三〇年代にはハリウッドで「ミッキーの修道院 (Mickey's Monastery)」と呼ばれていたが (Griffin, 2000, p. 3)、このような「修道院」が作り出すディズニーランドは家族の巡礼の到達地として適切であると言えるだろう。

また確かに、ディズニーランドではミッキーマウスという中心的崇拝対象が存在し、「大統領の殿堂」では歴代の大統領の機械人形が人々の畏敬の眼差しを集め、大聖堂にも比肩する立派な建物が立ち並んでいる。青年期に人々はディズニーランドに話題のアトラクションが新設されても遊びに行っていなければ、友達との会話に付いて行けないことから来るある種の罪悪感のようなものが生まれ、言わば回心して訪問予定を立てるかもしれないだろう。

ブライマンはターナーの研究に基づき、二つ目として日常生活から離れる巡礼行為に言及する。ターナーによると、巡礼は歴史的に特にローマ帝国の衰亡や中世の衰退時などの急激な社会変化の時期に表面化するが (ターナー, 1974, pp. 130f.)、神秘主義が特に霊を活用する内面的巡礼であり、巡礼は特に体を活用する外面的神秘主義であるとすると、信者はいつの時代にも社会的構造の垣根を取り払って思索や行動に赴いていると言える

(Turner, 1978, pp. 33f.)。概して巡礼は、次のような四つの主要な型に分類することができる（Turner, 1978, pp. 17ff., 33）。

＊巡礼の四つの主要な型

(1) 「原型的巡礼 (prototypical pilgrimage)」。その宗教の創始者や最初の弟子たち、その信仰の重要な伝道者たちによって確立された巡礼は、象徴的表現、創始期の物語、教会的構造、国際的評判において明白である。エルサレムへのユダヤ教徒の巡礼、エルサレムとローマへのキリスト教徒の巡礼などが代表例である。

(2) 「原初的巡礼 (archaic pilgrimage)」。古い宗教信仰や象徴との混交の明白な痕跡がある巡礼は、ケルトの宗教の要素を含むイギリスのサマーセットのグラストンベリー (Glastonbury) への巡礼などが代表例である。

(3) 「中世的巡礼 (medieval pilgrimage)」。五〇〇年から一四〇〇年のヨーロッパ中世の代表的な巡礼地として、イギリスのカンタベリーやスペインのサンティアゴ・デ・コンポステラ、イタリアのアッシジやドイツのケルンなどが挙げられる。

(4) 「近代的巡礼 (modern pilgrimage)」。十九世紀から二十世紀初期のヨーロッパ・カトリックの巡礼地として南フランスのルルドなどが有名である。実際は、幻影や治癒などの奇跡を含むので「反近代的 (antimodern)」または「中世以後 (postmedieval)」とも称せられる。

これら四つの型に共通しているのは、巡礼が「故郷を出発して、遠隔地に行き、再びもとの場所に戻ること」（ターナー，1974, p. 163）、つまり、分離、境界、再統合という構成要素から成立するという点である（ターナー，1974, pp. 164, 307; Turner, 1978, pp. 2, 7）。宗教的に巡礼がユダヤ教のように義務的行為の場合もあれば、キリスト教のように自発的行為の場合もあるが（ターナー，1974, pp. 133f., cf. ターナー，1974, p. 154）、巡礼者はその「境界 (limen)」において日常の規範と秩序に基づいた法的政治的体系内

の地位や役割から逸脱し（cf. ターナー，1969, pp. 128, 173;Turner, 1978, p. 231)、しばしば孤独で定義困難な存在になる（ターナー，1969, pp. 126f.; ターナー，1974, p. 59, cf. ターナー，1974, p. 267)。この状態が「境界状態（liminality)」であり（ターナー，1974, p. 8;Turner, 1978, pp. 249f., cf. ターナー，1969, p. 236; ターナー，1974, pp. 122, 305f.)、特に近代以降の西洋の自発的巡礼はそのある程度柔軟な性質上、「境界的状態（liminoid)」と呼ばれる（Turner, 1978, pp. 34f., 253f., cf. ターナー，1974, pp. 339ff.;Turner, 1978, pp. 9, 38, 231;Ross, 2011, p. xlii)。

この境界において自然発生する平等で個性的な人間関係をターナーは、ラテン語を活用して「コミュニタス（communitas)」と呼び（ターナー，1974, p. 51, cf. ターナー，1974, pp. 312f.)、これが構造化された日常世界に対して解放性と普遍性という新しい可能性を提示するという（ターナー，1974, p. 171)。「コミュニタス（communitas)」とは、語源的に「お互いに（con)」「交換すること（munis)」という意味であり（Glare, 1982, pp. 369f.)、巡礼者はお互いに公的な立場や役割を超えて自らの存在を出会った人々に明け渡し、ブーバーの説くような「我と汝」という本質的な邂逅を経験する（ターナー，1974, pp. 50, 60, 238, cf. ターナー，1969, p. 192)。

このことはターナーが、制度的な地位体系の中である人の身分が昇格する儀礼と、上位身分の人が下位身分の人から権威を行使されるという降格の儀礼、つまり、ある意味で「お互いに」身分を「交換する」という「身分逆転の儀礼」を「境界状態」の型として言及することと深く関係している（ターナー，1969, p. 237)。「身分低き者を高くし、身分高き者を低くする」身分逆転の儀礼は（ターナー，1969, p. 251)、「社会構造やコミュニタスをもう一度正常な相互関係に導くもの」なのである（ターナー，1969, p. 253)。このような視点に立てば、権力者らが排斥され（ルカ1:52-53, cf. マタ19:30, 20:16, 21:31)、自分を「子どものように低くする人、この人こそ天の王国で最も偉大である」と宣言される天国こそ（マタ18:3-4, cf. 本書結章第二節；ヨハ13:3-5)、平等と階級が神秘的に一つである「光かがやく全体、ないし、コムニタスである」と言える（ターナー，1969, p. 259, cf. ターナー，

1969, pp. 200, 204）。

　他方、この世におけるコミュニタスは時間の経過と共に下記の反構造的な（1）から（2）や（3）へと構造的に展開する（ターナー，1974, pp. 125f.;Turner, 1978, pp. 250ff., cf. ターナー，1969, pp. 182f.）。

＊コミュニタスの三形態
（1）　実存的または自然発生的コミュニタス。種々の背景を担った人々が直接的に、全人格的に邂逅し、人類が自由で均質な集団であることを認識する。
（2）　規範的コミュニタス。自然発生したコミュニタスが共通の目標を抱くことにより、集団を規範に従って組織化して持続的な社会体系とする。
（3）　イデオロギー的コミュニタス。実存的コミュニタスが外的にユートピア的社会として建設される。

　巡礼者は個人的に自発的に巡礼を志願したとしても、一定の場所に大勢の巡礼者が長時間かけて集結することを考慮すると（cf. ターナー，1974, p. 204）、組織や規律が必要であり、「（2）　規範的コミュニタス」こそが巡礼者同士の間に、また巡礼者と巡礼支援者の間に社会的紐帯を作り出して巡礼を実現させる（ターナー，1974, pp. , 126, 129, cf. ターナー，1974, p. 138）。こうして巡礼者が罪と結び付いていた日常的生活から離れ、悔い改めつつ巡礼地に向かう点で、巡礼は罪の許しを象徴しており（ターナー，1974, p. 181;Turner, 1978, pp. 7, 32, 232f.）、許されたという共通点を持つ者の間で分け隔てのない関係が深化される。

　このように、巡礼は構造化された社会の中に言わばこの世の垣根を取り払ったコミュニタスを創造する点で反構造的であり（ターナー，1974, p. 146, cf. ターナー，1974, pp. 48f., 170f., 179f.）、この存在と継続が治癒や再生を通して日常的社会を活性化させる非日常的な役割を果たしている（ターナー，1974, p. 173, cf. ターナー，1974, p. 11）。したがって、社会の創造性と

いう観点において構造と反構造としてのコミュニタスは相互に不可欠な要素なのである（ターナー，1974, p. 58, cf. ターナー，1969, pp. 129f., 143ff., 176; ターナー，1974, pp. 219, 268, 298）。

さらに、ターナーが人間のこのような反構造的な境界状態を動植物の世界にまで延長して論じている点は極めて興味深い。

> 「境界状況と近接した儀礼の局面、ならびに境界状況そのものにおいて、人間は鳥、獣、植生をシンボルとして語ることが多い。だから動物の仮面、鳥の羽毛、そして草の繊維および木の葉で造った衣服が、新入者と司祭の身を包むことになる。こうして構造にもとづく生は、動物性と自然にとって代わられる。とはいっても、構造的な生はまさに同じ力によって再活性化される。すなわち、人は死して自然に還り、再び自然から生まれ出ずるのである」（ターナー，1974, pp. 240f.）。

ターナーのいう「新入者」と「司祭」は、ディズニーランドでは「ゲスト」と「キャラクター」という形で演出されている。ディズニーランド自体においてこの過渡的な反構造性は、種々の材料から動物の縫いぐるみが作られ、植栽が動物の形に刈り込まれ、動物が人間のように振る舞い、従業員も入園者も動物や妖精の姿になり、かつての偉人らが機械人形となり、大人が童心に返って子どものように遊び、子どもが次のアトラクションを目指して大人のように率先的に行動し、見知らぬ人同士が行列の待ち時間に自然に語り合い、こうして元々の帰属領域から過渡的領域に入る点において顕著に見られる。巡礼者らが過渡的状況において交流する喜びを味わうように、ディズニーランドのこれらすべての存在は、言わば自己の領域から越境して他の領域のものと交流することでその自由で平等な存在の喜びを共有していると言えるだろう（本書結章第二節）。

これは、神が最初に天地万物を創造した際に各々の種類の被造物を日々「良し」として共存させ（創世 1:4, 10, 12, 18, 21, 25, 31, 2:3）、共に喜んだことの世俗的表現であるとも解釈できる。また象徴的なことであるが、「デ

ィズニー」という名称自体もウォルト・ディズニー、ロイ・ディズニー、ディズニー社とディズニーの名の付く関連会社、世界中のディズニーの種々のパーク、多岐にわたるディズニーブランドなどのように言わば越境的であり、ウォルトの「良し」という喜びの声が各種の「ディズニー」の名と共に聞こえるかのようである。

　このようにディズニーランドへの巡礼自体が巡礼者に日常から非日常への越境的歓喜をもたらし、さらにディズニーランド内でも諸領域における縦横の巡覧が越境的歓喜をもたらす。この二重の歓喜は、ゲストからキャストへ「ありがとう」と言う感謝の気持ちを発露させる「『幸せ』と感じる瞬間」に結晶し（鎌田，2013, p. 186, cf. 鎌田，2014, b, p. 206）、ゲストをリピーターに、リピーターをフリークエンターにする。年間パスはこの動向に拍車を掛けているだろう。

　確かに、ディズニー・リゾートの「リゾート（resort）」とは、語源的に「再び（re）」「出掛けること（sortie）」を意味し（竹林，2002, pp. 2095, 2351, cf. 山田，2002, p. 17; 粟田，2013, p. 108）、リピーターの目的地である。「フリークエンター（frequenter）」とは「よく訪れる（frequent）」人（竹林，2002, p. 977）、言わば「頻客」を指すが、日本におけるその増加は、「フリーク・エンター、変な人の入園（freak enter）」も招来している（本書序章第一節）。しかし、今や日本の大部分の人がディズニー・リゾートに訪問しており、ネットでもすでに多用されている造語を応用すれば、ディズニー全般を積極的に評価する「ディズニーズ（Disneyese）」とも言うべき集団とそうでない集団に分類できそうなほどディズニーの存在感は増している。外国なら前者の集団は、「ディズニアン（Disneyan）」と呼べるかもしれない。

　従来の日本では巡礼地と言えば神社仏閣が中心であり、法事や墓参などを含む帰省や旅行も巡礼的要素を帯びているが、ディズニー・リゾートも疑似宗教的な意味において新たな巡礼地となっていると言えるだろう。

　例えば、東京ディズニー・リゾートにおいて疑似宗教的役割を果たしているのは日本のお土産文化である。東京ディズニー・リゾートでは入園料の割合が四十二％程度なのに対して商品収入三十六％、飲食収入二十二

％であり、他のディズニー・リゾートと比較してゲストのお土産購買率が高い（cf. 本書第二章第二節）。栗田によると、日本人の観光は「遊、食、買」の三点セットからなり、観光地で遊んで飲食をし、最後に思い出を物に託して買い物をするが、帰宅後に自分や家族だけでなく親戚や近所の人にもお土産を配るという習慣は、「御蔭参り」と呼ばれる江戸時代の伊勢神宮への集団的巡礼運動である「お伊勢参り」に端を発しているという（栗田，2013, pp. 11f., cf. 栗田／高成田，2012, pp. 225, 252; 栗田，2013, p. 146）。「みやげは、神社などの配り物である『宮笥』（みやけ）と、その土地の産物である『土産』（どさん）が合体して、『土産』（みやげ）となったといわれる。ディズニーグッズは、まさにミッキーという氏神のみやげということになる」のである（栗田／高成田，2012, p. 305, cf. 前田，2005, p. 1068）。

　ローマ帝国下で誕生したキリスト教は三一三年コンスタンティヌス帝のミラノ勅令によって公認されるほど成長したが、一〇五四年には教義理解や伝道方法の相違などから相互破門によって西方ローマ・カトリック教会と東方ギリシャ正教会に完全に分裂し、十六世紀にはローマ・カトリック教会の重積した伝統や階級制度を否定した宗教改革によってプロテスタント教会が生まれた。ディズニー・リゾートの疑似宗教的機能をキリスト教のこの三形態の特徴に従って検討することも可能である。

　カトリック教会は壮麗な大聖堂に象徴されるように、積み上げられてきた伝統は教会の建築から司祭の式服、教会に啓示された神秘を具体的に人間の感覚に訴える形で表現する七秘跡とも呼ばれるサクラメントの執行方法にまで及ぶが、確かにディズニー・リゾートにおいても大聖堂級の絢爛たるシンデレラ城や眠れる森の美女の城があり、スタッフは着ぐるみや配役の正装で身を包んでゲストを待ち構えている。以下に七秘跡、（1）洗礼、（2）堅信、（3）聖体、（4）告解、（5）終油、（6）叙階、（7）婚姻と東京ディズニー・リゾートにおける世俗化された形態の類比関係を示そう。

＊東京ディズニー・リゾートの七秘跡
（1）　洗礼。教会では三度額に水を掛ける滴礼や川の中や浴槽に一度沈

める全身礼といった洗礼方法があるように（マタ28:19）、ディズニー・リゾートでもゲストはスプラッシュ・マウンテンで水滴を浴び、パーク自体も毎夜ホースで全域を水洗いする（渡邊, 2013, pp. 52f., cf. 本書第三章第三節）。

(2) 堅信。信者が自らの信仰を確認して教会への入会を再確認するように、ゲストはミッキーやミニーに会えるという信仰を堅くしてディズニー・リゾートに入園する。

(3) 聖体。教会員がキリストの体と血を象徴するパンとぶどう酒を礼拝の聖餐式で受けるように（マタ26:26-30）、ゲストはディズニー・リゾートのレストランなどでミッキーの形や印の入った食材を頬張る。

(4) 告解。教会では告解に基づく許しがあるように、やや言い募ると、ゲストは場合によってはディズニー・リゾート内でいかに新規アトラクションや施設の変更、増設に無知だったかを友人と告白し合って許し合うこともあるかもしれない。

(5) 終油。司祭が病気や危篤の信者の額に油を塗って速やかな快気または天国へ向けての安らかな臨終を祈るように（マル6:13）、ディズニー・リゾートでは空腹のゲストの手にスタンプが押され、ピクニックエリアでの安らかな回復と「天国」であるパークへの速やかな復帰が祈られる。

(6) 叙階。教会の「ヒエラルキー（階級制度）」の中で種々の権限のある聖職者の昇任があるが、東京ディズニー・リゾートも「大きなヒエラルキーを構成」しており、「上位階層」からディレクター、各ランドの責任者としてワーキングリードを統率するスーパーバイザー、店舗やアトラクションの店長を務めるワーキングリード、店舗やアトラクションのキャストのシフトを作成するスケジューラー、そしてキャストがいる（中島, 2013, p. 66）。また、教会では聖職者や聖歌隊しかその職責に相当する式服を着ることができないように、ゲストはミッキーマウスの着ぐるみを着たり、シンデレラや白雪姫の衣装でディズニー・リゾートに入園することはできない。

結　章　「影の宗教」としてのディズニーランド

（7）　婚姻。一度だけお姫様の姿で入園できる時があり、それは最後の夢、ディズニー・リゾートでの結婚式である（cf. 中島, 2013, pp. 120ff.）。教会において結婚式が、教会員が帰属する教会と教会の頭であるキリストの強い絆を象徴する荘重な儀式であるように（エフ 5:21-33）、ディズニー・リゾートにおいてもそれはゲストが帰属するディズニー・リゾートとミッキーの強い絆を象徴していると言えるだろう。

「サクラメント（sacrament）」は、ギリシャ語の「神秘、奥義（mustêrion）」のラテン語相当語句「サクラメントゥム（sacramentum）」に由来し（Cross & Livingstone, 2005, p. 1445）、本来は神のみに属する事柄を人間の感覚で理解できる形で表現したものであり、教会員にはこの感覚を通してその内奥にある神的現実に常に向き直ることが求められている。したがって、この人間の感覚に訴えるために用いられるパンもぶどう酒も、水も油も、建物も式服も厳密な意味では道具的・機能的価値しか持たず、真の神の栄光の前では言わばはりぼてにすぎないものとなる。しかし、このはりぼてには人間の歴史的英知が結集されている。それはキリストが十字架刑を前にしてパンとぶどう酒を自らの「記念」として弟子たちに与えたように（ルカ 22:19, cf. ヨハ 14:26, コリ一 11:24-25）、真に記憶的価値のあるキリストを通して真の神に人々を近づけるためのものである。同様にして、世俗化された天国としてのディズニー・リゾートの五感に訴える種々の創意工夫に満ちた仕組みも、それを通して真の人間のあり方を模索して問い直すためのものである。

　真の人間らしさと一見反立するように思われるのが病気であるが、ウォルトの数々の成果は「おそらく、世界じゅうの精神科医が治療したよりも多くの悩める心を癒した」と評価されている（トマス, 1976, 1994, p. 362, cf. 本書第一章第五節）。東京ディズニーランド開園と共にナイトカストーディアルの業務経験のある著者「自らの経験に基づいて創作された物語」に（鎌田, 2012, a, p. 214）、余命幾ばくかの重病の少年がやっとの思いで入園を許され、限られた時間の中で最後、「イッツ・ア・スモールワー

ルド」に感激して、最終的に快気に向かう「希望のかけ橋」という話がある（鎌田、2012, a, pp. 161ff.）。少年はそのアトラクションにおいて、「世界中の人形たちがそれぞれの国の衣装を脱ぎ、みんなで真っ白い衣装を着ている」演出から、他の元気な子どもたちと「平等になれる」と確信し（鎌田、2012, a, p. 186）、回復後には「僕が病気になったのは、不公平だからじゃなく、きっと神様が与えてくれた試練なんだ」と回顧する（鎌田、2012, a, p. 202）。こうした理解は、「神は真実ですから、あなたたちの力を上回る試みをあなたたちが受けるままにしておかず、その試みと共に持ちこたえられるように、出口も造るだろう」というパウロの言葉とも通底するものがあり（コリ一 10:13）、さらには巡礼地での奇跡的治癒という出来事も想起させる。

　例えば、ターナーの挙げる「近代的巡礼（modern pilgrimage）」地の一つであるフランスのピレネー山脈の麓の町ルルドは、一八五八年マサビエルの洞窟において一人の少女に聖母マリアが出現して以来、多くの重病人の奇跡的治癒が起こった地として有名である（カレル、1949, pp. 93f., 186f., cf. Turner, 1978, pp. 226ff.; 村上、1996, p. 168; Keener, 2011, a, pp. 384ff.）。この奇跡の科学的調査に興味を抱いた「レラック」ことカレルは一九〇二年、「あまりにも少ししか知らない法則の名のもとに何ごとをも否定してはならない」という広い心で医師としてルルドへの病人の巡礼団に同行したのだが（カレル、1949, p. 12）、果たして、現地で器質性の結核性腹膜炎のゆえに重篤な若い女性マリー・フェランの「腫脹」が消えていくなど（カレル、1949, p. 62）、病状が「数時間のうちに」完全に治癒する経緯を目の当たりにしてしまう（カレル、1949, p. 69, cf. カレル、1949, pp. 16, 21f., 43, 48, 69; Keener, 2011, b, p. 683）。この出来事の信憑性を考慮する際に、次の点が重要であると思われる。

＊ルルドの奇跡とカレルの状況
（1）　この時までに、「科学研究に没頭したレラックは、ドイツの批判哲学に引かれて、次第に実証的方法以外に確実なものは存在しないと確

信するように」なっていた（カレル，1949, p. 32）。
(2)　カレルを含めて複数の医者が治癒前と治癒後に同じ診断結果を出しており（カレル，1949, pp. 70, 72）、カレルにとってマリーは、「大勢いる病人のなかで、自分の一番よく知っている、長く病状の観察をした者」である（カレル，1949, p. 71）。
(3)　カレルがこの出来事の前にルルドの奇跡事例について友人に、「群衆の祈りから一種の念力が出て、それが神経組織に働きかけるんだよ。でも器質性疾患の場合は効かないよ」と語っていたように（カレル，1949, p. 35, cf. カレル，1949, p. 41）、神経性疾患の場合は自己暗示力によって治癒される可能性を認めていたが、器質性疾患の場合はその可能性を否定していた。
(4)　カレルは後に組織培養法の発見、血管縫合術や臓器移植法の考案によって一九一二年にノーベル生理・医学賞を受賞している（カレル，1949, p. 185）。

　また、同様にして留意すべき点は、「医学博士であり、リヨンの医学部で解剖学実習助手をしているレラックは、特に解剖学と実験に携わっていたのだが病理学との境界領域の問題にもまた興味を持っていた」こと（カレル，1949, p. 28）、つまり、一つの専門領域に埋没することなく研究者として開かれた「巡礼者的知性（pilgrimlike intellect）」とも言うべきものを持っていたことである。こうした姿勢は「医学の世界では多くの人が、自分が観察したこともない事実を否定している」という陥穽を回避させ（カレル，1949, p. 95）、文化人類学者の認める「奇跡による治癒」を最初から否定することもない（ターナー，1974, p. 166）。
　このような巡礼地が距離的に日常と隔絶した非日常的空間を構成するのに対して、修道院はどこに位置していても構造的に周囲の世俗的世界から独立した神聖な空間を維持している。現代小説の中の表現を借りると、高い壁によって修道院は「俗世間からは遮断されている」が、修道院内の「全空間は天に向かって開かれている」（森，2001, p. 12）。そして、かつて

は「鏡が無い」修道院が多かったので（森, 2001, p. 41)、ある意味で修道院においては自意識や美意識からも遮断されていて、修道士や修道女の全意識が神に向かって開放される訓練が積み上げられていたのである。

確かに、十五、十六世紀フィレンツェを舞台にしたベストセラーであるデュナント『地上のヴィーナス』(2004年) では、「修道院には鏡がなく、窓にはガラスもなく、庭の池でさえ中央に噴水が作られ、絶えることのない水しぶきとさざ波によって、水面に顔を映して自己愛にひたることもできない」と描写されており（デュナント, 2004, p. 6, cf. デュナント, 2004, p. 427)、十九世紀中葉から書き始められたユゴーの名作『レ・ミゼラブル』に登場する「修道院には鏡など一枚もない」と記されている（ユゴー, 1862, 2, p. 91, cf. 宮平, 2008, pp. 20f.)。ちなみに、オードリ・ヘプバーン主演の映画『尼僧物語』(1959年) では、ベルギーの鏡のない修道院において鏡を見ずに修道ベールを身に付けることを前提にした場面や、修道院の窓ガラスで自分の姿を見つめてしまった修道女が修道院のチャペルで懺悔する場面があり、アメリカを舞台とするホラー映画『ミラーズ』(2008年) では、鏡を通して悪魔世界と交流してしまう少女が、医者や司祭の手におえず、鏡のない「聖アウグスティヌス修道院 (Saint Augustine Apostolic Monastery)」に修道女として入れられる背景がある。

古代のアウグスティヌスによるとされている「修道規則」では、労働や読書、祈祷や食事からなる日課、財産の共有、衣服の規定、外出時の注意、長上者への敬意や病人への配慮を含む兄弟愛に基づく共同生活の秩序を守ることによって、神への愛と恐れを証しすることが命じられているが、週に一度の「修道規則」の朗読を通して「この小さな冊子をいわば鏡として自分を眺めること」と定められている（アウグスティヌス, c.4C., p. 1105)。つまり、アウグスティヌスの構想する修道院で「鏡 (speculum)」と呼ばれるものは「修道規則」であり、それは神への愛と恐れを証ししているかどうかを自己吟味するためのものであり、人間的な自意識や美意識を確認するためのものとは無関係である。

西洋の修道院規則の規範的位置を占めるベネディクトゥス『戒律』によ

ると、修道院において私有物は一切厳禁であり（ベネディクトゥス, c.540, p. 286)、修道院の器具、衣服、靴、筆記具が修道僧に貸与されるが（ベネディクトゥス, c.540, pp. 285f., 306f.)、それらの中に鏡はない。フランス・グルノーブル郊外の「シャルトルーズ修道院慣習律」においても、修道士が「修室（cella)」と呼ばれる個室で与えられる寝具、衣服、文房具、書物、調理器具などの細目が個別に記録されているが、それらの中に鏡はない（グイゴ, 1121-1128, pp. 256f.)。

ちなみに、「自然の鏡（Speculum naturale)」、「学識の鏡（Speculum doctrinale)」、「歴史の鏡（Speculum historiale)」からなる北フランス・ボーヴェのウィンケンティウスの『大きな鏡（Speculum maius)』（1244-1259）など（Cross & Livingstone, 2005, p. 1171)、中世キリスト教世界では『鏡（Speculum)』という題の百科全書や信仰書が散見されるが、それは鏡が自然界、学問の世界、過去の出来事を映し出すものの象徴であり、それらを通して自らの姿を正すためである。プラトンは古くから万物を映し出すこのような鏡について印象的な解説をしている。

> 「鏡を手に取ってあらゆる方向に、ぐるりとまわしてみる気になりさえすればよい。そうすれば、君はたちまち太陽をはじめ諸天体を作り出すだろうし、たちまち大地を、またたちまち君自身およびその他の動物を、家具を、植物を、……すべてのものを、作り出すだろう」(プラトン, 11, c.4C.B.C., p. 694)。

日本においても平安時代以降に著された四鏡と呼ばれる『大鏡』、『今鏡』、『水鏡』、『増鏡』の鏡物は過去の世界を映し出すものとしての歴史物語であり、十一世紀北宋の『資治通鑑』は文字どおり「治」世に「資」する「鑑」とすべき「通」史である。東洋思想の専門家の中村元によると、「現実を芸術的感情をもって叙述している」日本の四鏡の「鏡」が「事物をいちもく瞭然と映し出す意味」であるのに対して、中国の代表的な歴史解釈書である「『資治通鑑』などという場合の『鑑』の字には倫理的・政治的

反省の意味」があるという（中村, 1989, p. 410)。「歴史 (history)」を「溺史 (Distory)」化する傾向がディズニーにあるとするなら（本書序章第一節）、ディズニーは中村の説く意味で中国的というよりは日本的であり、日本での大成功も親和的現象であると言える。

　姿見としての鏡がない修道院があるという視点は、ディズニーランドとの興味深い共通点を想起させてくれる。ディズニーシーが外界に向けてやや開放的な構造をしているのに対して（北田, 2011, pp. 83f., 102ff., cf. 長谷川, 2014, pp. 39ff.)、ディズニーランドでは基本的にパーク内からパーク外の現実世界が見えない遮断された空間を維持することに主力が傾注されており（山口, 2015, pp. 21f., cf. 本書第二章第二節)、周囲のオフィシャルホテルには十二階以下という建築制限が課せられている（小松田, 2007, p. 29)。そして、実に驚くべきことに開園当時、夢と魔法の国で自分の顔を見て現実に戻ってしまわないための配慮として、「ディズニーランドには鏡がない」という言わば都市伝説が流布されたという（山口, 2015, p. 27)。

　しかし、実際には専門家の調査によると鏡はあるが、通常のようにレストルームの洗面台の正面ではなく、その側面や背面に設置されていることが多く、女性の一回の利用時間は男性の三倍であるため（安孫子, 2011, p. 136)、特に女性用では化粧直しによる滞留時間の縮減を通して混雑緩和が期待でき（cf. 山内, 2010, p. 164; 安孫子, 2011, p. 138)、「東京ディズニーランドでは、正面入口からの距離が比較的遠い、パークの奥の方、すなわち現実世界から遠く離れたいくつかのテーマランドでは、全てのレストルームにおいて鏡が正面に置かれていない」という（山口, 2015, p. 28)。ディズニーランド・パリにおいても二〇〇八年時点では、ディスカバリーランドのレストルーム一箇所のみで洗面台正面に鏡が設置されており、他の十四箇所のレストルームには洗面台正面には鏡がなく、逆に駐車場のレストルームでは洗面台正面に鏡が設置されているとのことである（山口, 2015, p. 28)。

　ちなみに、ファストパスの導入と共に、このようなレストルームの鏡の位置の移動もゲストの声を丹念に汲み取ってきた東京ディズニーランドの

キャストの提案によるものであるという（糠谷，2012, p. 220）。また、レストルームに関してディズニー・リゾートでは国際的な基準に倣って男性用では男性が、女性用では女性が巡回清掃を行っているという指摘もある（安孫子，2011, p. 135）。

このようにディズニー・リゾートにおいても修道院においても、外界から遮断されている構造や鏡が忌避されている傾向が共通していることに相互遇有収斂現象が認められると言える（cf. 本書結章冒頭）。ディズニー・リゾートではミッキーマウスのイヤーハットやカチューシャをかぶって理想の夢と魔法の世界に集中し（本書第二章第二節）、修道院では修道ベールをかぶって神の世界に集中することもこの現象の一つである。神がしばしば実際の夢を通して人々に語りかけ（創世 28:12, 37:1-11, 40:1-41:36, ダニ 1:17-2:47, 3:31-4:34, マタ 1:20, 2:12-23）、神のしもべらが行う奇跡は周囲の人々には魔法に見えたことを考慮すると（出エ 7:8-13, 22, 8:3, 14-15, 9:11, 使徒 8:9-24）、その相互遇有収斂は神の世界と世俗化された世界の間の並行現象である。

興味深いことに、修道院で鏡が忌避されていたこととは対照的に、自意識と美意識に捕らわれて鏡に向かう度にそこで滞留して国中で一番美しいのは誰かと問い続けたのは、『白雪姫』の継母である（グリム，二，1857, pp. 131, 137, 139, 141, 144, 147）。白雪姫が誕生してまもなく后の亡き後に新たに后として迎えられたこの継母は、姫の成長と共にその美を妬み、姫が七歳の時に鏡が一番美しい后より姫は千倍美しいと答えると、三度も姫の殺害未遂に及ぶ。このことは崇高な真善美に対する老獪な支配の無力さを示しているだけでなく、自らを映し出す鏡の声が自分の深層心理の表現であるとすると、肯定せざるをえない他者の真実と肯定しておきたい自己の虚構との葛藤意識の変遷を示していると言えるだろう。したがって、ディズニーランドに来てレストルームの鏡の前で不必要なほどに滞留することは、老いさらばえる魔女の役を自ら演じていることを示しているのかもしれない。

ボードリヤールによると、家具としての鏡は裕福な家庭において「反復

表現・表面性・反映というイデオロギー」の象徴であり、「象徴の秩序に属している物である鏡は、単に個人の特徴を反映するだけではなく、その展開のなかに、個人の意識の歴史的な展開を伴っているのである。したがって、姿見には社会秩序全体の承認がある」としてルイ十四世の時代の豪華なヴェルサイユ宮殿「鏡の間」や一般のアパルトマンにおける姿見の増加に言及するが（ボードリヤール，1968, pp. 23f.）、特に「反映」という鏡の機能は部屋の中の家具としての鏡に対してだけでなく、『白雪姫』における鏡の中の后の深層心理に対するものとしても重要である。自分と共に姫が歳を取るにしたがって后は、国中で一番美しいという自意識が崩れていく展開に抗することができなかったが、それは社会全体の承認の反映でもあったのである。

　また、ボードリヤールはディズニーランドが対応する現実的根拠のないシミュラークルであるという問題提起をしたが（本書序章第一節；本書結章第二節）、それはディズニーランドという巡礼地まで徒歩で巡礼することで部分的には解決するだろう。カリフォルニアでは、「人々は互いに見つめ合うこともせず、その代わりに研究所がある。互いに触れ合うこともなく、代わりにコンタクトセラピーがある。歩くこともせず、ジョギングするなど」という状況であるから（ボードリヤール，1981, p. 19）、ディズニーランド近郊から当地までの遊歩道や休憩所が整備されれば、巡礼者たちが歩きつつ時には互いに見つめ合い、触れ合う機会も生まれるだろう。おそらく往時から存在する巡礼とはそういうものであり、ターナーが「コミュニタス（communitas）」と呼んだものである。

　確かに中世ヨーロッパでは巡礼名所への徒行は、居住地によっては平均的な財力と体力を備える人々が一生に一度のみ実現可能な言わば冥途の土産となるようなものかもしれない（cf. ターナー，1974, p. 147）。しかし、このような非日常的経験を実現するには日常的生活における財力と体力の蓄積が必須であるという生活像は、構造的には必ずしもカトリック的世界のみの現象というわけではなく、巡礼は大きな礼拝であり、礼拝は小さな巡礼であるとすると、日常的な平日と非日常的な安息日という小さな構造に

おいては、平日の世俗内での労働と安息日の教会内での礼拝やその他の場での余暇というプロテスタント的生活像であると考えることもできる。ちなみに、人生は大きな巡礼であり、巡礼は小さな人生であるとすると、聖と俗は複雑に入り組んでおり、すべての人は泣きながら生まれて来た人生の終着点において祈りつつ旅立つ、または願い事をしつつ旅立つとも言えるだろう（宮平，2017, pp. 231f.）。

さらに、日本においても「祭りに参加するためのおこもり＝禁欲的労働に経済の原動力があるだけでなく、祭りそのものにも経済発展の芽がある」という指摘があることも考慮するなら（粟田／高成田，2012, p. 219）、労働と祝祭という人間の基本的生活像はある程度の普遍性を持っていると言える。したがって、不均衡な形で一部の地域や国家が祝祭をより多く享受し、その他が労働をより多く強要されるという構造は是正されるべき余地を残している（cf. ドルフマン／マトゥラール，1971, pp. 89, 100, 103, 178, 180）。

ここでプロテスタントとその労働に関してウェーバーの重要な見解を参照しておこう。ウェーバーはその名著『プロテスタンティズムの倫理と資本主義の精神』（1904-1905 年）の題名が明示しているように、プロテスタンティズムの倫理と資本主義の精神の「内面的な親縁関係」を指摘した（ウェーバー，上，1904-1905, p. 28, cf. ウェーバー，上，1904-1905, p. 246）。「資本主義」とは「近代資本主義」であり、「精神」とは「倫理的色彩をもつ生活の原則という性格」を指し（ウェーバー，上，1904-1905, p. 44）、「正当な利潤を使命（すなわち職業）として組織的且つ合理的に追及するという精神的態度」が「（近代）資本主義の精神」である（ウェーバー，上，1904-1905, p. 72）。

「プロテスタンティズムの倫理」についてウェーバーは、慧眼をもって宗教改革以前の修道僧の精神に遡及して解説する。

> 「»industria«の概念は、修道僧の禁欲に源を発し、学僧によって発達せしめられたものであって、これこそ後にプロテスタンティズムの徹底的

に世俗内的な『禁欲』……の中で完全な発達を見る『エートス』の萌芽なのである」（ウェーバー，上，1904-1905, p. 58, cf. ウェーバー，上，1904-1905, pp. 83, 89)。

「エートス」とは「起動力」（ウェーバー，下，1904-1905, p. 163)、「推進力」であり（ウェーバー，上，1904-1905, p. 72; ウェーバー，下，1904-1905, p. 91)、「インダストリア（industria)」とは語源的には「中に（in)」「建て上げること（struo)」であるが（Glare, 1982, p. 889, cf. 竹林，2002, p. 1254)、現代の英語に「勤勉（industry)」（一五三一年初出）と「産業（industry)」（一五六六年頃初出）の双方の意味が残されていることは（寺澤，1997, p. 711)、中世において言わば自らの体の中に徳を建て上げる建徳的側面が強調され、特に近代以降にはどこであれ一定の区域の中に物を作り建て上げる建築に代表されるような「産業」的側面が「勤勉」の結果として顕在化してきたことを示唆し、「勤勉」が「産業」の「起動力」であり「推進力」であることを十分に想像させる。

このような中世の修道僧の「勤勉」と近代の「産業」の間には宗教改革という重要な歴史的変革があり、元々は修道僧であった宗教改革者ルターは、現在では世俗的な意味で使用されるようになった「職業（Beruf)」という語を当時、「神から授けられた使命」という意味を込めて明示し（ウェーバー，上，1904-1905, p. 95, cf. ウェーバー，上，1904-1905, pp. 67, 102, 104, 109)、世俗的日常労働を尊重した。ウェーバーはこの出来事の重要性を次のように解釈する（cf. ウェーバー，上，1904-1905, pp. 116, 119)。

「世俗的職業の内部における義務の履行をおよそ道徳的実践のもちうる最高の内容として重要視したこと、これである。このものこそが、その必然の結果として世俗的日常労働に宗教的意義を認める思想を生み、そうした意味での職業観念を最初に作り出したのである。つまり、この『職業』観念の中にはあらゆる教派のプロテスタントの中心的教義が表出されている……。……修道僧的禁欲を世俗内的禁欲よりも高く考えた

りするのではなく、神に喜ばれる生活を営むための手段はただ一つ、各人の生活上の地位から生ずる世俗内的義務の遂行であって、これこそが神から与えられた使命にほかならぬ、との考えがそこに含まれている」（ウェーバー，上，1904-1905, p. 111, cf. ウェーバー，下，1904-1905, p. 163）。

　正当な職業が神の前に同等の価値を持つという理解はプロテスタントの労働意欲を向上させるが（ウェーバー，上，1904-1905, p. 112）、これに一層の拍車を掛けたのは、自らの栄光のために神はある人々を永遠の生命に、他の人々を永遠の死滅に予定したというカルヴィニズムの最も特徴的な教義、「恩恵による選びの教説」である（ウェーバー，下，1904-1905, p. 13, cf. ウェーバー，上，1904-1905, p. 131; ウェーバー，下，1904-1905, pp. 15, 23, 92）。つまり、ピューリタニズムを生むような禁欲的プロテスタンティズムの典型であるカルヴィニズムにおいては（ウェーバー，下，1904-1905, pp. 7, 11, 165）、救いか滅びかという選びの予定は神の内のみに秘匿されているため（ウェーバー，下，1904-1905, p. 43）、世俗的職業に対する勤勉さが自らの「certitudo salutis（救いの確かさ）」を自己確信する方法となったのである（ウェーバー，上，1904-1905, p. 89; ウェーバー，下，1904-1905, pp. 50, 55, 163, cf. ウェーバー，上，1904-1905, p. 126）。自らが神の恩恵によって救いに予定されているのなら、この世の勤勉な職業生活も予定されているはずであるという意識が高められて勤労に推進力が加えられたのであり（cf. ウェーバー，下，1904-1905, pp. 80, 100, 249）、逆に言えば、「労働意欲の欠如は恩恵の地位の喪失の徴候なのである」（ウェーバー，下，1904-1905, p. 182, cf. ウェーバー，下，1904-1905, p. 163）。

　この勤勉さは職業生活だけでなく日常生活をも神の意志に添って合理化するため、しばしば感情的な対人関係の確執を招来する（ウェーバー，下，1904-1905, p. 38）。日常生活において合理化された禁欲とは周囲から見れば、「一時的な感情」よりも「持続的動機を固守し主張する」こと、「意識的、覚醒的、明徹な生活をなしうるということ」、「無軌道な本能的享楽を絶滅すること」であり（ウェーバー，下，1904-1905, p. 74）、要するに、「生活

態度に秩序あらしめること」であるが（ウェーバー，下，1904-1905, p. 75)、本人から見れば、「神の聖意を目標として全存在を合理的に形成するということ」にほかならない（ウェーバー，下，1904-1905, p. 163, cf. ウェーバー，下，1904-1905, p. 24)。

　ウェーバー自身はカルヴィニズムの厳格な予定論には組しないものの、プロテスタント的禁欲の独自な担い手となった諸教派に続けて言及する。これらの教派は概して聖霊による再生に基づく信仰者からなる教会を形成しようとし、「救いの確かさ」として説教や聖書だけでなく日々の良心的生活を通して働く聖霊の内的証明を重視した（ウェーバー，下，1904-1905, pp. 139ff., 154ff., cf. ウェーバー，下，1904-1905, pp. 84ff.)。この良心的生活が、プロテスタント禁欲の度合いを個人の聖化や社会の改善において一層強化したのである（cf. ウェーバー，下，1904-1905, p. 162)。

　例えば、十七世紀イギリスの代表的なピューリタン牧師バクスターは具体的に、神の栄光を増すために資するものは行為であって怠惰や享楽ではなく、「時間の浪費がなかでも第一の、原理的にもっとも重い罪」として、健康に必要な睡眠時間は「六時間かせいぜい八時間」とまで規定した（ウェーバー，下，1904-1905, p. 169, cf. ウェーバー，下，1904-1905, pp. 36, 70)。したがって、誰にでも行為のための時間は同等に与えられているはずであり、「職業に怠惰な人々にかぎって、神のために働く機会はあるのに、時間がないなどというのである」（ウェーバー，下，1904-1905, pp. 169f.)。また、ピューリタニズムの一派であるクエイカー派の倫理は、職業における時間の丁寧な使い方に次のように言及している。

「人間の職業生活は不断の禁欲的な徳性の鍛練であり、別言すれば、職業に従事するさいの配慮と方法のうちに現れてくる良心的態度によって、自己の救いを証明することでなければならない。労働そのものではなくして、合理的職業労働こそが、まさしく神の求めたもうものなのである」（ウェーバー，下，1904-1905, p. 186, cf. ウェーバー，下，1904-1905, p. 11)。

結　章　「影の宗教」としてのディズニーランド

プロテスタンティズムの世俗内的禁欲は怠惰や享楽という時間の浪費を断罪したのと同様に、金銭の浪費に対しても厳格な処断を下した。この禁欲は、「無頓着な所有の享楽に全力をあげて反対し、消費、ことに奢侈的消費を圧殺した」(ウェーバー，下，1904-1905, p. 222)。他方で、合理的職業労働の結果としての利潤の追求は神の意志に添うものとして容認されたため、消費の圧殺とこのような営利の解放は、利得したものを「投下資本とし……、生産的利用を促さずにはいなかった」とウェーバーは説く (ウェーバー，下，1904-1905, p. 225)。このようにして、禁欲が簡素な日常生活にまで徹底していたプロテスタンティズムが資本主義の興隆に寄与したのである (cf. ウェーバー，上，1904-1905, p. 246)。

　時間の浪費と金銭の浪費との否定的な意味での親和性は、積極的な意味では労働時間と利潤追求の親和性と言い換えることができるが、世俗内的禁欲の労働においてはまさにフランクリンが言うように時は金であると同時に (ウェーバー，上，1904-1905, pp. 39, 42, 55; ウェーバー，下，1904-1905, p. 169)、金は神であると誤解を恐れずに言うこともできるだろう。これは勿論、神の栄光を増すためのそのような労働の意図せざる結果として利潤が増すことを神の意志に添うものと見なしうるという極めて限定的な意味においてである (cf. ウェーバー，上，1904-1905, p. 136)。

　ウェーバーにとってプロテスタント的禁欲は近代資本主義のエートスであり、特にカルヴィニズムの予定説が経験的実在における人間に影響を与えて歴史的効果を生み出した代表的な「理念」であるが (ウェーバー，1904, p. 83)、ウォルトの場合はどうだろうか。まずは、彼における歴史的効果を彼の父の代から整理して検討しよう。

　大工であった父イライアスはプロテスタント教会の信徒として自らの手で教会堂を建築し、牧師の名前を取って第四子を「ウォルト」と命名した (本書第一章第一節)。このように信仰深いイライアスは、「ひたすら家族を養うことだけを考えて生きていたよう」であり (トーマス，1998, p. 31)、借金をせずに何でも現金で買い (トーマス，1998, p. 17)、「一家の倹約ぶり」はマーセリーン地域で有名であった (トーマス，1998, p. 39, cf. トーマス，

1998, p. 163; 本書第一章第一節)。例えば、ミズーリ州が干魃に襲われて井戸の水位が下がる虞があるため、イライアスは家の軒から雨水が落ちてくる所にそれぞれ樽を置いて雨水を溜め (トーマス, 1998, p. 35)、ウォルトの上の兄二人を農場で酷使し (トーマス, 1998, p. 40)、一エーカーの農地にトウモロコシになると誤解してポップコーンを撒いたことさえある (ゲイブラー, 2006, p. 12)。このようにイライアスは各嗇家だったため、妻のフローラは夫に気づかれないようにこっそりとパンの裏側にバターを塗って子どもたちに与えていた (ゲイブラー, 2006, p. 12)。当時ディズニー家にとってフローラが作るバターは貴重品であり (ミラー, 1957, 2005, p. 18)、売り物としても結構な稼ぎになったためである (トーマス, 1998, p. 38)。

　このような父親を持つウォルトもある程度の合理的な気質を受け継いでおり、趣味と同一である仕事が彼の生涯のほとんどすべてであるという点にその究極的特徴が見られる。余暇も彼の仕事に「インスピレーション」を与えていた (本書結章冒頭)。ウォルトは自宅に線路を敷設してミニ機関車を走らせ (ゲイブラー, 2006, pp. 413ff.)、念願のディズニーランド構想のために当座は自己資金で遣り繰りし (ゲイブラー, 2006, p. 442)、開園までに借入した「千五百万ドルの支払いのために、不動産、映画、生命保険など、あらゆるものを担保に入れ」(トーマス, 1998, p. 257)、晩年には友人らしい友人をほとんど持たなかった (ゲイブラー, 2006, p. 577)。

　基本的に彼は脚本や作品関係の本以外に本を読むことがなく、契約書の類いも読まず (ゲイブラー, 2006, p. 153)、生涯に渡り地味なスーツが多く、装身具は身につけずに二十年以上も安物の腕時計を愛用し、家の中ではだぶだぶのセーターで過ごし、二十五年間同じ理髪店に通い、自分で車の運転をしていた (ゲイブラー, 2006, p. 498, cf. Schickel, 1968, 1997, p. 34)。また、「どんな女性よりもミッキーマウスのほうを愛している」ため (ゲイブラー, 2006, p. 483)、概して女性には無関心であり (ゲイブラー, 2006, pp. 478, 482f.)、ディズニーランド開園時にはお酒の販売に反対した (本書第一章第五節, cf. 山田, 2002, p. 162; 粟田, 2013, pp. 74f.)。ウォルトにおいてはミッキーが女性とのミックスを回避させ、妖精が酒精を駆逐していたのである。

ウォルトと同じ父イライアスを持つ兄ロイの気質も根本的な点では似ていたようである。下記は『白雪姫』(一九三七年)の大成功の翌年、百数十人のスタッフを抱えていた時の二人の様子である(本書第一章第四節)。

「会社の株主はロイ夫婦とウォルト夫婦だけだったので、二人は『白雪姫』によって得た利益で、ハリウッドの基準でみても、大金持になっていておかしくなかった。しかし、二人は稼いだ金のほとんどを、また事業に投資した。そのため二人の生活はほとんど変わっていなかった」(トーマス, 1998, p. 170)。

このような生活は、ウェーバーが利得したものを「投下資本とし……、生産的利用」すると指摘するプロテスタンティズムの合理化された世俗内的禁欲の一例と言えるものであり(ウェーバー, 下, 1904-1905, p. 225, cf. Watts, 2001, p. 17)、ディズニーランドも「効率」を重視してゲスト向けにすべて合理化されている点において(本書第三章第四節)、世俗的形態をまといつつもプロテスタント的であると言えるだろう。また、クエイカー派の「合理的職業労働」の核心である「職業に従事するさいの配慮と方法のうちに現れてくる良心的態度」とは(ウェーバー, 下, 1904-1905, p. 186, cf. ウェーバー, 下, 1904-1905, p. 11)、まさしくディズニーランドのスタッフに求められている「安全」や「礼儀」や「演出」と通底している(本書第三章第一節, 第二節, 第三節)。

さらに、プロテスタンティズムがカトリック的修道生活を世俗化して日常的労働のキリスト教意義を重視した点から解説すると、ウォルトにおける歴史的効果はこの日常的労働のキリスト教的意義をさらに世俗化し、宗教改革が修道生活一週間の内の平日六日を修道院内日課から世俗内労働に移動させたように、一週間の最後の安息日を教会内礼拝からディズニーランド内娯楽やディズニー関連娯楽に移動させた点で最も明瞭である。この二段階目の世俗化を行ったウォルト自身にはある種の世俗内的禁欲が認められるが、仕事と趣味が同一であって余暇との区別も曖昧である本人にと

っては平日が休日のようであり休日が平日のようであるから、世俗内的「禁欲」は世俗内的「許欲」であり世俗内的「許欲」は世俗内的「禁欲」であるとも言えるだろう。

　ここで「許欲」とは、義務的な「禁欲」に対する自発的な欲求解放を指す。「禁欲（asceticism）」の語源はギリシャ語の「運動、実践、訓練（askêsis）」であり（Liddell & Scott, 1996, p. 247, cf. 竹林, 2002, p. 141）、その対義語は「安息（sabbaton）」であるから（Liddell & Scott, 1996, p. 1579）、禁欲と安息は各々平日と休日である安息日に、仕事と余暇に対応しており、これらが一つであるウォルトの仕事は天職であったのである。

　ゲストの視点から見ると、ディズニーランドは巡礼的要素を持つ点でカトリック的であり、平日の世俗内的禁欲の結果として生まれる利潤によってこの巡礼が実現される点ではプロテスタント的であると言え、極めて包括的意味でキリスト教的である。この二宗派は元々一つであることを考慮すると、宗教改革以前に後のプロテスタント的要素が潜在していることはある意味で当然のことであるが、ウェーバーは禁欲という視点からこれを明示した。つまり、「宗教改革は合理的なキリスト教的禁欲と組織的な生活態度を修道院から牽き出して世俗の職業生活のうちに持ちこんだ」ため（ウェーバー, 下, 1904-1905, p. 76, cf. ウェーバー, 下, 1904-1905, p. 163)、「西洋の修道僧における禁欲とプロテスタンティズムにおける禁欲生活とのあいだに夥しい親近関係がみとめられる」が、それは双方が「聖書的キリスト教の基盤の上にたつ禁欲」であることにも由来する（ウェーバー, 下, 1904-1905, pp. 147f.）。

　さらに、ターナーは西洋の修道僧の禁欲と通底するプロテスタントの禁欲だけでなく、巡礼も資本主義のエートスであった点を適確に指摘している。

　　「もし、人の世俗の職業における勤勉、倹約、徳、公正な取り引きを強
　　調し、この世における人の立場が信仰や選びの印として神から与えら
　　れたものであると信じるプロテスタントの倫理が、確かにマックス・ウェ

ーバーが考えたように、資本主義の（十分な原因ではないにせよ必要な）前提であるなら、『聖なる旅行』を強調するゆえにそのような旅行から流れ出るほどの利益をもたらす『巡礼の倫理』は、交通網を創出することを促進し、後に商業的、産業的資本主義を生きた全国的、国際的組織にしたと言えるだろう」（Turner, 1978, p. 234）。

ここに至ってウェーバーの「プロテスタンティズムの倫理と資本主義の精神」は、ターナーのこの言わば「カトリシズムの倫理と資本主義の精神」によって補完されており、両者は資本主義という収斂点に向けて相互遇有収斂現象を引き起こしていると言えるだろう。

そして、聖書が依然としてこの二宗派の共通の正典であり、そこから導き出された禁欲が修道院や巡礼であれ世俗内であれ、両者の一致を象徴しているように、今や「聖書みたいな」SCSE が（リップ，1994, p. 171, cf. 本書結章冒頭）、そこから導き出された相互持成移譲を通して（本書第三章第二節）、大聖堂のようなディズニーランド内で言わば「修道僧」として日々お勤めに励むキャストと世俗内的禁欲労働後の休日にディズニーランドに巡礼する「ディズニーズ」や「ディズニアン」とを現実的に一体にしているとも言えるだろう。

このような意味でのキリスト教的ディズニーランドには、同様にして世俗化された形態ではあるが、聖画像崇敬で知られるギリシャ正教会的要素もある。フェルマンが指摘しているように、「ウォルト・ディズニー、ミッキーマウス、ドナルドダックなどは合衆国の中心的な聖画像（icon）」であり（Fjellman, 1992, p. 10, cf. 本書序章第一節）、ディズニー・リゾートに溢れ鏤められているこうした象徴的「聖画像」も各地で崇敬されている。ちなみに、「イコン、聖画像（icon）」の世俗化がコンピューター用語の「アイコン（icon）」であり、同様にして「天使（angel, messenger）」が「メッセンジャー（messenger）」になり、ヒンズー教の「神の権化（avatar）」が「アバター（avatar）」になっている。

以上の点からディズニーランドは、カトリック教会的、プロテスタント

教会的、ギリシャ正教会的要素を世俗化された形で内包する広義でのキリスト教的構造をしていると言えるだろう。特に、カトリック的な非日常的巡礼のためのプロテスタント的な日常的労働という組み合わせは、ウォルトの「プラスすること（plusing）」という言葉を応用すると（ウィリアムズ, 2004, p. 181, cf. トマス, 1976, 1994, p. 304;Disney, 1994, p. 36;本書第三章第四節）、「日常＋アルファーとしての非日常＝感動」という図式も成立させる。ゲストはこの感動を最大化するため、日常的労働において時間や金銭の浪費を峻拒し、意図的に節約され蓄積されたその時間と金銭をディズニーランドに投下する。このことは「日常－アルファーとしての節約分＝禁欲」という図式になり、この「感動」と「禁欲」の差の最大化が世俗的救いを自己確信させる。

＊感動を最大化する図式
　　日常＋アルファーとしての非日常＝感動的体験
－）日常－アルファーとしての節約分＝禁欲的生活
＝　　　　　　　　　　世俗的救いの確信

　この自己確信を一層深化させるのは、家族や友人などの同行者であり、この点に関してクーリーの「鏡に映った自己（reflected or looking-glass self）」に関する議論が参考になるだろう。クーリーは人間の意識の三側面を自己が自己について考える自己意識、自己が他者に対して考える社会意識、「意志疎通（communication）」がなされる集団において組織化されてきた全体的な見解である公共意識の三つとし（クーリー, 1909, p. 14）、近代哲学の父デカルトの「我思う。故に我あり（Cogito ergo sum）」に対して、「我」と切り離せない「我々思う。故に我あり（Cogitamus ergo sum）」という意識の重要性を強調する（cf. クーリー, 1909, pp. 8f., 11）。ここで善悪併せ持った人と人が我々として結び付いている以上、善悪は密接に結び付いている（クーリー, 1909, pp. 15f.）。
　クーリーによると、このような人々からなる社会では、「家族、子供

たちの遊び仲間、近隣、もしくは大人たちの地域集団など」（クーリー，1909, p. 25）、顔と顔とを突き合わせた「フェイス・トゥー・フェイス（face-to-face）」の親密な協力関係を特徴とする「第一次集団、プライマリ集団（primary groups）」の役割が大きく、この集団は特に幼少期から人々が親切、忠誠、公正などの理想的な善を追求する公共意識の中に自己の意思を見いだす場となりうる（cf. クーリー，1909, pp. 24, 27）。こうして人々は、「空間をとおして心の象徴を伝達し、時間においてそれを保持する手段と結びつくあらゆる心の象徴」である意思疎通によって既存の人間関係を発展させていく（クーリー，1909, p. 56）。

この発展は、個々人のレベルで見れば「社会的自己（social self）」の形成である。例えば、人は鏡に映る自分の顔、形、服に興味を持ち、善し悪しの感情を抱いて対応するのと同様に、他者の「知性（mind）」に映る自分の姿、振る舞い、目的、行為、性格などについての何らかの考えを知覚し、それに影響される。クーリーはこのようにして形成される社会的自己を「鏡に映った自己（reflected or looking-glass self）」と呼び、次の三段階を含むと説く（クーリー，1902, 1922, pp. 171f., cf. クーリー，1902, 1922, p. 247）。

＊人間の社会性の発達段階
（1）　他者に映る自己の姿を想像する。
（2）　自己のその姿に対する他者の判断を想像する。
（3）　これらの想像に対して「誇り（pride）」や「屈辱（mortification）」、「恥（shame）」などの自己感情を抱く。

「他者に映る自己の姿」は外的様態だけでなく内的性質にも及び、それに対する「他者の判断を想像する」ことが必要不可欠な要素として自己感情とその後の行動に大きな影響を与える。確かに、人は自分の「全身」を自分自身で見ることができないのと同様に、自己の「全心」を自分自身では理解できず、鏡を使ったとしても人は自分の「全身」を一度では見ることができないのと同様に、他者という鏡があったとしても人は自己の「全

心」を一度では理解できない。それにもかかわらず、身近な家族や友人という他者との深く長い交流は自己理解に、特に世俗的救いの確信に資するだろう。

　世俗的救いの確信は、他者という鏡に映った自己を通して幸福や歓喜といった感情として再確認することができ、そのような理想的な感情の共有によって相互確認も可能になる。ある意味で、救いに関するこのような関係は世俗的なものであっても、信仰と信仰とを突き合わせた「フェイス・トゥー・フェイス（faith-to-faith）」の関係であり、相互に相手が単に自己の表層を投影する道具としての「鏡（かがみ）」から自己の深層の模範としての「鑑（かがみ）」となるなら、このような信仰的付加価値を持った「プライマリ集団（primary group）」は、むしろ「プレミアム集団（premium group）」と呼びうるだろう。幼少期に形成されたプライマリ集団が自己選択困難なものであったのに対して、プレミアム集団は比較的自己選択可能なものであるという特典が付加されている点でも「プレミアム」であると言える。

```
＊プライマリ集団        →＊プレミアム集団
　（primary group）        （premium group）
　顔と顔との対面      →  信仰と信仰の対応
　（face-to-face）         （faith-to-faith）
```

　「かがみ（鏡、鑑）」の語源の一つと考えられているものは「影（かげ）見（み）」であり（中田他，1983, p. 330; 前田，2005, p. 302）、鏡には映された「影」が「見」え、人が覗き込めばその中に自らの「影」を「見」るからである。そして、本書もディズニーランドを覗き込んできたが、そこに見えたものは宗教という影である。最後にディズニーランドをこの「影の宗教」という視点から「宗教」、「影」の順に総括しよう。

　ディズニーランドが宗教的特質をまとう実体であることは、この結章において世俗化された天国への巡礼という形でまとめたが、実際に熱心なゲ

ストの存在を背景にして「ディズニー教」という用語も既に生まれている（山口，2015, p. 217）。それに対応していたかのように、少なくとも八十年代初頭まで「ウォルト・ディズニーは単にディズニーの創始者ではない。彼はディズニーに関わる人にとってはいわば神様のような存在だ」と認識されていて（リップ，1994, pp. 69f.）、「神の手」による「アニメーションは宗教に代わるもの」であり（ゲイブラー，2006, p. 63, cf. 本書第一章第二節）、「アニメーターは創造主である」と理解されている（有馬，2001, b, p. 89, cf. 本書第一章第二節；本書結章冒頭）。

　特にキリスト教との関連で言えば、キャストに対して、「いつも笑顔を忘れずに。誰にでも、いやな人にでも、（片方を打たれたら）もう片方の頬を向ける」ようにと言うウォルトの言葉は（ブライマン，2004, pp. 199f.）、明らかに「誰であってもあなたの右の頬を打つ人には、もう一方の頬をも向けなさい」と説いたイエスの言葉に溯り（マタ 5:39）、スタッフに「できない」とは言わせず（トマス，1976, 1994, p. 278, cf. 本書結章第一節）、「心に思い描けることは夢となり、それを実現する道は何かしらあるものだよ。やり遂げるまで追い続けるんだ！」と力説していた点は（グリーン，1999, p. 274）、「あなたたちがからし種ほどの信仰を持っているなら、この山に、『ここからあそこに移れ』と言えば、それは移されるだろう。そして、あなたたちにできないことはないだろう」と激励したイエスの言葉を想起させる（マタ 17:20）。ちなみに、過酷な幼少期に釘を踏み抜いた経験もあるウォルトは（ゲイブラー，2006, p. 19, cf. ゲイブラー，2006, pp. 21, 24）、十字架に張り付けられるイエスが手足を釘で打ち抜かれた時のその釘の感触を知っているはずである（マタ 27:35, ヨハ 20:25）。

　また、ディズニーランド就業経験者が強調する「相手にしてもらいたいことを自分から先にしてあげる」という原則や（鎌田，2012, b, p. 157）、ビジネスで基本とされる「ギブ・アンド・テイク」ではなく「ギブ・アンド・ギブ」という与え続ける幸せ（大住，2012, pp. 107ff.）、つまり「Give Happiness（ギブ・ハピネス）」という「ミッション」は（大住，2013, p. 11）、イエスの「あなたたちが人々にしてもらいたいと思うありとあらゆること

を、あなたたちもそのようにその人々にしなさい」というゴールデンルールや（マタ 7:12, cf. 本書第三章第二節）、「受けるよりも与える方が幸いである」という言葉を想起させる（使徒 20:35）。さらに、内なる真の感情を外に表現しながら行うパフォーマティブ労働における「深層演技」とは対照的に、本心とは異なるマニュアル的接客は「表層演技」と言われるが（ブライマン，2004, pp. 190ff., cf. 本書第二章第三節）、これは「外側は美しく見える」が「内側は強欲と放縦で満ちている」「偽善」としてイエスが酷評した姿勢と近似している（マタ 23:25, 27）。

ディズニーにおいて「使命（ミッション）」という表現が多用されることも（福島，2011, pp. 115ff.；大住，2013, p. 17）、キリスト教の熱心な「伝道（ミッション）」との並行現象を示しており、「伝道（ミッション）」という用語は、「職業、神から授けられた使命（Beruf, calling）」と同義語でもある（ウェーバー，上，1904-1905, p. 95, cf. 本書結章第三節；竹林，2002, p. 1582）。そして、ディズニーランドにおいてもキリスト教においても、「使命、ミッション（mission）」に対して「手を抜くこと、オミッション（omission）」なく、「身を入れること、コミッション（commission）」が至上命令である。ちなみに、「ミッション（mission）」という表現は、元々十六世紀中葉以降からのイエズス会修道士の海外派遣を指し、後に世俗的な意味での派遣を表し、一八〇五年前辺りから天職の意味でも使われた（寺澤，1997, p. 910）。

ディズニーランドの教育部門を担当するユニバーシティー・リーダーは（本書第三章冒頭）、新人キャストとほぼ同世代の仲間として説得力のある体験談に基づく教育を行っている点で（鎌田，2014, b, p. 83）、ディズニーの理念を熱く伝える「『伝道者（エバンジェリスト）』といったほうが近い」とのことであるが（鎌田，2014, b, p. 82）、「伝道者（evangelist）」とは元々、キリスト教の「福音（evangel）」を伝える人のことである（Liddell & Scott, 1996, p. 705, cf. 竹林，2002, p. 840）。また、ユニバーシティーは「ディズニーの哲学や精神を伝える伝道師を育成するという目的でつくられたしくみ」でもあり（福島，2011, p. 138）、この時にミッションを十分に理解した上司・先輩が熱心に教えることが何よりも重要である（福島，2010, pp.

41ff., 66f., 85ff.; 福島, 2011, pp. 32ff.; 福島, 2013, pp. 39, 100)。こうして、「正義は悪に勝つ」、「愛は人を救う」という一貫したテーマが様々な形で実現される（鎌田, 2012, b, p. 9)。

このテーマは一文にするなら、「愛は人を悪から正しく救う」ということであり、「どんなに素晴らしい物も、すべては人によって作られ、そして人は人によって救われる」と説かれるように（鎌田, 2012, a, p. 205)、「愛」の具体的主体は人である。ユダヤ・キリスト教の伝統では、神が造ったものはすべて極めて良かったのであり、人は神によって、人となった神の子イエス・キリストによって救われることを考慮すると（創世 1:31, ヨハ 1:14, 17)、「どんなに素晴らしい物も、すべては人によって作られ、そして人は人によって救われる」というディズニー的世界観は（鎌田, 2012, a, p. 205)、「どんなに素晴らしい物も、すべては神によって作られ、そして人は神によって救われる」というユダヤ・キリスト教的世界観の世俗化であると言える。

このディズニー的世界では「神様」が「そうじ」（鎌田, 2011)、「サービス」（鎌田, 2012, a)、「ありがとう」（鎌田, 2013)、「おもてなし」（鎌田, 2014, a)、「ハピネス」（鎌田, 2015)、「キセキ」（鎌田, 2016)、「キズナ」という形で（鎌田, 2017)、確かに誰の心の中にもいるため（鎌田, 2014, a, p. 112, cf. 鎌田, 2014, a, p. 179)、そのような自分の良心に対する信仰を具体的に四つの C、「Curiosity（好奇心)」、「Confidence（確信)」、「Courage（勇気)」、「Constancy（一貫性)」という形で育むことによって（Disney, 1994, p. 43, cf. 柳生, 2011, pp. 38f.; 鎌田, 2012, b, pp. 208f.; 鎌田, 2013, p. 140; 鎌田, 2014, a, pp. 164f.; 鎌田, 2014, b, pp. 212f.; 大住, 2013, p. 166; 石坂, 2014, p. 205; 大畠, 2016, p. 186)、誰でも人を救えるだけでなく、それを通して自分の夢も実現できるという道が示される。この過程においては協力関係が重要であり、「ダメだと思っても、信じる心を共有することで、限界を超せる時がある」ため（鎌田, 2011, pp. 41, 48, 53, cf. 鎌田, 2011, p. 119)、ディズニー的世界観は他の人々にも広く述べ伝えられていく。しかも、これは「仕事」を通して遂行される（鎌田, 2011, p. 7, cf. 鎌田, 2011, p. 140)。このような伝道力の

あるディズニーランドが「影」の宗教であるというのは、次のような点においてである。

第一に、ディズニーランドは「影の宗教（shadow religion）」として、世界各地域で既存の代表的宗教の次の宗教的存在になるほどの世俗的勢力を維持している（cf. Ward, 2002, pp. 128ff.）。イギリスの政治用語で「影の内閣（shadow cabinet）」や「影の大臣（shadow minister）」という表現が、政権獲得時を予期した野党の在野内閣とその閣僚を指すように（竹林，2002, p. 2257）、「影（shadow）」という用語は他の存在の背後での準備状態を指している。確かに、娯楽の分野でディズニーランドは与党的存在であるが、例えば宗教史的には依然としてユダヤ・キリスト教の存在感が甚大である。しかし、ディズニーランドではモーセの十戒やイエスのゴールデンルールに代替する「ミッキーの十戒」や「プラチナルール」までが既に公式化されており（本書第三章第二節）、「ウォルト・ディズニーはおそらく、世界じゅうの精神科医が治療したよりも多くの悩める心を癒した」とも言われるように（トマス，1976, 1994, p. 362, cf. 本書第一章第五節）、サービスやホスピタリティの強調も、イエスが「仕えられるためにではなく、仕えるために」この世に来て完遂したことを遠景に追い込むような勢いである（マタ 20:28）。

かつては宗教が担ってきた癒しや平安の実現、素直さや優しさの育成に貢献している点で、「今や東京ディズニーリゾートは、一種の日本人の宗教的存在になりつつあるのかもしれない」と指摘されており（山田，2002, p. 176）、特に人はスターのように VIP 待遇を受けて自尊心が高められると宗教に覚醒するという（山田，2002, pp. 225f.）。伝統的な宗教関係者が見れば、人形や動物が歌ったり踊ったりと偶像崇拝的な宗教的機能が備えられているディズニーランドは「危険なライバル」であり（富田，2004, p. 64, cf. 富田，2004, pp. 60ff.）、「一種の『近親憎悪』の心理」が働くはずだという見解もある（富田，2004, p. 65）。

ディズニー社が宗教的準備状態から政治的実戦部隊に踊り出た時が一度あったが、それは戦時中にスタジオが陸軍部隊に占領され、ウォルト自身

は戦争関連映画の製作を依頼され、「ミッキーマウス」も暗号として利用された時である（本書第一章第四節）。有事の際に軍需産業に転向する工場を「影の工場（shadow factory）」と言うが（高橋，2012, p. 2148）、ディズニー社はこの意味でも「影（shadow）」の役割を果たしていたのである。

　第二に、「影」の側面を持つディズニーランドは、「影」と「光」が関係概念としてお互いを前提としているように、光と影に象徴される一体化された二面性を内包している。影は光があって初めて物の反対側に作られ、影は物の反対側に光の存在を示している（cf. Crafton, 2013, pp. 183ff.）。つまり、ディズニーランドには比喩的な意味で影のバックステージと光のオンステージがあり、空間的区分に基づくと、バックステージでのキャストの懸命な裏方的準備があって初めてオンステージでの豪華絢爛たる演出が成立するのと同様に、オンステージでのそのような演出とそれに対するゲストの感動があってこそバックステージでのキャストによる周到なおもてなしが用意される。

　また、時間的区分に基づくと、開園時間帯のオンステージは閉園後には言わばゲスト厳禁のバックステージとなり、ディズニーランドのすべてがバックステージになった段階で徹底した清掃や整備などが開始される。こうした夜を徹してなされる影の時間帯も光の時間帯のためであり、逆に光の時間帯の歓喜も影の時間帯の志気を鼓舞している。さらに、オンステージに何らかの形で華々しく出演するキャストは、ディズニー・ユニバーシティーでのリハーサルなどで十分な影の準備時間を持っている。これらの影の空間と時間は、ディズニーランドの「舞台裏（バックステージ）を決して見せない」という状況設定であり（スノー，2009, pp. 21ff.）、イエスが奇跡の手の内の業を見せないことと類似している（宮平，2006, pp. 316f.; 宮平，2007, pp. 22ff.）。

　ウォルトは晩年、「人生は光と影から成り立っており、自分には影がないかのように振舞うのなら、私たちは誠実な人間とは言えない」と述べているが（Pinsky, 2004, p. 2）、彼において光と影に象徴される一体化された二面性は、この世の相反する二面性の統合という形で現れていた（本書序

章第一節)。この場合、光と影は概して仕事や生活における順境と逆境であるが (Disney, 1994, p. 20)、特に映画やディズニー・リゾート建設における夢と現実 (本書結章第一節)、ウォルトの内にあるミッキーマウス的性格とドナルドダック的性格 (エリオット, 下, 1993, p. 79, cf. 本書結章第一節)、大流行したミッキーマウスを多くの映画館に配送した一九二九年以降と新聞配達に明け暮れた幼少期の恵まれない生活環境 (本書第一章第三節)、さらに母親の優しさと父親の厳しさなどにまで遡ることができる (本書第一章第一節)。

ネズミという生き物には、今やアイドルとなったミッキーマウスやペットとして愛玩されるハムスターもいれば忌避されるドブネズミもいるが、ウォルトは一九四一年ディズニー社のストライキ参加者から「ドブネズミ」と罵倒されたこともあった (グリーン, 1991, p. 197, cf. 本書第一章第四節)。ちなみに、「ネズ (根住) ミ」が語源とも言われる「鼠 (ネズミ)」には (前田, 2005, p. 877, cf. 長谷川, 1996, p. 11)、「繁殖が盛ん」な元気な側面もあれば、「気分がふさいでびくびくする」臆病な側面もあり (藤堂, 2005, p. 2091)、主人に忠実で利益をもたらす「白鼠」という表現もあれば、主人に不忠実で被害をもたらす「黒鼠」という表現もある (新村, 2008, pp. , 842, 1432f., cf. 中田他, 1983, p. 852, 長谷川, 1996, pp. 44ff.)。ウォルトが「ネズミから恩恵を蒙った第一人者」であることを考慮すると (長谷川, 1996, p. 171)、ミッキーマウスはまさしく「白鼠」と言えるだろう。

このような一つの出来事や一人の人物や一匹の動物における光と影という両義性は、「かげ (影、陰)」や「シャドー (shadow)」という表現自体にも内在している。「影」には「物体が光をさえぎったため、光線の反対側にできる暗い部分」という意味と共に、「日、月、灯火などの光」という対照的な意味もあり (新村, 2008, pp. 505f., cf. 中田他, 1983, p. 343; 前田, 2005, pp. 308f.)、光によって見える人や物の「姿」そのものも表すから (新村, 2008, p. 506, cf. 中田他, 1983, p. 343)、人の姿は明暗の双方を作り出すことを示している。それだけでなく、光と影という対比は人の性格についても形容できる表現である (Pinsky, 2004, p. 2)。

さらに、興味深いのは「影」に「現物に似せて作ったもの。肖像や模造品」という意味があり（新村，2008, p. 506, cf. 中田他, 1983, p. 343）、これはボードリヤールの言う「シミュラークル」に近似しており（ボードリヤール，1975, 1982, p. 102, cf. 本書序章第一節）、「影」に「水や鏡の面などにうつる物の形や色」という意味があるように、鏡は光があって初めて影を映し出す（新村，2008, p. 506, cf. 中田他, 1983, p. 343）。

「影」と同語源である「陰」という表現も（前田，2005, pp. 308f.）、結果の善悪にかかわらず、例えば「お陰で」成功したとも、「お陰で」失敗したとも言えることを考慮すると、両義的な意味を内包していることが明白である（新村，2008, p. 376, cf. 中田他, 1983, p. 343）。また、英語の「シャドー（shadow）」という単語も、「重要である、偉い（cast a long shadow）」という肯定的な表現もあれば、「暗い影を投げ掛ける（cast a shadow on）」という否定的表現もあり（竹林，2002, p. 2257）、日本語の「お陰で」という表現と同様に、「全能の神の加護のもとに（under the shadow of the Almighty）」と「死の影のもとに（under the shadow of death）」という対照的な表現も「影（shadow）」の両義性を示している（竹林，2002, p. 2257）。つまり、前者の「加護（shadow）」は「保護（protection, aegis）」と、後者の「影（shadow）」は「危険（danger）」と同等の意味である。

特に「影（shadow）」は「投げ掛ける、キャストする（cast）」ものであることを考慮すると、「カストーディアル（庇護者）」のように庇護的な影を投げ掛けるのか（本書第三章第一節）、または表層演技によって暗い影を投げ掛けるのか、ディズニーランドにおいてゲストに対する「キャスト（cast）」の「影響」力は甚大である（本書結章冒頭）。この「影響」という表現は、「影」と「響き」が各々「光」と「音」から発生することを示唆しているように（cf. 新村，2008, p. 298）、「光」の側面としてキャストの明朗活発さや身嗜み、「音」の側面として声の掛け方とその内容の重要性を示唆している。実に辞色の二物が必要とされるカストーディアルの役割は甚大である。

この影響力を増大させるのがアドリブである。アドリブは人間が規則を

超える自然な生き物であることを示している。東京「ディズニーランドほどマニュアルがきちんとしていると同時に、アドリブが生かされているサービス企業は少ない。それだけ、マニュアルを超えたものを伝えたいという意欲をキャストに抱かせる雰囲気がパーク全体にあるからだろう」という積極的評価は（粟田、2013, p. 49）、予測可能性を凌駕する成果に対する感動の期待であり（本書第二章第三節）、イエスによる脱律法主義化とも近似している（本書結章冒頭）。法則や管理から逸脱するジョークもアドリブの一種である。

　第三に、ディズニーランドの「影」は、「影像」が「絵画」という二次元だけでなく「彫刻」という三次元の像をも意味することを考慮すると（新村、2008, p. 300）、映画のスクリーンやテレビの画面に映った二次元「映像」文化から三次元「影像」文化への飛翔を象徴している（本書第一章第五節）。

　ウォルトの代表作の一つ『白雪姫』（一九三七年）の映像八十分強では、一秒間に二十四枚が必要であるセルロイド板に描いたセル原画約十二万枚と、複数のキャラクターの動きや背景まで併せた総計「約三十六万二千枚」のセル原画の作成を千人ほどのスタッフが三年の月日を費やして完成したが（Johnson, 2017, p. 141, cf. 櫛田、2001, pp. 10, 17f.）、ここにも言わば光の映像の背後に影の働きが一枚ずつ地道に積み重ねられていた。そして、ディズニーランドの着想は二次元から三次元への展開であるが、ウォルトはこの越境的試行をまず逆行的に、三次元世界の少女アリスがアニメの二次元世界に入る『アリスの不思議の国』（一九二三年）において萌芽的に示し（本書第一章第二節）、すでにこの時に現実の世界と空想の世界の融合を夢描いていたのである（本書第二章第二節）。

　「映像」における三次元から二次元への越境の追体験も「影像」における二次元から三次元への越境体験も、記憶的価値を重視する経験経済の射程であるが（本書第三章第四節）、経験経済の専門家によると、人が良い経験を求めるのは自己変革のためであるから、経験経済の次に来るのは変革経済であり、その時には立派に変革された顧客自体が商品となるという

(パイン／ギルモア，1999, pp. 175ff.)。

> 「究極の『商品としての顧客』とはどんなものだろうか。最高の商品は完璧である。完璧な人間である。筆者たちの世界観からすれば、人間を完璧な存在にするというのは、もはやビジネスの領域ではなく、神の領域に属する話だ。使徒パウロが述べているように、『あなた方が救われたのは、実に、恵みにより、信仰によるのである。それは、あなたがた自身から出たものではなく、神の賜物である』。筆者たちは神の賜物を提供するビジネスを手がけられる人はいないと信じている。神の賜物は無償なので、経済価値にならないのだ。変革は五番目かつ究極の経済価値だと主張する所以だ」(パイン／ギルモア，1999, pp. 238f.)。

この「使徒パウロ」による言葉とされているのはエフェソ人への手紙二章八節からのものであり、救いは神が恵みとして与える賜物を人間の信仰が受け入れることによって成立するが、この「賜物」の中で最も本質的なものは救い主イエス・キリストにほかならない（ロマ 3:24, エフ 3:8, cf. 宮平，2013.p. 193）。そして、キリスト教において救い主は無償の賜物であるので、この変革経済は「ビジネスの領域」ではなく「神の領域」に属する。これは実に変革経済が宗教にならざるをえないだけでなく、三次元世界から次は宗教的次元への飛翔しかありえないことを示している。この変革宗教の生み出す人間の姿をパウロは鏡を引用しつつ解説している。

> 「また、私たち自身はすべて、覆いをまくり上げられた顔で主の栄光を鏡のように映しつつ、主の霊によるとおりに栄光から栄光へと主と同じ像に変えられます」（コリ二 3:18, cf. コリ一 13:12, ヤコ 1:23）。

このパウロの言葉によると、最高の商品としての人間は神の栄光を受けた人間であり、世俗化された表現として太陽にも比定される神の栄光は（マラ 3:20, マタ 17:2, 黙示 21:22-22:5）、イエスを通して（ヨハ 1:14, 8:54, 17:1-

5, 22, 24)、太陽光の温かさが体に染み入るように人間の内部に浸透し、神の性質が人間の内部から形成される（ペトニ 1:4）。鏡に映る像が自我の意識を深化させることによって人格形成に重要な役割を果たすように（メルシオール＝ボネ，1994, pp. 5f.）、神の栄光はこの栄光を仰いで生きる人々の信仰形成に本質的な役割を果たすのである。また、「栄光から栄光へ」という表現が示しているように、この「栄光」の次のものはさらに度合いを増した「栄光」であるため（宮平，2012, p. 335）、変革宗教の次にはもはやどのような宗教も残されていない。

仮に、「神の死を隠すために、あるいは神がいたるところにいることを隠すために──どちらでもおなじことだが──つねに教会があった」という見解に基づけば（ボードリヤール，1975, 1982, p. 43）、教会の働きの無効性を隠蔽するために、あるいは権力的なキリスト教的支配を隠蔽するために教会が一定の場所に焦点的に建てられてきた点で、教会に代表される宗教の役割は皮相かつ悲壮なものとなる。

しかし、神にかたどって造られた人間が（創世 1:26-27）、父なる神と神の子イエスの栄光に従って作り変えられていくという人間のシミュラークル的性質の実現過程において、神学的に原型は神として実在している。世俗化における天国から遊園地、公園、庭園、動物園、植物園へ、救い主から英雄へ、奇跡から魔法や手品へ、聖霊や天使から妖精へ、体の癒しから心の癒しへという過程においても、同様にして神学的に原型は存在するものである。このことは、「学校が教えることのできないものを教え、病院が癒すことのできないものを癒し、家庭が育てることのできないものを育てる」教会によって証しされるだろう（宮平，2011, p. 267）。この時、ヘブライ語とギリシャ語の聖書原語からのシミュラークルである聖書翻訳が重要な役割を果たすことになる。

この聖書が中心的テーマとして伝えるイエス・キリストの「受肉（incarnation = in + caro）」も、神の言葉が人間の肉になったという究極の世俗化としてすべての世俗化の原型であり（ヨハ 1:14）、これは神学的には神とこの世の相互遇有収斂ではなく、両者の固有の性質が同一になった点

で「相互固有一致（mutually proper unification）」と呼べる出来事である。この出来事の遥か前の「受言（inverbation = in + verbum）」において、神は言わば人間の言葉になって民に律法という形でそれを与え（出エ 20:1-21, 申命 5:1-22）、さらにその前の「受世（immundation = in + mundus）」において、神は自らの内に創造した天地万物の世界を受け入れて人々に与えた（創世 1:1-29）。したがって、神学的に世俗化論は受世論、受言論、受肉論の流れの中に位置づけることができるだろう。

＊この世に対する神の受容段階
(1)　受世＝神が創造した天地万物の世界を受け入れて人々に任せる。
(2)　受言＝神が人間の言葉になって律法として民に授ける。
(3)　受肉＝神が人間の肉体になって救い主として人々に捧げる。

この世に対する神の受容段階は、この世への神の巡礼段階であり、神は自らの天とは異なるこの世に向けて出発し、言葉の世界にも宿り、肉体を持って巡り歩き、最終的に天に帰った。これは「神の巡礼（peregrinatio dei）」としてすべての巡礼の原型であり、神こそ「巡礼者（peregrinator）」の原型である。

ディズニーランドにおいて、キャストは子どもと話をする時は、必ず子どもの目線に自分の目線を合わせるためにひざまずいて話し（濱名, 2013, pp. 75f.）、「ときには腕など、体の一部に触れながら話し」かけるが（糠谷, 2012, p. 54）、この世で受肉したイエスも子どもが周辺化されていた時代状況の中で、あえて子どものように「自分自身を低くして」子どもたちを受け入れ（cf. フィリ 2:8）、手を置いて祈っていた（マタ 19:13-15, cf. 本書結章第二節）。このイエスの手は人々の病を癒し、人々の恐れを取り除き、空腹の人々を十分に養い、死んだ人々に再び命を与える手でもある（マタ 8:3, 15, 9:25, 29, 14:19, 31, 15:36, 17:7, 20:34）。

他方、再生医療が実現するまで人体を冷凍保存する低温学に興味を持ったウォルトは、兄「ロイに、死後自分を冷凍させてはどうだろうかと話し

ていた」ため（エリオット，下，1993, p. 187）、ウォルトの死体は冷凍保存されているという神話がまことしやかに語られていた（ゲイブラー，2006, pp. if., cf. スノー，2009, p. 42）。しかし、スタジオのスタッフらにとって、「彼は今も生きている。……ウォルトは不滅の存在。冷凍保存なんて必要ない」とされている（グリーン，1999, p. 345）。確かに、ディズニーランドでゲストが励まされ、癒され、慰められる時、ウォルトの決して冷凍されない熱い思いがそこに依然として生き生きと保存されている。

　ゲイブラーによるウォルトの伝記は『創造の狂気』であるが、「創造」を特徴とする天才と「狂気」が同一のものであるなら、そこに紙一重の差を見て取るのは観察者の問題である。狂気という現象が天才に吸収されるとしても、驚異は依然として残る。

　実にウォルト・ディズニーは驚異の天才であり、ディズニーランドは天才の驚異である。

年　表

c.620-c.564B.C.　イソップ Aesop
427-347B.C.　　　プラトン Platon
384-322B.C.　　　アリストテレス Aristotle
3 (-2) B.C.-30　　イエス Jesus*
354- 430　　　　　アウグスティヌス Aurelius Augustinus
c.468-c.547　　　　ベネディクトゥス Benedictus
1194-1264　　　　 ウィンケンティウス Vincent of Beauvais
1265-1321　　　　 ダンテ Alighieri Dante
1284-1327　　　　 エドワード二世 Edward II（イギリス王在位，1307-1327）
1287-1330　　　　 モーティマー Roger Motimer
1483-1546　　　　 ルター Martin Luther
1509-1564　　　　 カルヴァン Jean Calvin
1561-1626　　　　 ベーコン Francis Bacon
1575-1632　　　　 バジーレ Giambattista Basile
1592-1666　　　　 シャー・ジャハーン Shah Jahan（ムガル皇帝在位，1628-1658）
1615-1691　　　　 バクスター Richard Baxter
1628-1688　　　　 バニヤン John Bunyan
1628-1703　　　　 ペロー Charles Perrault
1638-1715　　　　 ルイ十四世 Louis XIV（フランス王在位，1643-1715）
1706-1790　　　　 フランクリン Benjamin Franklin
1713-1784　　　　 ディドロ Denis Diderot
1724-1804　　　　 カント Immanuel Kant
1749-1827　　　　 ラプラス Pierre-Simon Laplace
1769-1821　　　　 ナポレオン Napoléon Bonaparte
1785-1863　　　　 グリム Jakob Grimm

1786-1859	グリム	Wilhelm Grimm
1792-1822	シェリー	Percy Bysshe Shelly
1797-1856	ハイネ	Heinrich Heine
1802-1885	ユゴー	Victor Marie Hugo
1805-1875	アンデルセン	Hans Christian Andersen
1809-1849	ポー	Edgar Allan Poe
1809-1865	リンカン	Abraham Lincoln（米大統領在任，1861-1865）
1809-1882	ダーウィン	Charles Darwin
1818-1883	マルクス	Karl Marx
1842-1921	クロポトキン	Pyotr Alekseevich Kropotkin
1844-1912	ラング	Andrew Lang
1847-1931	エジソン	Thomas Edison
1848-1908	ハリス	Joel Chandler Harris
1856-1939	フロイト	Sigmund Freud
1863-1947	フォード	Henry Ford
1864-1920	ウェーバー	Max Weber
1864-1929	クーリー	Charles Horton Cooley
1864-1944	パーク	Robert Ezra Park
1870-1924	レーニン	Vladimir Il'ich Lenin
1873-1944	カレル	Alexis Carrel
1874-1965	モーム	William Somerset Maugham
1878-1965	ブーバー	Martin Buber
1882-1945	ローズヴェルト	Franklin Delano Roosevelt（米大統領在任，1933-1945）
1883-1958	マッカレー	Johnston MuCulley
1889-1966	ブルンナー	Emil Brunner
1889-1977	チャップリン	Charles Spencer Chaplin
1891-1976	マクマレー	John Macmurray
1892-1940	ベンヤミン	Walter Benjamin

1892-1983	メスマー Otto Messmer	
1893-1971	ロイ・ディズニー Roy Oliver Disney	
1899-1960	ベッカー Howard Paul Becker	
1899-1961	ヘンミグウェー Earnest Hemingway	
1899-1996	トラバース Pamela Lyndon Travers	
1901-1966	ウォルト・ディズニー Walter Elias Disney	
1902-1974	リンドバーク Charles Lindbergh	
1902-1984	クロック Raymond Albert Croc	
1904-1989	ダリ Salvador Dali	
1908-1973	ジョンソン Lyndon Johnson（米大統領在任，1963-1969）	
1911-2004	レーガン Ronald Wilson Reagan（米大統領在任，1981-1989）	
1913-1993	テイタム Donn B Tatum	
	（ウォルト・ディズニー・プロダクションズ CEO, 1971-1976）	
1913-2007	トランス Thomas F. Torrance	
1916-2005	ウォーカー Esmond Cardon Walker	
	（ウォルト・ディズニー・プロダクションズ CEO, 1976-1983）	
1918-2018	グラハム Billy Graham	
1920-1983	ターナー Victor Turner	
1927-2007	ボードリヤール Jean Baudrillard	
1929-2017	バーガー Peter Ludwig Berger	
1929-	コックス Harvey Cox	
1932-2016	エーコ Umberto Eco	
1933-	ミラー Ronald William Miller	
	（ウォルト・ディズニー・プロダクションズ CEO, 1983-1984）	
1936-	村上陽一郎 Yôichirô Murakami	
1942-	アイズナー Michael Dammann Eisner	
	（ウォルト・ディズニー・カンパニー CEO, 1984-2005）**	
1951-	アイガー Robert Allen Iger	
	（ウォルト・ディズニー・カンパニー CEO, 2005-）	

1953-	マクグラス	Alister Edgar McGrath

*イエスの生没年は Ben Witherington III, *Invitation to the New Testament*, p. 26 による。

**ウォルト・ディズニー・プロダクションズ（Walt Disney Productions）は一九八六年からウォルト・ディズニー・カンパニー（The Walt Disney Company）となっている。

文献表

1. 和　書

マイケル・アイズナー（布施由紀子訳）『ディズニー・ドリームの発想　上／下』（徳間書店，2000）＝ Michael Eisner & Tony Schwartz, *Work in Progress Risking Failure, Surviving Success*, (Beverly Hills, CA: The Eisner Foundation, Inc., 1998)

アウグスティヌス（篠塚茂訳）「修道規則」(c.4C.), 上智大学中世思想研究所編訳／監修『初期ラテン教父』[中世思想原典集成 4]（平凡社，1999）＝ Luc Verheijen, *La Règle de saint Augustin t.1. Tradition manuscrite*, (Paris: Études augustiniennes, 1967)

青木卓『ディズニーランド裏舞台　夢の王国で働く人の物語』（技術と人間，1993）

安孫子薫『「お客様の幸せ」のためにディズニーはまず「おそうじ」を考えた　─リピート率 No.1 の秘訣─』（小学館，2011）

安孫子薫『ディズニーの片づけ』（中経出版，2013）

新井克弥『ディズニーランドの社会学　脱ディズニー化する TDR』[青弓社ライブラリー]（青弓社，2016）

アリストテレス（出隆／岩崎允胤訳）『自然学』[アリストテレス全集 3]（岩波書店，1968）＝ Aristotle, *Aristotle's Physics A revised text with introduction and commentary by W. D. Ross*, (Oxford: Clarendon Press, 1936, 1955, 2nd., originally 4C.B.C.)

有馬哲夫『ディズニー千年王国の始まり　メディア制覇の野望』（NTT 出版，2001）a

有馬哲夫『ディズニーとは何か』（NTT 出版，2001）b

有馬哲夫『ディズニーランド物語　LA─フロリダ─東京─パリ』[日経ビジネス人文庫]（日本経済新聞社，2001）c

有馬哲夫『ディズニーの魔法』[新潮新書]（新潮社，2003）

有馬哲夫『ディズニーとライバルたち　アメリカのカートゥン・メディア史』（フィルムアート社，2004）

有馬哲夫『ディズニー・ミステリー・ツアー』（講談社，2010）

有馬哲夫『ディズニーランドの秘密』[新潮新書]（新潮社，2011）

粟田房穂／高成田享『ディズニーランドの経済学　増補版』[朝日文庫]（朝日新聞出

版, 2012)

粟田房穂『新版　ディズニーリゾートの経済学』(東洋経済新報社, 2013)

ハンス・クリスチャン・アンデルセン（大畑末吉訳）『完訳　アンデルセン童話集　1－7』［岩波文庫］（岩波書店, 1984) = Hans Christian Andersen, *Hans Christian Andersen's Complete Fairy Tales* intro. by Kenneth C. Mondschein PhD & tr. by Jean Pierre Hersholt, (San Diego, CA: Canterbury Classics, 2014, originally 1837-1874)

安藤健二『ミッキーマウスはなぜ消されたか　核兵器からタイタニックまで封印された10のエピソード』［河出文庫］（河出書房新社, 2011)

石坂秀己『ディズニーランドで語り継がれる魔法の言葉33　ウォルトの「想い」はこうしてパークに生き続ける』（こう書房, 2014)

イソップ（中務哲郎訳）『イソップ寓話集』［岩波文庫］（岩波書店, 1999) = Ben Edwin Perry, *Aesopica A Series of Texts Relating to Aesop or Ascribed to Him or Closely Connected with the Literary Tradition that bears His Name Collected and Critically Edited, with a Commentary and Historical Essay*, (Illinois, IL: University of Illinois Press, 2007, originally c.6C.B.C.)

今井千尋『ディズニー・USJで学んだ現場を強くするリーダーの原理原則　Disney & USJ Leadership』（内外出版社, 2017)

パット・ウィリアムズ（寺尾まち子訳）『ウォルト・ディズニーに学ぶ七転び八起き経営』（ネコ・パブリッシング, 2006) = Pat Williams, *How to be Like Walt Capturing the Disney Magic Every Day of Your Life*, (Deerfield Beach, FL: Health Communications, Inc., 2004)

WILディズニー国際カレッジ・プログラム運営事務局『ディズニー白熱教室「仕事で大切なこと」を知る授業』（三笠書房, 2013)

マックス・ウェーバー（恒藤恭校閲／富永祐治／立野保男訳）『社会科学方法論』［岩波文庫］（岩波書店, 1936) = Max Weber, 'Die »Objektivität« sozialwissenschaftlicher und sozialpolitischer Erkenntnis, (1904), Johannes Winckelmann (ed.), *Max Weber Gesammelte Aufsätze zur Wissenschaftslehre*, (Tübingen: J.C.B. Mohr [Paul Siebeck], 1922, 1985, 6th.)

マックス・ウェーバー（梶山力／大塚久雄訳）『プロテスタンティズムの倫理と資本主義の精神　上巻／下巻』［岩波文庫］（岩波書店, 1955) = Max Weber, 'Die protestantische Ethik und der »Geist« des Kapitalismus,' (1904-1905), Edgar Jaffé (ed.), *Archiv für Sozialwissenschaft und Sozialpolitik Band XX, XXI*, (Tübingen: J.C.B. Mohr [Paul Siebeck], 1904-1905)

上田比呂志『日本人にしかできない「気づかい」の習慣　ディズニーと三越で学んできた』（クロスメディア・パブリッシング, 2011)

ウォルト・ディズニー・イマジニアリング編（ダニー・ハンケ文／上杉隼人／杉山まど

か訳)『ディズニーテーマパーク　ポスターコレクション』(講談社, 2013) = Walt Disney Imagineering (ed.), *Poster Art of the Disney Parks written by Daniel Handke, designed by Vanessa Hunt, and intro. by Tony Baxter*, (New York, NY: The Disney Editions, 2012)

ウォルト・ディズニー・ジャパン監修『ウォルト・ディズニー　夢を叶える言葉　The magical words of Walt Disney』(主婦の友社, 2013) a

ウォルト・ディズニー・ジャパン監修『ディズニー　扉をひらく言葉　The beautiful words to open your heart』(主婦の友社, 2013) b

ウォルト・ディズニー・ジャパン監修『ミッキーマウス　ありのままで夢がかなうアドラーの言葉』[中経の文庫] (KADOKAWA, 2017)

ハンス＝イェルク・ウター (加藤耕義訳)『国際昔話話型カタログ　アンティ・アールネとスティス・トムソンのシステムに基づく分類と文献目録』(小澤昔ばなし研究所, 2016) = Hans-Jorg Uther, *The Types of International Folktales A Classification and Bibliography Based on the System of Antti Aarne and Stith Thompson Part I. Animal Tales, Tales of Magic, Religious Tales, and Realistic Tales, with an Introduction / Part II. Tales of the Stupid Ogre, Anecdotes and Jokes, and Formula Tales / Part III. Appendices*, [FF Communications], (Turku, Finland: Academia Scientarium Fennica, 2011)

浦安調査隊『東京ディズニーランド裏マニュアル』(データハウス, 1994)

レーモン・ウルセル (田辺保訳)『中世の巡礼者たち　人と道と聖堂と』(みすず書房, 1987) = Raymond Oursel, *Pèlerins du Moyen âge les hommes, les chemins, les sanctuaires*, (Paris: Fayard, 1978)

愛媛大学「四国遍路と世界の巡礼」研究会編『巡礼の歴史と現在　四国遍路と世界の巡礼』(岩田書院, 2013)

マーク・エリオット (古賀林幸訳)『闇の王子ディズニー　上／下』(草思社, 1994) = Marc Eliot, *Walt Disney Hollywood's Dark Prince A Biography*, (Secaucus, NJ: Birch Lane Press, the Carol Publishing Group, 1993)

円堂都司昭『ディズニーの隣の風景　オンステージ化する日本』(原書房, 2013)

大住力『一生の仕事が見つかるディズニーの教え』(日経BPマーケティング, 2012)

大住力『ディズニーの現場力』(かんき出版, 2013)

大住力『ディズニーの最強マニュアル　どんな人も「自ら動く人材」に変えてしまう』(かんき出版, 2014)

大住力原作／岡本圭一郎作画『マンガでよくわかるどんなメンバーでも即戦力に変わるディズニーのすごい仕組み』(かんき出版, 2015)

大塚英志『ミッキーの書式　戦後まんがの戦時下起源』[角川叢書] (角川学芸出版, 2013)

大野木裕明他編『昔話から学ぶ人間の成長と発達　グリム童話からディズニー作品ま

で』（ナカニシヤ出版，2015）
大畠崇央『ディズニー流　感動を生む企画の秘密』（すばる舎，2016）
ノルベルト・オーラー（井本日向二／藤代幸一訳）『巡礼の文化史』［叢書・ウニベルシタス］（法政大学出版局，2004） = Norbert Ohler, *Pilgerstab und Jakobsmuschel: Wallfahren in Mittelalter und Neuzeit*, (Düsseldorf und Zürich: Artemis & Winkler Verlag, 2000)
岡崎勝世他『明解　世界史A』（帝国書院，2014）
おかだえみこ『歴史をつくったアニメ・キャラクターたち　ディズニー、手塚からジブリ、ピクサーへ』（キネマ旬報社，2006）
岡本亮輔『聖地と祈りの宗教社会学　巡礼ツーリズムが生み出す共同性』（春風社，2012）
荻上チキ『ディズニープリンセスと幸せの法則』［星海社新書］（講談社，2014）
小野耕世『ドナルド・ダックの世界像　ディズニーにみるアメリカの夢』［中公新書］（中央公論社，1983）
加賀見俊夫『海を超える想像力　東京ディズニーリゾート誕生の物語』（講談社，2003）
桂英史『東京ディズニーランドの神話学』［青弓社ライブラリー］（青弓社，1999）
加藤周一『雑種文化　日本の小さな希望』［講談社文庫］（講談社，1974）
門田岳久『巡礼ツーリズムの民族誌　消費される宗教経験』（森話社，2013）
香取貴信『社会人として大切なことはみんなディズニーランドで教わった　そうか、「働くこと」「教えること」「本当のサービス」ってこういうことなんだ！』（こう書房，2002）
香取貴信監修（東京ディズニーランド卒業生有志著）『ディズニーランドであった心温まる物語』（あさ出版，2013）
金子晴勇『近代人の宿命とキリスト教　世俗化の人間学的考察』（聖学院大学出版会，2001）
兜木励悟『ディズニー批判序説　盗むディズニー　訴えるディズニー』（データハウス，2001）
鎌田洋『ディズニー　そうじの神様が教えてくれたこと』（ソフトバンククリエイティブ，2011）
鎌田洋『ディズニー　サービスの神様が教えてくれたこと』（ソフトバンククリエイティブ，2012）a
鎌田洋『ディズニーの絆力』（アスコム，2012）b
鎌田洋『ディズニー　ありがとうの神様が教えてくれたこと』（ソフトバンククリエイティブ，2013）
鎌田洋『ディズニー　おもてなしの神様が教えてくれたこと』（ソフトバンククリエイティブ，2014）a

鎌田洋『ディズニーを知ってディズニーを超える顧客満足入門』(プレジデント社, 2014) b

鎌田洋『真夜中のディズニーで考えた働く幸せ』[14歳の世渡り術](河出書房新社, 2014) c

鎌田洋『ディズニー　ハピネスの神様が教えてくれたこと』(ソフトバンククリエイティブ, 2015)

鎌田洋『ディズニー　キセキの神様が教えてくれたこと』(ソフトバンククリエイティブ, 2016)

鎌田洋『ディズニー　キズナの神様が教えてくれたこと』(ソフトバンククリエイティブ, 2017)

神樹兵輔『ウォルト・ディズニーに学ぶ魔法の実践心理術　成功者のウラに隠された巧みな戦略』(日本文芸社, 2004)

亀井俊介「ディズニー」(2012), 荒このみ他監修『[新版] アメリカを知る事典』(平凡社, 2012)

亀井俊介「ディズニーランド」(2012), 荒このみ他監修『[新版] アメリカを知る事典』(平凡社, 2012)

アレクシー・カレル(中村弓子訳)『ルルドへの旅・祈り』(春秋社, 1983) = Alexis Carrel, *Le voyage de Lourdes suivi de Fragments de journal et de Méditations*, (Paris: Librairie Plon, 1949) + Alexis Carrel, *La Prière*, (Paris: Librairie Plon, 1944)

河野英俊『ディズニーランドの接客サービス　驚異の集客力の秘密がズバリとわかる! ディズニー商法がわかると、商売で本当に大切なものが見えてくる』(ぱる出版, 2003)

北田暁大『増補　広告都市・東京　その誕生と死』[ちくま学芸文庫](筑摩書房, 2011)

木村美絵『米国ディズニーで学んだ私の宝物』(エール出版社, 2004)

サラ・ギルバート「第3章　マクドナルド　McDonald's」(2009), サラ・ギルバート/アーロン・フリッシュ/ヴァレリー・ボッデン(原丈人監修/野沢佳織訳)『夢を追いかける起業家たち　ディズニー、ナイキ、マクドナルド、アップル、グーグル、フェイスブック』(西村書店, 2017) = Sara Gilbert, *The Story of McDonald's*, [Built for Success Series], (Mankato, MN: Creative Education, 2009)

銀杏社/境沢あづさ編『東京ディズニーリゾート完全ガイド　2018-2019』[Disney in Pocket](講談社, 2018)

グイゴ一世(高橋正行/杉崎泰一郎訳)「シャルトルーズ修道院慣習律」(1121-1128), 上智大学中世思想研究所編訳/監修『修道院神学』[中世思想原典集成 10](平凡社, 1997) = Guigues Ier, *prieur de Chartreuse, Coutumes de Chartreuse introduction, texte critique, traduction et notes par un Chartreux*, [Sources chrétiennes], (Paris: Éditions du Cerf, 1984)

C. H. クーリー［＝クーレー］（納武津訳）『社会と我　人間性と社会秩序』（日本評論社，1921）＝ Charles H. Cooley, *Human Nature and the Social Order*, (1902, 1922, 2nd.), Charles H. Cooley, *The Two Major Works of Charles H. Cooley with an introduction by Robert Cooley Angell*, (Glencoe, IL: Free Press, 1956)

C. H. クーリー（大橋幸／菊池美代志訳）『社会組織論　拡大する意識の研究』［現代社会学大系］（青木書店，1970）＝ Charles H. Cooley, *Social Organization A Study of the Larger Mind*, (1909), Charles H. Cooley, *The Two Major Works of Charles H. Cooley with an introduction by Robert Cooley Angell*, (Glencoe, IL: Free Press, 1956)

草地真『ディズニーランドの心に響く接客サービス』（ぱる出版，2009）

櫛田磐（櫛田眞澄編）『アニメ文化と子ども　ディズニーの真価がわかるあなたに』（日本図書刊行会，2001）

国松孝二他編『独和大辞典』（小学館，2000, 2 版）

グリーン夫妻（山口和代訳）『魔法の仕掛人　ウォルト・ディズニー』（ほるぷ出版，1994）＝ Katherine and Richard Greene, *The Man Behind the Magic The Story of Walt Disney*, (New York, NY: Viking Penguin, 1991)

エイミー・ブース・グリーン／ハワード・E・グリーン（阿部清美訳）『ウォルト・ディズニーの思い出』（竹書房，2013）＝ Amy Booth Green & Howard E. Green, *Remembering Walt Favorite Memories of Walt Disney*, (Burbank, CA: Disney Enterprises Inc., 1999)

ヤーコプ・グリム／ヴィルヘルム・グリム（金田鬼一訳）『完訳　グリム童話集　（一）／（二）／（三）／（四）／（五）』［岩波文庫］（岩波書店，1979）＝ Jacob Grimm u. Wilhelm Grimm, *Kinder- und Hausmärchen*, (Göttingen: Verlag der Dieterichschen Buchhandlung, 1857, 7th.)

ロン・グローヴァー（仙名紀訳）『ディズニー・タッチ　王国を建て直した経営の魔術』（ダイヤモンド社，1992）＝ Ron Grover, *The Disney Touch How a Daring Management Team Revived an Entertainment Empire*, (Homewood, IL: Business One Irwin, 1991)

ニール・ゲイブラー（中谷和男訳）『創造の狂気　ウォルト・ディズニー』（ダイヤモンド社，2007）＝ Neal Gabler, *Walt Disney The Triumph of the American Imagination*, (New York, NY: Alfred A. Knopf of Random House, Inc., 2006)

講談社編『東京ディズニーランド大図鑑』（講談社，1993）

J. ジェフ・コーバー（服部千佳子訳）『ディズニーの「おもてなし」プラチナルール　お客様（ゲスト）に 300% の満足と感動を！』（日本文芸社，2014）＝ J. Jeff Kober, *The Wonderful World of Customer Service at Disney*, (Orlando, FL: Performance Journeys, Inc., 2009)

リー・コッカレル（月沢李歌子訳）『感動をつくる　ディズニーで最高のリーダーが育つ10の法則』（ダイヤモンド社, 2008）＝ Lee Cockerell, *Creating Magic 10 Common Sense Leadership Strategies from a Life at Disney Based on the principles taught at the world-renowned Disney Institute*, (New York, NY: Doubleday, 2008)

ハーヴィ・コックス（塩月賢太郎訳）『世俗都市　神学的展望における世俗化と都市化』（新教出版社, 1967）＝ Harvey Cox, *The Secular City Secularization and Urbanization in Theological Perspective*, (New York, NY: The Macmillan Company, 1966)

ハーヴィ・コックス（船本弘毅訳）『世俗化時代の人間』（新教出版社, 1969）＝ Harvey Cox, *On not Leaving it to the Snake*, (New York, NY: The Macmillan Company, 1967)

ハーヴィ・コックス（大島かおり訳）『世俗都市の宗教　ポストモダン神学へ向かって』（新教出版社, 1986）＝ Harvey Cox, *Religion in the Secular City Toward a Postmodern Theology*, (New York, NY: Simon and Shuster, 1984)

トム・コネラン（仁平和夫訳）『ディズニー 7つの法則　奇跡の成功を生み出した「感動」の企業理念　新装版』（日経BP社, 1997, 2014新装版）＝ Tom Connellan, *Inside The Magic Kingdom Seven Keys to Disney's Success*, (Austin, TX: Bard Press, 1996, 1997)

小松田勝『東京ディズニーランド「継続」成長の秘密　"ディズニー的"教育訓練の底力』（商業界, 2003）

小松田勝『ディズニーランドの「ホスピタリティ」はここが違う　お客様を感動させるホスピタリティ・ビジネスの原点』（経林書房, 2004）

小松田勝『ディズニーランドのホスピタリティ　世界一のアルバイトはどのようにして生まれたのか』（長崎出版, 2007）

小松田勝『図解でわかる！ディズニー　感動のサービス』［中経の文庫］（中経出版, 2011）a

小松田勝『ディズニーランドで「気づいた」企業継続力～どうすればあなたの会社は存続できるか～』（商業界, 2011）b

小松田勝監修『ディズニー式サービス哲学　イラスト図解』［別冊宝島 study］（宝島社, 2012）

小松田勝『ウォルト・ディズニーが贈る夢をかなえる言葉』［知的生きかた文庫］（三笠書房, 2013）

小松田勝『スタッフの能力を100％引き出す「ディズニー式」魔法の人材育成法』（コスミック出版, 2014）a

小松田勝『あなたに幸せの魔法をかけるディズニーランドの言葉』（かんき出版, 2014）b

小松田勝『ディズニーがスタッフに最初に教えたこと』（日本経済新聞出版社, 2015）

小宮和行『東京ディズニーランド　驚異の経営マジック』［講談社ビジネス］（講談社, 1989）

櫻井恵里子『「一緒に働きたい」と思われる心くばりの魔法　ディズニーの元人材トレーナー 50 の教え』（サンクチュアリ出版, 2016）

櫻井恵里子『3 日で変わるディズニー流の育て方』（サンクチュアリ出版, 2017）

アダム・サザーランド（稲葉茂勝訳）『知っているようで知らない会社の物語　ディズニー』（彩流社, 2014）= Adam Sutherland, *Big Business Disney The story behind the iconic business*, (London: Wayland, 2012)

佐藤敏夫『宗教の喪失と回復　運命としての世俗化とキリスト教』（日本基督教団出版局, 1978）

志澤秀一『ディズニーランドの人材教育　改訂版　Disneyland's way of personal excellence』（ウィズダムブック社, 2000）

志澤秀一『ディズニーに学ぶ満足循環力　「お客様満足」+「社員満足」の秘密』［学研新書］（学習研究社, 2008）

志澤秀一（徳源秀監修）『ディズニーで学んだ　人がグングン伸びる 39 の方法』（すばる舎リンケージ, 2015）

嶋田亘克『ディズニーのすごい集客』（フォレスト出版, 2017）

ラッセル・シュローダー編著（田畑正儀訳）『Walt Disney　伝記・映像の魔術師』（徳間書店／スタジオジブリ・カンパニー, 1998）= Russell Schroeder, *Walt Disney His Life in Pictures*, (Burbank, CA: Disney Enterprises, Inc., 1996)

ラッセル・シュローダー（渡辺有希訳）『Disney 夢と魔法の 100 年』（世界文化社, 2002）= Russell K. Schroeder, *Disney The Ultimate Visual Guide*, (Burbank, CA: Disney Enterprises, Inc., 2002)

小学館辞典編集部編『故事俗信　ことわざ大辞典』（小学館, 1982）

新村出編『広辞苑　第六版』（岩波書店, 2008）

ヤン・スィンゲドー『「和」と「分」の構造　国際化社会に向かう宗教』（日本基督教団出版局, 1981）

マーティ・スクラー（矢羽野薫訳）『ディズニー　夢の王国をつくる　夢は実現する――世界のディズニーパークはいかに創られてきたか』（河出書房新社, 2014）= Martin Sklar, *Dream It! Do It! My Half-Century Creating Disney's Magic Kingdoms*, (Glendale, CA: Disney Editions, 2013)

ビル・スコロン（岡田好惠訳）『ウォルト・ディズニー伝記　ミッキーマウス、ディズニーランドを創った男』［講談社青い鳥文庫］（講談社, 2017）= Bill Scollon, *Walt Disney Drawn from Imagination*, (Glendale, CA: Disney Press, 2014)

デニス・スノー（柴田さとみ訳）『ディズニー・ワールドで私が学んだ 10 のルール　お客様もあなたも笑顔になる』（実務教育出版, 2010）= Dennis Snow, *Lessons from the Mouse A Guide for Applying Disney World's Secrets of Success to Your*

Organization, Your Career, and Your Life, (Orlando, FL: Snow and Associates, Inc., 2009)

聖心女子大学キリスト教文化研究所編『巡礼と文明』［宗教文明叢書］（春秋社, 1987）

ヴィクター W. ターナー（富倉光雄訳）『儀礼の過程』（思索社, 1976）= Victor W. Turner, The Ritual Process Structure and Anti-Structure, (Chicago, IL: Aldine Publishing Company, 1969)

ヴィクター・ターナー（梶原景昭訳）『象徴と社会』［文化人類学叢書］（紀伊國屋書店, 1981）= Victor Turner, Dramas, Fields, and Metaphors Symbolic Action in Human Society, (Ithaca, NY: Cornell University Press, 1974)

高橋かおる／小林美姫『世界のディズニー・テーマパークへ サプライズいっぱいのハッピー体験記』（ぴあ, 2005）

高橋作太郎編集代表『リーダーズ英和辞典 第3版』（研究社, 2012）

高橋ヨシキ『暗黒ディズニー入門』［コア新書］（コアマガジン, 2017）

竹内均編『一世を風靡した事業家たち アークライト／大河内正敏／タウンズ／ディズニー』［竹内均・知と感銘の世界］（ニュートンプレス, 2003）

竹林滋編者代表『研究社 新英和大辞典』（研究社, 2002）

田所誠『東京ディズニーランドの魔術商法』（エール出版社, 1990）

谷口昭弘『ディズニー・ミュージック ディズニー映画音楽の秘密』（スタイルノート, 2016）

アラン・ダンダス編（池上嘉彦／山崎和恕／三宮郁子訳）『シンデレラ 9世紀の中国から現代のディズニーまで』（紀伊国屋書店, 1991）= Alan Dundes (ed.), Cinderella A Casebook, (New York, NY: Garland Publishing, Inc., 1983, 1988, 2nd.)

TDR 研究会議『ディズニーリゾート150の秘密』［新潮文庫］（新潮社, 2003）

TDL 研究会議『ディズニーランド101の謎』［新潮OH!文庫］（新潮社, 2000）

ウォルト・ディズニー『夢をかなえる100の言葉』（ぴあ, 2003）

ディズニー・インスティチュート（月沢李歌子訳）『ディズニーが教えるお客様を感動させる最高の方法』（日本経済新聞社, 2005）=Disney Institute, Be Our Guest Perfecting the Art of Customer Service, (New York, NY: Disney Enterprises, Inc., 2001)

ディズニーファン編集部編『ディズニートリビアクイズ Disney Trivia Quiz』（講談社, 2015）

ディズニーファン編集部編『東京ディズニーランドパーフェクトガイドブック2018』［My Tokyo Disney Resort］（講談社, 2017）

ジョン・テイラー（矢沢聖子訳）『ディズニー王国を乗っ取れ』（文芸春秋, 1990）= John Taylor, Storming the Magic Kingdom Wall Street, the Raiders, and the Battle *for Disney*, (New York, NY: Alfred A. Knopf, 1987)

サラ・デュナント（小西敦子訳）『地上のヴィーナス』（河出書房新社，2005）＝ Sarah Dunant, *The Birth of Venus A Novel*, (New York, NY: Random House, 2004)

寺澤芳雄編『英語語源辞典』（研究社，1997）

J・P・テロッテ（堀千恵子訳）『ディズニーを支えた技術』（日経BP社，2009）＝ J.P. Telotte, *The Mouse Machine Disney and Technology*, (Urbana, IL: University of Illinois Press, 2008)

東京図鑑編『東京ディズニーシー物語』（講談社，2007）

東京ディズニーシー裏技調査隊編『東京ディズニーシー裏技ガイド　TDSを10倍楽しむ完全攻略本』（広済堂出版，2001）

藤堂明保他編『学研　新漢和大字典』（学習研究社，2005）

フランク・トーマス／オーリー・ジョンストン（スタジオジブリ訳）『生命を吹き込む魔法』（徳間書店スタジオジブリ事業本部，2002）＝ Frank Thomas & Ollie Johnston, *Disney Animation The Illusion of Life*, (New York, NY: Abbeville Press, 1981)

ボブ・トーマス（山岡洋一／田中志ほり訳）『ディズニー伝説　天才ウォルトと賢兄ロイの企業創造物語』（日経BP社，1998）＝ Bob Thomas, *Building A Company Roy O. Disney and the Creation of an Entertainment Empire*, (New York, NY: Hyperion Books, 1998)

徳源秀『ディズニー精神が教えてくれる心がつながる魔法　Magic from the spirit of Disney that bind our hearts together』（ワニブックス，2013）

ボブ・トマス（玉置悦子／能登路雅子訳）『ウォルト・ディズニー　創造と冒険の生涯　完全復刻版』（講談社，2010）＝ Bob Thomas, *Walt Disney An American Original*, (New York, NY: The Walt Disney Company, 1976, 1994)

富田隆『ディズニーランド深層心理研究　「人をとりこにする秘密」が解き明かされる！』（こう書房，2004）

アリエル・ドルフマン／アルマン・マトゥラール（山崎カヲル訳）『ドナルド・ダックを読む』（晶文社，1984）＝ Ariel Dorfman & Armand Mattelart, *Para Leer al Pato Donald*, (Chile: Ediciones Universitarias de Valparafso, 1971)

中島恵『東京ディズニーリゾートの経営戦略』（三恵社，2013）

中島恵『ディズニーランドの国際展開戦略』（三恵社，2014）

中島恵『ディズニーの労働問題　「夢と魔法の王国」の光と影』（三恵社，2017）a

中島恵『なぜ日本だけディズニーランドとUSJが「大」成功したのか？』（三恵社，2017）b

中田祝夫他編『古語大辞典』（小学館，1983）

中村元『日本人の思惟方法　東洋人の思惟方法 III』［中村元選集　決定版　第3巻］（春秋社，1989）

中村克『すべてのゲストが VIP　ディズニーランドで教えるホスピタリティ』（芸文社, 2004）

西村秀幸『東京ディズニーランドの秘密』（エール出版社, 2001）

西村秀幸『東京ディズニーリゾートの謎』（エール出版社, 2002）

糠谷和弘『ディズニー流！　みんなを幸せにする「最高のスタッフ」の育て方』（PHP研究所, 2012）

農村清人／小出史歩編『東京ディズニーランドおまかせガイド　2018-2019』［Disney in Pocket］（講談社, 2018）

野口恒『「夢の王国」の光と影　東京ディズニーランドを創った男たち』（TBS ブリタニカ, 1991）

能登路雅子『ディズニーランドという聖地』［岩波新書］（岩波書店, 1990）

能登路雅子「テーマパーク」（2004）, 小田隆裕他（編）『事典現代のアメリカ』（大修館書店, 2004）

能登路雅子「ディズニーの帝国　アメリカ製テーマパークの文化戦略」（2005）,『立教アメリカン・スタディーズ　第 27 号』（立教大学アメリカ研究所, 2005）

ピーター・L・バーガー（薗田稔訳）『聖なる天蓋　神聖世界の社会学』（新曜社, 1979）＝ Peter L. Berger, *The Sacred Canopy Elements of a Sociological Theory of Religion*, [Anchor Books], (Garden City, NY: Doubleday, 1969) a

ピーター・バーガー（荒井俊次訳）『天使のうわさ 現代における神の再発見』（ヨルダン社, 1982）＝ Peter L. Berger, *A Rumor of Angels Modern Society and the Rediscovery of the Supernatural*, (Garden City, NY: Doubleday, 1969) b

B. J. パイン II ／ J. H. ギルモア（岡本慶一／小高尚子訳）『［新訳］経験経済　脱コモディティ化のマーケティング戦略』（ダイヤモンド社 , 2005）＝ B. Joseph Pine II & James H. Gilmore, *The Experience Economy*, (Boston, MA: Harvard Business Press, 1999) + B. Joseph Pine II & James H. Gilmore, "The Experience is the Marketing," (Aurora, OH: Strategic Horizons LLP, 2002)

ジャンバティスタ・バジーレ（杉山洋子／三宅忠明訳）『ペンタメローネ　五日物語（上）／（下）』［ちくま文庫］（筑摩書房, 2005）≒ Giambattista Basile, *Lo Cunto de li Cunti* (*Il Pentamerone*), a cura di Takao Tsukada, [Ryukei Reprint Series], (Ryukei Shyosha, 1994, originally 1634-1636)

長谷川一『ディズニーランド化する社会で希望はいかに語りうるか　テクノロジーと身体の遊戯』（慶應義塾大学出版会, 2014）

長谷川恩『ネズミと日本人』（三一書房, 1996）

長谷川芳郎『「魔法の国」のデザイン　東京ディズニーランドが拓く新時代』（日本経済新聞社, 1984）

秦美佐子『ディズニー魔法の会計』（中経出版, 2013）

T. G. バックホルツ（藤井清美訳）『伝説の経営者たち　情熱と才能と幸運のドラマ』

（日本経済新聞出版社，2008）＝ T. G. Buchholz, *New Ideas from Dead CEOs Lasting Lessons from the Corner Office*, (New York, NY: Collins Business, 2007)

ジョン・バニヤン（池谷敏雄訳）『天路歴程　正篇』（新教出版社，1976）＝ John Bunyan, *The Pilgrim's Progress From This World, To That Which is to Come edited with an introduction and notes by Roger Pooley*, [Penguin Classics], (London: Penguin Books, 2008, originally 1678)

ジョン・バニヤン（池谷敏雄訳）『天路歴程　続篇』（新教出版社，1985）＝ John Bunyan, *The Pilgrim's Progress From This World, To That Which is to Come edited with an introduction and notes by Roger Pooley*, [Penguin Classics], (London: Penguin Books, 2008, originally 1684)

馬場康夫『「エンタメ」の夜明け　ディズニーランドが日本に来た日　新装版』[講談社+α文庫]（講談社，2015）

濱名均『ディズニー　感動を生み続ける37のルール』（日本能率協会マネジメントセンター，2013）

リッチ・ハミルトン（箱田忠昭訳）『ウォルト・ディズニーの成功ルール』（あさ出版，2005）＝ Rich Hamilton, *Disney Magic Business Strategy You Can Use at Work and at Home*, (Phoenix, AZ: Sellbetter Tools, 2003)

リッチ・ハミルトン（箱田忠昭訳）『ウォルト・ディズニーのアイデアブック』（あさ出版，2007）＝ Rich Hamilton, *Disney Magic Ideabook Using Disney's Magic Strategy for Your Own Business Success*, (Phoenix, AZ: Sellbetter Tools, 2004)

速水健朗『都市と消費とディズニーの夢　ショッピングモーライゼーションの時代』[角川 one テーマ 21]（角川書店，2012）

ジム・ファニング（佐保美恵子訳）『DISNEY 映画ポスター集　ミッキーマウスからアラジンまで』（講談社，1999）＝ Jim Fanning, *The Disney Poster Miniature*, (New York, NY: Hyperion, 1993)

ジム・ファニング（小宮山みのり訳）『The Disney Book 誕生から未来までディズニーのすべて』（講談社，2016）＝ Jim Fanning, *The Disney Book A Celebration of the World of Disney*, (Burbank, CA: Disney Enterprises, Inc., 2015)

クリストファー・フィンチ（前田三恵子訳）『ディズニーの芸術』（講談社，2001）＝ Christopher Finch, *The Art of Walt Disney from Mickey Mouse to the Magic Kingdoms Concise Edition*, (New York, NY: Harry N. Abrams, Inc., 1999)

福島文二郎『9割がバイトでも最高のスタッフに育つディズニーの教え方』（中経出版，2010）

福島文二郎『9割がバイトでも最高の感動が生まれるディズニーのホスピタリティ』（中経出版，2011）

福島文二郎『9割がバイトでも最高の成果を生み出すディズニーのリーダー』（中経出版，2013）

アラン・ブライマン（能登路雅子監訳／森岡洋二訳）『ディズニー化する社会　文化・消費・労働とグローバリゼーション』［明石ライブラリー］（明石書店, 2008）＝ Alan Bryman, *The Disneyization of Society*, (London: SAGE Publications Ltd, 2004)

プラトン（水地宗明訳／田中美知太郎訳）『クラテュロス　テアイテトス』［プラトン全集 2］（岩波書店, 1974）＝ Platon, *Platonis Opera Tomus I recognovit brevique adnotatione critica instruxit Ioannes Burnet*, [Scriptorum Classicorum Bibliotheca Oxoniensis], (Oxonii: E Typographeo Clarendoniano, 1905, originally c.4C.B.C.)

プラトン（田中美知太郎訳／藤沢令夫訳）『クレイトポン　国家』［プラトン全集 11］（岩波書店, 1976）＝ Platon, *Platonis Opera Tomus VI recognovit brevique adnotatione critica instruxit Ioannes Burnet*, [Scriptorum Classicorum Bibliotheca Oxoniensis], (Oxonii: E Typographeo Clarendoniano, 1905, originally c.4C.B.C.)

ジークムント・フロイト（渡邉俊之訳）「性理論のための三篇」(1942, originally 1905), ジークムント・フロイト（渡邉俊之／越智和弘／草野シュワルツ美穂子／道籏泰三訳）『1901-06 年　症例「ドーラ」　性理論三篇』［フロイト全集 6］（岩波書店, 2009）＝ Sigmund Freud, 'Drei Abhandlungen zur Sexualtheorie' (1920, originally 1905), Sigmund Freud, *Werke aus den Jahren 1904-1905*, herausgegeben von Anna Freud, E. Bibring, W. Hoffer, E. Kris, O.Isakower, [Gesammelte Werke V], (London: Imago Publishing Co., Ltd., 1942, originally 1904-1905)

ジークムント・フロイト（新宮一成／高田珠樹／須藤訓任／道籏泰三訳）『1915-17 年　精神分析入門講義』［フロイト全集 15］（岩波書店, 2012）＝ Sigmund Freud, *Vorlesungen zur Einführung in die Psychoanalyse*, herausgegeben von Anna Freud, E. Bibring, W. Hoffer, E. Kris, O.Isakower, [Gesammelte Werke XI], (London: Imago Publishing Co., Ltd., 1940, originally 1915-1917)

エイドリアン・ベイリー（玉置悦子訳）『ウォルト・ディズニー　ファンタジーの世界』（講談社, 1985）＝ Adrian Bailey, *Walt Disney's World of Fantasy*, (Burbank, CA: Walt Disney Productions, 1982)

アルノルト・ファン・ヘネップ（綾部恒雄／綾部裕子訳）『通過儀礼　門と敷居、歓待、養子縁組、妊娠と出産、誕生、幼年期、成熟期、イニシエーション、叙任式、戴冠式、婚約と結婚、葬儀、季節、その他の諸儀式の体系的研究』［Kobundo Renaissance］（弘文堂, 1995）＝ Arnold Van Gennep, *Les Rites de passage étude systématique des rites de la porte et du seuil, de l'hospitalité, de l'adoption, de la grossesse et de l'accouchement, de la naissance, de l'enfance, de la puberté, de l'initiation, de l'ordination, du couronnement, des fiançailles et du mariage, des funérailles, des saisons, etc.*, (Paris: Émile Nourry, 1909)

ヌルシアのベネディクトゥス（古田暁訳）『戒律』(c.540), 上智大学中世思想研究

所編訳/監修『後期ラテン教父』[中世思想原典集成5]（平凡社, 1993）＝ Saint Benoît, *La règle de saint Benoît, I et II introduction, traduction et notes par Adalbert de Vogüé, texte établie et présenté par Jean Neufviixe*, [Sources chrétiennes], (Paris: Éditions du Cerf, 1972)

シャルル・ペロー（新倉朗子訳）『完訳 ペロー童話集』[岩波文庫]（岩波書店, 1982）≒ Charles Perrault, *Contes suivi du Miroir ou la Métamorphose d'Orante, de la Peinture, poème et du labyrinthe de Versailles édition présentée, établie et annotée par Jean-Pierre Collinet*, [Collection Folio], (Paris: Éditions Gallimard, 1981, originally 1697)

ヴァルター・ベンヤミン「複製技術時代の芸術作品[第二稿]」（1935-1936）, ヴァルター・ベンヤミン（浅井健二郎編訳/久保哲司訳）『ベンヤミン・コレクション1 近代の意味』[ちくま学芸文庫]（筑摩書房, 1995）＝ Walter Benjamin, 'Das Kunstwerk im Zeitalter seiner technischen Reproduzierbarkeit‹Zweite Fassung›' (1933), Walter Benjamin, *Gesammelte Schriften VII・I herausgegeben von Rolf Tiedemann und Hermann Schweppenhäuser unter Mitarbeit von Christoph Gödde, Henri Lonitz und Gary Smith*, (Frankfurt am Main: Suhrkamp Verlag, 1992, 2.Aufl.)

ヴァルター・ベンヤミン「経験と貧困」（1933）, ヴァルター・ベンヤミン（浅井健二郎編訳/三宅晶子他訳）『ベンヤミン・コレクション2 エッセイの思想』[ちくま学芸文庫]（筑摩書房, 1996）＝ Walter Benjamin, 'Erfahrung und Armut' (1933), Walter Benjamin, *Gesammelte Schriften II・I herausgegeben von Rolf Tiedemann und Hermann Schweppenhäuser*, (Frankfurt am Main: Suhrkamp Verlag, 1977)

ジャン・ボードリヤール（宇波彰訳）『物の体系 記号の消費』[叢書・ウニベルシタス]（法政大学出版局, 1980）＝ Jean Baudrillard, *Le Système des objets*, (Paris: Éditions Gallimard, 1968)

ジャン・ボードリヤール（今村仁司/塚原史訳）『消費社会の神話と構造〈普及版〉』（紀伊国屋書店, 1995）＝ Jean Baudrillard, *La Socièté de consommation ses mythes, ses structures*, (Paris: Éditions Denoël, 1970)

ジャン・ボードリヤール（今村仁司/塚原史訳）『象徴交換と死』（筑摩書房, 1982）＝ Jean Baudrillard, *L'échange symbolique et la mort*, (Paris: Éditions Gallimard, 1975, 1982)

ジャン・ボードリヤール（竹原あき子訳）『シミュラークルとシミュレーション』[叢書・ウニベルシタス]（法政大学出版局, 1984）＝ Jean Baudrillard, *Simulacres et simulation*, (Paris: Éditions Galilée, 1981)

星野英紀『巡礼 聖と俗の現象学』[講談社現代新書]（講談社, 1981）

細馬宏通『ミッキーはなぜ口笛を吹くのか アニメーションの表現史』（新潮社, 2013）

デイビッド・A・ボッサート（上杉隼人訳）『ロイ・E・ディズニーの思い出 ディズニーア

ニメーション新黄金時代を創る　序文：ロイ・パトリック・ディズニー』（講談社，2017）＝ David A. Bossert, *Remembering Roy E. Disney Memories and Photos of a Storied Life*, (Glendale, CA: Disney Editions, 2013)

ヴァレリー・ボッデン「第 1 章　ディズニー　Disney」(2009)，サラ・ギルバート／アーロン・フリッシュ／ヴァレリー・ボッデン（原丈人監修／野沢佳織訳）『夢を追いかける起業家たち　ディズニー、ナイキ、マクドナルド、アップル、グーグル、フェイスブック』（西村書店，2017）＝ Valerie Bodden, *The Story of Disney*, [Built for Success Series], (Mankato, MN: Creative Education, 2009)

堀井憲一郎『ディズニーから勝手に学んだ 51 の教訓』［新潮文庫］（新潮社，2013）

堀井憲一郎『あなたが知らないディズニーランドの新常識 44』［新潮文庫］（新潮社，2016）

ホリテーマサロン・テーマパーク研究会『ディズニーランド成功の DNA』（PHP 研究所，2014）

前田富祺監修『日本語源辞典』（小学館，2005）

眞喜屋実行『ディズニーから教わった！　お客さまから動いてくれる販促ツボ 71　明日から使えるアイデア集』（ぱる出版，2013）

アリスター・マクグラス（稲垣久和／広田貴子訳）『信仰の旅路　たましいの故郷への道』（いのちのことば社，2003）＝ Alister McGrath, *The Journey A Pilgrim in the Lands of the Spirit*, (New York, NY: Doubleday, 2000)

アリスター・E・マクグラス（本多峰子訳）『キリスト教の天国　聖書・文学・芸術で読む歴史』（キリスト新聞社，2006）＝ Alister E. McGrath, *A Brief History of Heaven 1st Edition*, (Oxford: Blackwell Publishing Ltd., 2003)

コリーン・マクダネル ＆ バーンハード・ラング（大熊昭信訳）『天国の歴史』（大修館書店，1993）＝ Colleen McDannell and Bernhard Lang, *Heaven A History*, (New Haven, CT: Yale University Press, 1988)

松岡圭祐『ミッキーマウスの憂鬱』（新潮社，2005）

ルイ・マラン（梶野吉郎訳）『ユートピア的なもの　空間の遊戯』［叢書・ウニベルシタス］（法政大学出版局，1995）＝ Louis Marin, *Utopiques Jeux d'espaces*, (Paris: Éditions de Minuit, 1973)

丸山眞男「超国家主義の論理と心理」(1946)，丸山眞男（古矢旬編）『超国家主義の論理と心理　他八篇』［岩波文庫］（岩波書店，2015）

丸山真男「III　原型・古層・執拗低音――日本思想史方法論についての私の歩み――」(1984)，加藤周一／木下順二／丸山真男／武田清子『日本文化のかくれた形』（岩波書店，1984）

みっこ『ディズニーに行く前に知っておくと得する 66 の知識』（文響社，2015）

みっこ『思わず話したくなる究極のディズニー』（ベストセラーズ，2017）

宮平望『苦難を担い、救いへ導く神　21 世紀日本のキリスト教 2』（一麦出版社，

2003）
宮平望『ゴスペルエッセンス　君に贈る5つの話』（新教出版社, 2004）
宮平望『マタイによる福音書　私訳と解説』（新教出版社, 2006）
宮平望『ゴスペルフォーラム　君に贈る5つの話』（新教出版社, 2007）
宮平望『ゴスペルスピリット　君に贈る5つの話』（新教出版社, 2008）
宮平望『ローマ人への手紙　私訳と解説』（新教出版社, 2011）
宮平望『コリント人への手紙　私訳と解説』（新教出版社, 2012）
宮平望『ガラテヤ人・エフェソ人・フィリピ人・コロサイ人への手紙　私訳と解説』（新教出版社, 2013）
宮平望『ジョン・マクマレー研究　キリスト教と政治・社会・宗教』（新教出版社, 2017）
ダイアン・ディズニー・ミラー／ピート・マーティン（上杉隼人訳）『私のパパ　ウォルト・ディズニー』（講談社, 2010）= Diane Disney Miller & Pete Martin, *The Story of Walt Disney*, (Glendale, CF: Disney Editions, 2005[1957]）
村上陽一郎『奇跡を考える』[叢書現代の宗教]（岩波書店, 1996）
村上陽一郎『近代科学と聖俗革命　〈新版〉』（新曜社, 2002［初版 1976］）
村上陽一郎『科学史からキリスト教をみる』[長崎純心レクチャーズ]（創文社, 2003）
サビーネ・メルシオール＝ボネ（竹中のぞみ訳）『鏡の文化史』[りぶらりあ選書]（法政大学出版局, 2003）= Sabine Melchior-Bonnet, *Histoire du miroir*, (Paris: Éditions Imago, 1994）
本橋哲也『ディズニー・プリンセスのゆくえ　白雪姫からマレフィセントまで』（ナカニシヤ出版, 2016）
森和久『誕生日』（すぐ書房, 2001）
柳生すみまろ『柳生すみまろのディズニーランド誕生秘話』（講談社, 2011）
山内孝幸『すべてはゲストのために　東京ディズニーリゾートに学ぶマーケティング』（晃洋書房, 2010）
山折哲雄他『巡礼の構図　動く人びとのネットワーク』（NTT出版, 1991）
山折哲雄『巡礼の思想』（弘文堂, 1995）
山口有次『新ディズニーランドの空間科学　夢と魔法の王国のつくり方』（学文社, 2015）
山澤成康『ディズニーで学ぶ経済学』（学文社, 2018）
山田眞『ディズニーランド流心理学　「人とお金が集まる」からくり』[知的生きかた文庫]（三笠書房, 2002）
山中弘編『宗教とツーリズム　聖なるものの変容と持続』（世界思想社, 2012）
山本周五郎『青べか物語』[山本周五郎小説全集　第十四巻]（新潮社, 1967）
結城了悟「日本二十六聖人」(1988), 日本キリスト教歴史大事典編集委員会（編）『日本キリスト教歴史大事典』（教文館, 1988）

ヴィクトル・ユゴー（辻昶訳）『レ・ミゼラブル　1／2／3』［ヴィクトル・ユゴー文学館第二巻／第三巻／第四巻］（潮出版社，2000）＝ Victor Hugo, Les Miserables éditions établie et annotée par Maurice Allem, (Paris: Gallimard, 1951, originally 1862)

養老孟司『バカの壁』［新潮新書］（新潮社，2003）

吉田光由（塵劫記刊行三百五十年記念顕彰事業実行委員会編）『塵劫記』（大阪教育図書，1977 ［1627］）

芳中晃『ディズニーランドはなぜお客様の心をつかんで離さないのか　"ひとり勝ちサービス"のノウハウをすべて教えます！』（中経出版，2004）

芳中晃『女性がディズニーランドを愛する理由　リピーター率90％超を支える4つのキーワード』（中経出版，2005）

吉見俊哉「遊園地のユートピア」（1989），吉見俊哉『リアリティ・トランジット　情報消費社会の現在』（紀伊國屋書店，1996）

吉見俊哉「シミュラークルの楽園――都市としてのディズニーランド」（1992）a，多木浩二／内田隆三（編）『零ゼロの修辞学　歴史の現在』［Série SAISON］（リブロポート，1992）

吉見俊哉「ディズニーランド化する都市」（1992）b，吉見俊哉『リアリティ・トランジット　情報消費社会の現在』（紀伊國屋書店，1996）

吉見俊哉「戦後日本の反米と親米」（2018），アメリカ学会編『アメリカ文化事典』（丸善出版，2018）

ライフ・リサーチ・プロジェクト編『奇跡をつかんだ失敗の顛末　カーネギー、松下幸之助、ウォルト・ディズニー……』［青春文庫］（青春出版社，2015）

カルステン・ラクヴァ（眞岩啓子訳）『ミッキー・マウス　ディズニーとドイツ』（現代思潮新社，2002）＝ Carsten Laqua, Wie Micky unter die Nazis fiel Walt Disney und Deutschland, (Hamburg: Rowohlt Taschenbuch Verlag, 1992)

J. B. ラッセル（野村美紀子訳）『天国の歴史　歌う沈黙』（教文館，1998）＝ Jeffrey Burton Russell, A History of Heaven The Singing Silence, (Princeton, NJ: Princeton University Press, 1997)

ジョージ・リッツア（正岡寛司監訳）『マクドナルド化する社会』（早稲田大学出版部，1999）＝ George Ritzer, McDonaldization of Society, Revised Edition, (Thousand Oaks, CA: Pine Forge Press, 1996)

ジョージ・リッツア（山本徹夫／坂田恵美訳）『消費社会の魔術的体系　ディズニーワールドからサイバーモールまで』［明石ライブラリー］（明石書店，2009）＝ George Ritzer, Enchanting a Disenchanted World Revolutionizing the Means of Consumption, 2nd. ed., (Thousand Oaks, CA: Pine Forge Press, 2005)

ダグラス・リップ（日下公人監修／賀川洋訳）『TDL（東京ディズニーランド）大成功の真相　ディズニーランド日本上陸記』（NTT出版，1994）

ダグ・リップ（藤井留美訳）『ディズニー大学』（星雲社, 2014）= Doug Lipp, *Disney U How the Disney University Develops the World's Most Engaged, Loyal, and Customer-Centric Employees*, (New York, NY: McGraw-Hill Companies, Inc., 2013)

マルティン・ルター「キリスト者の自由について」（1520）, マルティン・ルター（徳善義和他訳）『ルター著作選』［キリスト教古典叢書］（教文館, 2012）= D. Martin Luther, 'Von der Freyheyt einys Christenmenschen,' (1520), D. Martin Luther, *D. Martin Luthers Werke Kritische Gesamtausgabe (Weimarer Ausgabe)* 7. Band, (Weimar: Hermann Böhlaus Nachfolger, 1966)

歴史学研究会編『巡礼と民衆信仰』［地中海世界史］（青木書店, 1999）

ブルース・レフラー／ブライアン・チャーチ（月沢李歌子訳）『ディズニー 「感動」のプロフェッショナルを育てる5つの教え』（朝日新聞出版, 2016）= Bruce Loeffler & Brian Church, *The Experience The 5 Principles of Disney Service and Relationship Excellence*, (Hoboken, NJ: John Wiley & Sons, Inc., 2015)

渡邊喜一郎『ディズニーこころをつかむ9つの秘密　97％のリピーター率をうみ出すマーケティング』（ダイヤモンド社, 2013）

2. 洋　書

Brenda Ayres (ed.), *The Emperor's Old Groove Decolonizing Disney's Magic Kingdom*, (New York, NY: Peter Lang, 2003)

Michael Barrier, *Hollywood Cartoons American Animation in its Golden Age*, (New York, NY: Oxford University Press, 1999)

Michael Barrier, *The Animated Man A Life of Walt Disney*, (Berkeley, LA: University of California Press, 2007)

Howard Becker, 'Processes of Secularisation An Ideal-Typical Analysis with Special Reference to Personality Change as Affected by Population Movement,' (1932), Alexander Farquharson (ed.), *The Sociological Review Journal of the Institute of Sociology Vol.XXIV No.2 April-July, 1932*, (London: The Le Play House, 1932)

Howard Becker, 'Processes of Secularisation An Ideal-Typical Analysis with Special Reference to Personality Change as Affected by Population Movement,' (1932), Alexander Farquharson (ed.), *The Sociological Review Journal of the Institute of Sociology Vol.XXIV No.3 October, 1932*, (London: The Le Play House, 1932)

Peter L. Berger (ed.), *The Desecularization of the World Resurgent Religion and World Politics*, (Washington, D.C.: Ethics and Public Policy Center / Grand Rapids, MI: W. B. Eerdmans Publishing Company, 1999)

Morgan Genevieve Blue, *Girlhood on Disney Channel Branding, Celebrity, and Femininity*, [Routledge Advances in Television Studies], (New York, NY: Routledge, 2017)

Alexandre Bohas, *The Political Economy of Disney The Cultural Capitalism of Hollywood*, [International Political Economy Series], (London: Palgrave Macmillan, 2016)

David A. Bossert, *Dali and Disney Destino The Story, Artwork, and Friendship behind the Legendary Film*, (Los Angeles, CA: Disney Editions, 2015)

David A. Bossert, *Oswald The Lucky Rabbit The Search for the Lost Disney Cartoons* ed. by David Gerstein & intro. by J. B. Kaufman, (Los Angeles, CA: Disney Editions, 2017)

Douglas Brode, *From Walt to Woodstock How Disney Created the Counterculture*, (Austin, TX: University of Texas Press, 2004)

Douglas Brode, *Multiculturalism and the Mouse Race and Sex in Disney Entertainment*, (Austin, TX: University of Texas Press, 2005)

Douglas Brode & Shea T. Brode (eds.), *It's the Disney Version! Popular Cinema and Literary Classics*, (Lanham, MD: Rowman & Littlefield, 2016) a

Douglas Brode & Shea T. Brode (eds.), *Debating Disney Pedagogical Perspectives on Commercial Cinema*, (Lanham, MD: Rowman & Littlefield, 2016) b

Michael Broggie, *Walt Disney's Railroad Story The Small-Scale Fascination That Led to a Full-Scale Kingdom*, (Virginia Beach, VA: The Donning Company, 2006, 2nd.)

Alan Bryman, *Disney and his Worlds*, (Oxford: Routledge, 1995)

Eleanor Byrne & Martin McQuillan, *Deconstructing Disney*, (London: Pluto Press, 1999)

Bill Capodagli & Lynn Jackson, *The Disney Way Harnessing the Management Secrets of Disney in your Company*, (New York, NY: McGraw-Hill, 2016, 3rd.)

Donald Crafton, *Shadow of a Mouse Performance, Belief, and World-Making in Animation*, (Berkeley, CA: University of California Press, 2013)

Holly Crawford, *Attached to the Mouse Disney and Contemporary Art*, (Lanham, MD: University Press of America, 2006)

F. L. Cross & E. A. Livingstone (eds.), *The Oxford Dictionary of the Christian Church*, (Oxford: Oxford University Press, 2005, 3rd.ed.rev.)

Jen Darcy, *Disney Villains Delightfully Evil The Creation・The Inspiration・The Fascination*, (Los Angeles, CA: Disney Editions, 2017)

Andreas Deja, *The Nine Old Men Lessons, Techniques, and Inspiration from Disney's Great Animators*, (Boca Raton, FL: CRC Press, 2015)

Walt Disney, *Walt Disney Famous Quotes*, comp. by Dave Smith, (Lake Buena Vista, FL: The Walt Disney Company, 1994)

Disney Book Group, *Disney 365 Bedtime Stories*, (New York, NY: Disney Enterprises, Inc., 2004)

E. Dufault-Hunter, 'Secularism,' William A. Dyrness & Veli-Matti Kärkkäinen (eds.), *A Global Dictionary of Theology A Resource for the Worldwide Church*, (Downers Grove, IL: IVP Academic, 2008)

Umberto Eco, 'Travels in Hyperreality,' (1975), Umberto Eco, tr by William Weaver, *Travels in Hyperreality Essays*, (Orlando, FL: Harcourt Brace Jovanovich, 1986)

Robert D. Feild, *The Art of Walt Disney*, (New York NY: The Macmillan Company, 1942)

Christopher Finch, *The Art of Walt Disney from Mickey Mouse to the Magic Kingdoms with a special essay by Peter Blake*, (New York NY: Abradale Press, Harry N. Abrams, Inc., 1973)

Christopher Finch, *The Art of Walt Disney from Mickey Mouse to the Magic Kingdoms New Concise N A L Edition*, (New York, NY: Harry N. Abrams, Inc., 1975)

John M. Findlay, *Magic Lands Western Cityscapes and American Culture after 1940*, (Berkeley, CA: University of California Press, 1992)

Stephen M. Fjellman, *Vinyl Leaves Walt Disney World and America*, [Institutional Structures of Feeling], (Boulder, CO: Westview Press, 1992)

Richard E. Foglesong, *Married to the Mouse Walt Disney World and Orlando*, (New Haven, CT: Yale University Press, 2001)

Julie C. Garlen & Jennifer A. Sandlin (eds.), *Teaching with Disney*, [Counterpoints Studies in the Postmodern Theory of Education], (New York, NY: Peter Lang, 2016)

Henry A. Giroux & Grace Pollock, *The Mouse that Roared Disney and the End of Innocence Updated and Expanded Edition*, (Lanham, MD: Rowman & Littlefield Publishers, Inc., 2010)

P. G. W. Glare (ed.), *Oxford Latin Dictionary*, (Oxford: The Clarendon Press, 1982)

Sean Griffin, *Tinker Belles and Evil Queens The Walt Disney Company from the Inside Out*, (New York, NY: New York University Press, 2000)

Don Hahn & Tracey Miller-Zarneke, *Before Ever After The Lost Lectures of Walt Disney's Animation Studio*, (Los Angeles, CA: Disney Editions, 2015)

Don Hahn, *Yesterday's Tomorrow Disney's Magical Mid-Century*, (Los Angeles, CA: Disney Editions, 2017)

Priscilla Hobbs, *Walt's Utopia Disneyland and American Mythmaking*, (Jefferson, NC: McFarland & Company, Inc., Publishers, 2015)

Kathy Merlock Jackson, *Walt Disney A Bio-Bibliography*, [Popular Culture Bio-Bibliographies], (Westport, CT: Greenwood Press, 1993)

Mindy Johnson, *Ink & Paint The Women of Walt Disney's Animation*, (Los Angeles, CA: Disney Editions, 2017)

Karen R. Jones & John Wills, *The Invention of the Park Recreational Landscapes from the Garden of Eden to Disney's Magic Kingdom*, (Cambridge: Polity Press, 2005)

Craig S. Keener, *Miracles The Credibility of the New Testament Accounts Volume 1*, (Grand Rapids, MI: Baker Academic, 2011) a

Craig S. Keener, *Miracles The Credibility of the New Testament Accounts Volume 2*, (Grand Rapids, MI: Baker Academic, 2011) b

Cher Krause Knight, *Power and Paradise in Walt Disney's World*, (Gainesville, FL: University Press of Florida, 2014)

Louise Krasniewicz, *Walt Disney A Biography*, [Greenwood biographies], (Santa Barbara, CA: Greenwood, 2010)

Newton Lee & Krystina Madej, *Disney Stories Getting to Digital*, (New York, NY: Springer, 2012)

Henry George Liddell & Robert Scott (comp.), *A Greek-English Lexicon with a Revised Supplement*, (Oxford: Clarendon Press, 1996)

Stan A. Lindsay, *Disneology Religious Rhetoric at Walt Disney World*, (Orlando, FL: Say Press, 2010)

David Lyon, *Jesus in Disneyland Religion in Postmodern Times*, (Cambridge, UK: Polity Press, 2000)

John Macmurray, *Religion, Art, and Science A Study of the Reflective Activities in Man*, (Liverpool: Liverpool University Press, 1961)

Steve Mannheim, *Walt Disney and the Quest for Community*, (London: Routledge, 2017)

Russell Merritt & J. B. Kaufman, *Walt in Wonderland The Silent Films of Walt Disney*, (Baltimore, MD: The Johns Hopkins University Press, 1993)

Alan Morinis (ed.), *Sacred Journeys The Anthropology of Pilgrimage Foreword by Victor Turner*, [Contributions to the Study of Anthropology], (Westport, CT: Greenwood Press, 1992)

Leonard Mosley, *Disney's World A Biography*, (Lanham, MD: Scarborough House, 1990, originally 1985)

Floyd Norman, *Animated Life A Lifetime of Tips, Tricks, and Stories from a Disney Legend*, (New York, NY: Focal Press, 2013)

Chris Pallant, *Demystifying Disney A History of Disney Feature Animation*, (New York, NY: Continuum, 2011)

Don Peri, *Working with Walt Interviews with Disney Artists*, (Jackson, MS: University Press of Mississippi, 2008)

Don Peri, *Working with Disney Interviews with Animators, Producers, and Artists*, (Jackson, MS: University Press of Mississippi, 2011)

Mark I. Pinsky, *The Gospel according to Disney Faith, Trust, and Pixie Dust*, (Louisville, KY: Westminster John Knox Press, 2004)

The Project on Disney, *Inside the Mouse Work and Play at Disney World*, [Post-Contemporary Interventions], (Durham, NC: Duke University Press, 1995)

Tison Pugh and Susan Aronstein (eds.), *The Disney Middle Ages A Fairy-Tale and Fantasy Past*, [The New Middle Ages], (New York, NY: Palgrave Macmillan, 2012)

Aviad E. Raz, *Riding the Black Ship Japan and Tokyo Disneyland*, [Harvard East Asian Monographs], (Cambridge, MA: Harvard University Asia Center, 1999)

Ian Reader & Tony Walter (eds.), *Pilgrimage in Popular Culture*, (Basingstoke, Hampshire: Macmillan Press, 1993)

Ian Reader, *Pilgrimage A Very Short Introduction*, (Oxford: Oxford University Press, 2015)

George Rodosthenous (ed.), *The Disney Musical on Stage and Screen Critical Approaches from 'Snow White' to 'Frozen'*, (London: Bloomsbury Methuen Drama, 2017)

Deborah Ross, 'Introduction,' (2011), Victor Turner & Edith Turner, *Image and Pilgrimage in Christian Culture*, with an Introduction by Deborah Ross, [Columbia Classics in Religion], (New York, NY: Columbia University Press, 1978)

Nicholas Sammond, *Babes in Tomorrowland Walt Disney and the Making of the American Child, 1930-1960*, (Durham, NK: Duke University Press, 2005)

Jennifer A. Sandlin & Julie C. Garlen (eds.), *Disney, Culture, and Curriculum*, [Studies in Curriculum Theory Series], (New York, NY: Routledge, 2016)

Richard Schickel, *The Disney Version The Life, Times, Art and Commerce of Walt Disney*, (Chicago, IL: Ivan R. Dee, Inc. Publisher, 1997, 3rd., originally 1968)

William Silvester, *Building Magic Disney's Overseas Theme Parks*, (Albany, GA: BearManor Media, 2016)

Dave Smith, *Disney A to Z The Official Encyclopedia*, (Los Angeles, CA: Disney Editions, 2016, 5th.) a

Dave Smith, *Disney Facts Revealed Answers to Fans' Curious Questions*, (Los Angeles, CA: Disney Editions, 2016) b

Eric Smoodin (ed.), *Disney Discourse Producing the Magic Kingdom*, [AFI Film Readers], (New York, NY: Routledge, 1994)

Marcy Carrier Smothers, *Eat Like Walt The Wonderful World of Disney Food Foreword by John Lassefer Afterword by Tom Fitzgerald*, (Los Angeles, CA: Disney Editions, 2017)

Andi Stein, *Why We Love Disney The Power of the Disney Brand*, (New York, NY: Peter Lang, 2011)

Whitney Stewar, *Who was Walt Disney?*, illustrated by Nancy Harrison, (New York, NY: Grosset & Dunlap, 2009)

Timothy S. Susanin, *Walt before Mickey Disney's Early Years, 1919-1928*, (Jackson, MS: University Press of Mississippi, 2011)

J.P. Telotte, *Disney TV*, [TV Milestones Series], (Detroit, MI: Wayne State University Press, 2004)

Frank Thomas & Ollie Johnston, *Too Funny for Words Disney's Greatest Sight Gags*, (New York, NY: Abbeville Press, 1987)

Ronald B. Tobias, *Film and the American Moral Vision of Nature Theodore Roosevelt to Walt Disney*, (East Lansing, MI: Michigan State University Press, 2011)

Christian James Triebel, *A Third Culture Kid Theology Constructing Trinity, Christ, and Believers' Identity in Liminality in dialogue with Nozomu Miyahira, Emil Brunner, and Thomas F. Torrance,* (Doctoral Thesis: Doctor of Philosophy, King's College London, University of London / Supervisor: Paul Joyce, 2016)

Thomas E Tumbusch, *Walt Disney The American Dreamer*, (Dayton, OH: Tomart Publications, 2008)

Victor Turner & Edith Turner, *Image and Pilgrimage in Christian Culture*, with an Introduction by Deborah Ross, [Columbia Classics in Religion], (New York, NY: Columbia University Press, 1978)

Annalee R. Ward, *Mouse Morality The Rhetoric of Disney Animated Film Foreword by Clifford G. Christians*, (Austin, TX: University of Texas Press, 2002)

Janet Wasko, *Understanding Disney The Manufacture of Fantasy*, (Cambridge, UK: Polity, 2001) a

Janet Wasko, Mark Phillips & Eileen R. Meehan (eds.), *Dazzled by Disney? The Global Disney Audiences Project*, [Studies in Communication and Society], (London: Leicester University Press, 2001) b

Steven Watts, *The Magic Kingdom Walt Disney and the American Way of Life*, (Columbia, MO: University of Missouri Press, 2001, originally 1997)

John Wills, *Disney Culture*, [Quick Takes Movies and Popular Culture], (New Brunswick, NJ: Rutgers University Press, 2017)

Ben Witherington III, *Invitation to the New Testament First Things*, (Oxford: Oxford University Press, 2013)

Joseph Zornado, *Disney and the Dialectic of Desire Fantasy as Social Practice*, (Cham, Switzerland: Palgrave Macmillan, 2017)

後　書

　この一年間は、年間パスを持ったファンがディズニーランドに通うように喜々として研究室に通い、ディズニーの魔法にかけられたかのように文献に魅せられた。回顧すれば、これまでの研究が各駅停車の鈍行列車に揺られて車窓の景色を堪能しているような旅路であったのに対して、今回のディズニー研究はジェットコースターに揺さ振られて異次元時空を驀進しているような行程であった。

　ウォルトと私の共通点は、「釘を踏み抜いて学校を休んだ」ことがあるぐらいだったが（ゲイブラー，2006, p. 19）、「鼠算」式に増殖する関連文献に埋もれながら睡魔に襲われると（吉田，1627, pp. 52f.）、新聞配達に明け暮れた十代前半のある冬の未明に「寒さと疲労から、配達先のアパートの廊下で、新聞の包み紙をかぶって眠りこんで」しまう少年ウォルトの姿が幾度となく脳裏に去来した（ゲイブラー，2006, p. 18）。そのようにして練磨されていたウォルトの気概に溢れた主張は、周囲の人々には大言壮語にしか聞こえなかったようだが、本人が誇張して、いや強調して語る気持ちにこちらから寄り添って同伴する時、本人の真意に触れることができるのではないかと思われる。その真意はおそらく子どもらしい遊び心に根差しており、本書において時として寄り道先となった尾籠な「スカトロジー（scatology）」も、「エスカトロジー（eschatology）」に最終的に到達するまでのそうした行程の一光景である。

　本書は「驀進」とは対極的な「巡礼」というテーマに関心を寄せたが、特にゼミ生が国内外のディズニー・リゾートに赴き、お土産を手にゼミ教室に現れる姿が「巡礼」のイメージを一層浮き彫りにしてくれたことに深く感謝したい（本書結章第三節）。最終的に卒論につながる各回の学生のゼミ発表は、広義のアメリカに関するものなら何でも了解しているので、ア

メリカの文化や思想の伝統的なテーマから、ハリウッドやエアラインやディズニーにまで至るが、本書は趣味と学問が統合されうるそのような発表を文献的裏付けによって体系化したものに過ぎないのかもしれない。

　趣味であれ学業であれ、就活であれ仕事であれ、各自の進む道における邂逅は、その対象が人であっても物であっても相互遇有収斂現象であり（本書結章冒頭）、肯定的なものは友情や恋愛から国際平和に至るまで、否定的なものは対立や敵対から最悪の相互遇有「接触」現象とも言うべき戦争に至るまで、一人ひとりの歩み寄りがこれらの結末に大きく貢献するだろう。

　読者の方々には、世俗世界におけるキリスト教の意義や役割を扱った拙著「ゴスペル」シリーズや新約聖書の原語に基づく各巻ごとの「私訳と解説」シリーズを、またキリスト教の基本的世界観を解説した『ジョン・マクマレー研究』をさらに参照していただきたいと思う。

　このような研究の展開は、元はと言えば学生時代に希有な研究環境を具備している同志社大学神学部に沈潜できたことに端を発している。今年、同志社時代の恩師である土肥昭夫先生が召天なされて十年を閲するが、土肥先生を初めてとして同志社大学の多くの先生方の学恩に僅かでも報いることができれば幸甚である。また、新教出版社の小林望社長には引き続き拙著の出版についてご高配を賜り、重ねて深く感謝申し上げたい。

2018 年 9 月 19 日

宮平　望

著者　宮平 望（みやひら のぞむ）
1966 年　神戸市生まれ
1989 年　同志社大学神学部卒業（神学士）
1991 年　同志社大学大学院神学研究科前期博士課程歴史神学専攻終了（神学修士）
1992 年　ハーバード大学神学大学院修士課程修了（神学修士号［ThM］受領）
1996 年　オックスフォード・ウィクリフホール神学大学研究科終了（コベントリー大学より神学博士号［PhD in Theology］受領）
1996 年 8 月 – 1997 年 3 月　オックスフォード大学グリーン学寮客員研究員
2002 年 8 月 – 2003 年 8 月　ケンブリッジ大学神学部・宗教学神学高等研究所客員研究員
2002 年 8 月 – 2003 年 8 月　ケンブリッジ・ティンダルハウス聖書学研究所客員研究員
2002 年 10 月 – 2003 年 8 月　ケンブリッジ大学セント・エドマンズ学寮客員研究員
1997 年 4 月以後、西南学院大学文学部国際文化学科講師、助教授、教授を経て、現在、国際文化学部国際文化学科教授（キリスト教学・アメリカ思想文化論担当）

著書
『神の和の神学へ向けて　三位一体から三間一和の神論へ』（すぐ書房，1997 ／新教出版社，2017 再版）
　Towards a Theology of the Concord of God A Japanese Perspective on the Trinity, (Carlisle, Cumbria: Paternoster, 2000)
『責任を取り、意味を与える神　21 世紀日本のキリスト教 1』（一麦出版社，2000）
『苦難を担い、救いへ導く神　21 世紀日本のキリスト教 2』（一麦出版社，2003）
『戦争を鎮め、平和を築く神　21 世紀日本のキリスト教 3』（一麦出版社，2005）
『現代アメリカ神学思想　平和・人権・環境の理念』（新教出版社，2004 ／ 2018 増補新版）
『ゴスペルエッセンス　君に贈る 5 つの話』（新教出版社，2004）
『ゴスペルフォーラム　君に贈る 5 つの話』（新教出版社，2007）
『ゴスペルスピリット　君に贈る 5 つの話』（新教出版社，2008）
『神の和の神学入門　21 世紀日本の神学』（新教出版社，2005）
『マタイによる福音書　私訳と解説』（新教出版社，2006）
『マルコによる福音書　私訳と解説』（新教出版社，2008）
『ルカによる福音書　私訳と解説』（新教出版社，2009）
『ヨハネによる福音書　私訳と解説』（新教出版社，2010）
『使徒言行録　私訳と解説』（新教出版社，2011）
『ローマ人への手紙　私訳と解説』（新教出版社，2011）
『コリント人への手紙　私訳と解説』（新教出版社，2012）
『ガラテヤ人・エフェソ人・フィリピ人・コロサイ人への手紙　私訳と解説』（新教出版社，2013）
『テサロニケ人・テモテ・テトス・フィレモンへの手紙　私訳と解説』（新教出版社，2014）
『ヘブライ人への手紙　私訳と解説』（新教出版社，2014）
『ヤコブ・ペトロ・ヨハネ・ユダの手紙　私訳と解説』（新教出版社，2015）
『ヨハネの黙示録　私訳と解説』（新教出版社，2015）
『ジョン・マクマレー研究　キリスト教と政治・社会・宗教』（新教出版社，2017）

訳書

クラス・ルーニア『使徒信条の歴史と信仰』(いのちのことば社, 1992)
ボブ・ハウツワールト『繁栄という名の「偶像」』(いのちのことば社, 1993)
D. ブローシュ『キリスト教信仰　真の信仰をめざして』(一麦出版社, 1998)
アーサー F. ホームズ『知と信の対話　キリスト教教育の理念』(一麦出版社, 1999)

ディズニーランド研究
世俗化された天国への巡礼

2019 年 1 月 31 日　第 1 版第 1 刷発行

著　者……宮平　望

発行者……小林　望
発行所……株式会社新教出版社
〒162-0814 東京都新宿区新小川町 9-1
　　電話（代表）03 (3260) 6148
　　振替 00180-1-9991

印刷製本……モリモト印刷株式会社

ISBN 978-4-400-40746-1　C1016
Nozomu Miyahira 2019 ©